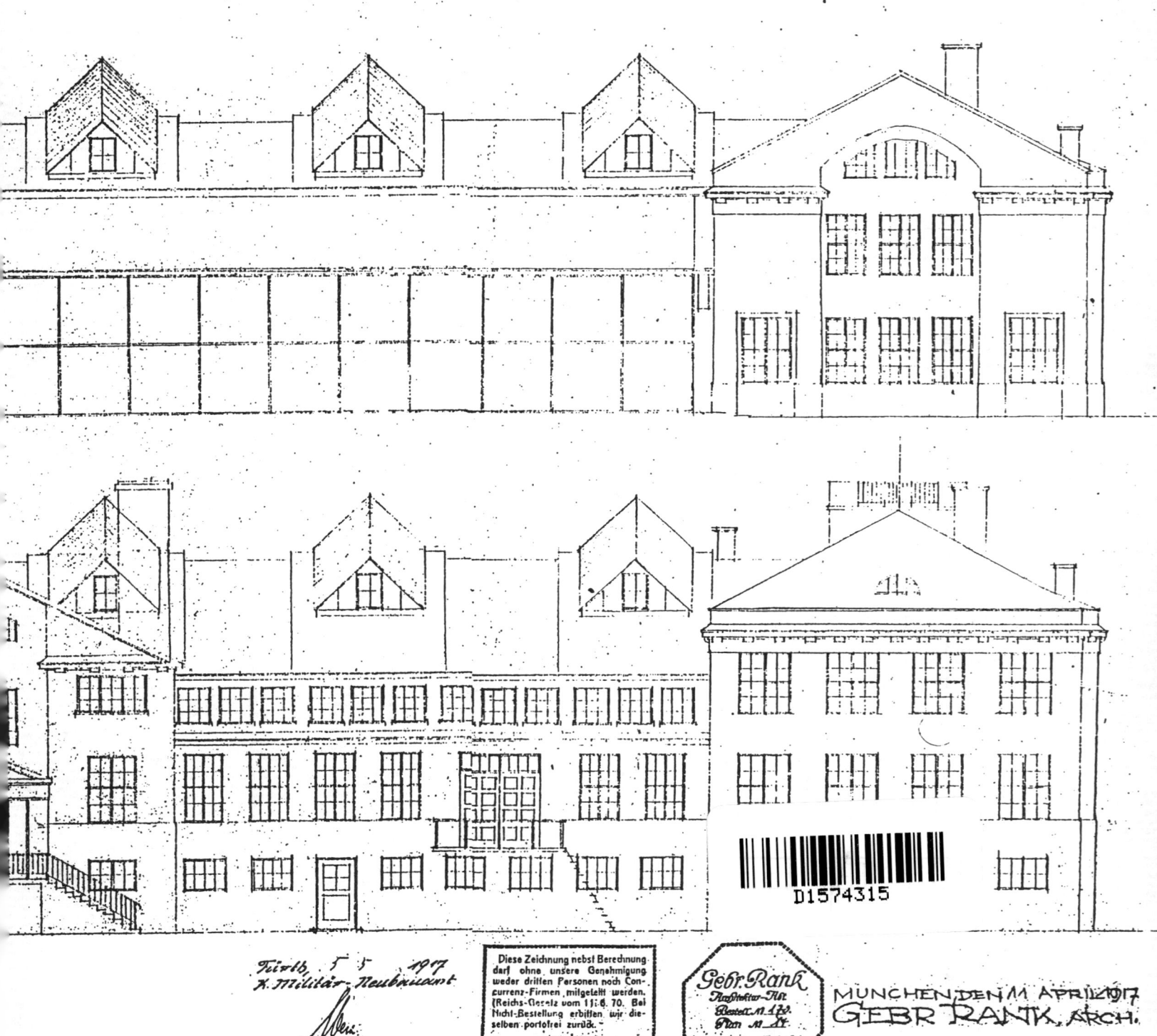

"Fliegen, nur fliegen!"

Der erste Nürnberg-Fürther Flughafen auf der Atzenhofer Heide
Geschichte – Technik – Erinnerungen

von

Barbara Ohm

unter Mitarbeit von
Heinz-Joachim Neubauer,
Hans-Georg Ohm,
Hans-Jochem Prautzsch
und Winfried Roschmann

Titelbild: Das Werftgebäude vom Flugfeld her gesehen.
                    Köpfe der jungen Flieger: siehe Seite 19ff.

Umschlag Rückseite: Enbleme der Luft Hansa, der Junkers-Werke, der Nordbayerischen Verkehrsflug
                    und des Flugzeugbaus Messerschmitt.

Vorderer Vorsatz: Baupläne für das Werftgebäude (1917).

Hinterer Vorsatz: Stammbaum aller Junkers-Flugzeuge, die in Beziehung zu jenen Junkers-Maschinen stehen,
                    die in Fürth montiert oder gewartet wurden.

Impressum:

„Fliegen, nur fliegen!" – Der erste Nürnberg-Fürther Flughafen auf der Atzenhofer Heide
von Barbara Ohm, Heinz-Joachim Neubauer, Hans-Georg Ohm, Hans-Jochem Prautzsch, Winfried Roschmann

1. Auflage 1995

Genniges Verlag, Hauptstraße 27, 91154 Roth

ISBN 3-924983-14-3

Druck: Steinmann, Wassertrüdingen

– Alle Rechte vorbehalten –

Inhaltsverzeichnis

Vorwort 4

Anfänge auf der Atzenhofer Heide 5
Barbara Ohm

Ausbau 1917/18 zur Fliegerstation 9
Barbara Ohm

Militärflugzeuge in Atzenhof bis 1920 15
Heinz-Joachim Neubauer

Die Alten Adler 19
Hans-Georg Ohm

Das Ende eines Fliegers 22
Bernhard Kellermann (1879-1951)

Beginn der Zivilfliegerei 23
Barbara Ohm

Flughafen Fürth-Nürnberg 29
Barbara Ohm

Junkers-Werke in Fürth 35
Hans-Jochem Prautzsch

Junkers-Flugzeuge F 13 und G 24 45
Hans-Jochem Prautzsch

Der Junkers-Mann in Fürth 50
Hans-Jochem Prautzsch/Hans-Georg Ohm

Nordbayerische Verkehrsflug GmbH 51
Barbara Ohm

Anfänge des Messerschmitt-Flugzeugbaus 57
Heinz-Joachim Neubauer

Flughafen Nürnberg-Fürth 60
Barbara Ohm

Meine Familie und der Atzenhofer Flugplatz 67
Winfried Roschmann

Deutsche Zivilflugzeuge in Atzenhof 73
Heinz-Joachim Neubauer

Ausländische Zivilflugzeuge in Atzenhof 83
Heinz-Joachim Neubauer

Ausbau zum Fliegerhorst 87
Barbara Ohm

Flugzeugführerschule und Jagdfliegerschule 93
Barbara Ohm

Lehrer auf der Tante Ju 97
Hans-Georg Ohm

Militärflugzeuge in Atzenhof ab 1933 99
Heinz-Joachim Neubauer

Nachkriegszeit 103
Barbara Ohm

Erinnerungen an den Flugtag der Nationen 1956 107
Heinz-Joachim Neubauer

Dornröschens Hüter 109
Hans-Georg Ohm

Ausblick 110
Barbara Ohm

Quellen-, Literatur- und Bildnachweis 111

Vorwort

In Fürth befindet sich der älteste Flugplatz des mittelfränkischen Ballungsraums. Unbeachtet von der Bevölkerung, fast vergessen im Bewußtsein vieler Fliegereibegeisterter und nur noch lebendig in der Erinnerung weniger ist hinter dem Stacheldrahtzaun einer amerikanischen Militärkaserne das sichtbare Erbe eines wichtigen Stücks Fürth-Nürnberger Verkehrsgeschichte und deutscher Fliegereihistorie erhalten geblieben, der Atzenhofer Flugplatz. Viele Bauten aus der Pionierzeit der Fluggeschichte sind hier noch vorhanden.

Vor zwei Jahren haben wir uns zur *Arbeitsgemeinschaft Fürther Flughäfen* zusammengeschlossen, um zunächst gemeinsam die wechselvolle Geschichte des Atzenhofer Flugplatzes aufzuarbeiten. Technikinteresse, Familiengeschichte, Fliegerei- und Ortsgeschichte sowie Denkmalpflege waren die Motive, die uns zusammengeführt haben. Schnell hat sich gezeigt, daß unsere Beschäftigung auch Interesse in der Öffentlichkeit fand. Mit Führungen, Vorträgen und einer Ausstellung, die sowohl in der Schleißheimer Dependance des Deutschen Museums als auch im Fürther City Center gezeigt wurde, haben wir die ersten Ergebnisse unserer Arbeit vorgestellt. Für viele bedeuteten die Informationen über Geschichte und Bestand des Atzenhofer Flugplatzes etwas ganz Neues; bei anderen wurden, angeregt durch unsere Aktivitäten, alte Erinnerungen wach. Viele Fotografien, aber auch wertvolle persönliche Mitteilungen, wurden uns zur Verfügung gestellt, die unseren Kenntnisstand erweiterten. Unser Dank gilt allen, die uns damit geholfen haben. So wurde es möglich, unser Buch mit sehr vielen noch nie veröffentlichten Fotos auszustatten. Ausnahmslos sind die Bilder in Fürth fotografiert worden. Daß viele «nur» Amateurfotos sind, mindert ihren historischen Wert keineswegs.

Mit diesem Buch wollen wir die achtzigjährige Geschichte des Atzenhofer Flugplatzes in ihren wichtigsten Kapiteln nachzeichnen. Der Untertitel *Geschichte-Technik-Erinnerungen* macht deutlich, daß wir ganz bewußt historische Darstellung, Beschreibung des Fluggerätes und persönliche Erlebnisse nebeneinanderstellen.

Daß dieses Unternehmen möglich wurde, haben wir vor allem unserem Verleger Michael Genniges zu danken. Er ist das Risiko eingegangen, dieses Buch zu verlegen, das zugleich regionalgeschichtlich interessierte Leser und Fliegereispezialisten ansprechen will.

Für ihr professionelles Korrekturlesen danken wir ganz herzlich Ava und Hermann Korn.

Fürth, im Januar 1995
Heinz-Joachim Neubauer - Barbara Ohm - Hans-Georg Ohm - Hans-Jochem Prautzsch - Winfried Roschmann

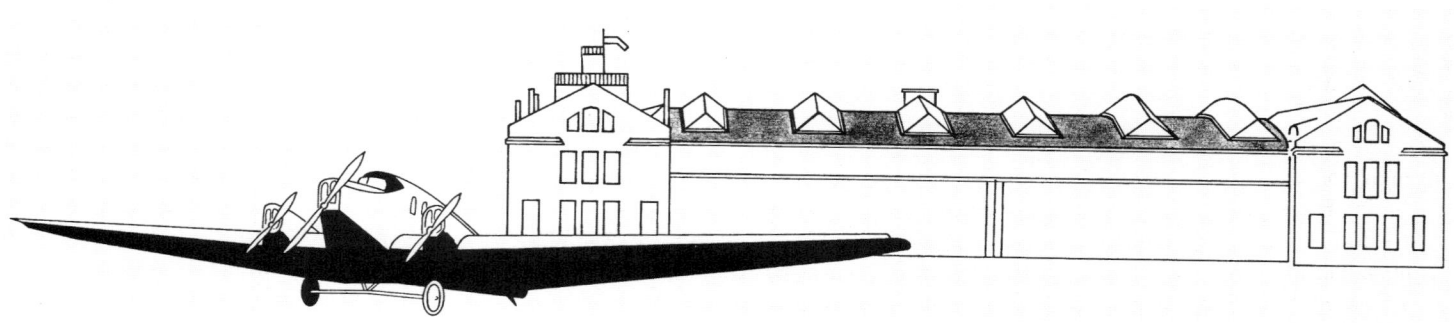

Anfänge auf der Atzenhofer Heide

Die Geschichte des Flugplatzes Fürth-Atzenhof beginnt im Frühjahr 1914, als die *Königliche Inspektion des Militär-, Luft- und Kraftfahrwesens* beschließt, für das *III. Armee-Korps (A.K.)*, also im Bereich der Städte Nürnberg-Fürth-Erlangen, eine zweite bayerische Fliegerstation einzurichten.

Frühere Aktivitäten in Fürth

Erst fünf Jahre zuvor, 1909, war der erste deutsche Flugplatz in Berlin-Johannisthal entstanden. Das Flugzeugbauen und das Fliegen hatten in dieser Zeit die Experimentierphase überwunden und begannen, sich zu etablieren. Es gab viele Fluggesellschaften und Flugvereine, die Schau- und Wettflüge organisierten, um das Fliegen populär zu machen. Auch die Stadt Fürth bekam viele Anfragen, zum Beispiel von der *Flugmaschine Wrigth Gesellschaft m.b.H.*, der *Centrale für Aviatik*, der *Gesellschaft zur Förderung der deutschen Luftschiffahrt* oder dem *Verein für Luftschiffahrt und Flugtechnik Nürnberg-Fürth*, die Flüge veranstalten wollten.

Neben den Flugzeugen spielten die Luftschiffe eine große Rolle. Im März 1909 flog ein Zeppelin über Fürth nach Nürnberg und landete auf dem später nach ihm benannten Zeppelinfeld. Im selben Jahr sollte in Fürth ein Ankerplatz für Luftschiffe eingerichtet werden. Die Stadt Fürth zeigte großes Interesse daran, denn der Zeppelin erfreute sich allgemeiner Beliebtheit. Es wurde eine Straße nach seinem Erfinder benannt und ein Hausgiebel an der Ecke Flößau-/Zeppelinstraße mit einem Luftschiff geschmückt.

1912 veranstaltete die *Allgemeine Fluggesellschaft* eine Ausstellung «zweier Aeroplane» in Fürth an der Ecke Theresien-/Ottostraße, «um das Interesse des Publikums für das Flugwesen zu heben und die Nationalspende zu fördern». Zu dieser Nationalflugspende hatte 1912 das Reichskomitee zur Förderung der Flugtechnik aufgerufen, da Deutschland in diesem Bereich vor allem gegenüber Frankreich im Rückstand war. Die aufgebrachten Spenden wurden für die technische Weiterentwicklung der Flugzeuge, für die Ausbildung von Fliegern und für die Angehörigen abgestürzter Flieger verwendet.

Die Suche nach einem geeigneten Gelände in Mittelfranken

Allerdings wurde in dieser frühen Phase der Fliegerei das Flugzeug noch nicht als Verkehrsmittel zur Personenbeförderung genutzt. Dagegen interessierte sich, kurz vor dem Ersten Weltkrieg, das Militär sehr stark für das neue *Luftfahrwesen*. In Bayern wurde 1912 in Oberschleißheim bei München die erste Fliegerstation errichtet, die den Ausbau der Fliegertruppen organisieren sollte. Das Fliegerbataillon in Oberschleißheim regte 1914 eine Erweiterung an. So kam es am 24. März 1914 zu dem schon erwähnten Beschluß, eine zweite Fliegerstation mit Flugfeld und entsprechenden technischen Anlagen einzurichten.

Das Generalkommando des III. Armee-Korps machte sich zunächst im Nürnberger Gebiet auf die Suche nach einem geeigneten Standort. Drei Plätze wurden vorgeschlagen: bei Großreuth, bei Wetzendorf und bei Marienberg. Aber alle drei hielt das Oberschleißheimer Fliegerbataillon für ungeeignet. Deshalb suchte man nun auch im Fürther Raum. Im Mai 1914 wurde die Stadt Fürth «vertraulich» darüber informiert, daß auf ihrem Gebiet ein Flugplatz geplant sei. Oberbürgermeister Dr. Wild zeigte bei einer Besprechung mit der Intendantur des III. A.K. großes Interesse und stellte eine Unterstützung der Stadt über 30.000 RM für den Grunderwerb in Aussicht. Zusätzlich sagte er den kostenlosen Weiterbau der Wasserleitung bis zum Flugplatz zu. Schnell wurde man nun bei der Standortsuche im Fürther Raum fündig (Abb. 1).

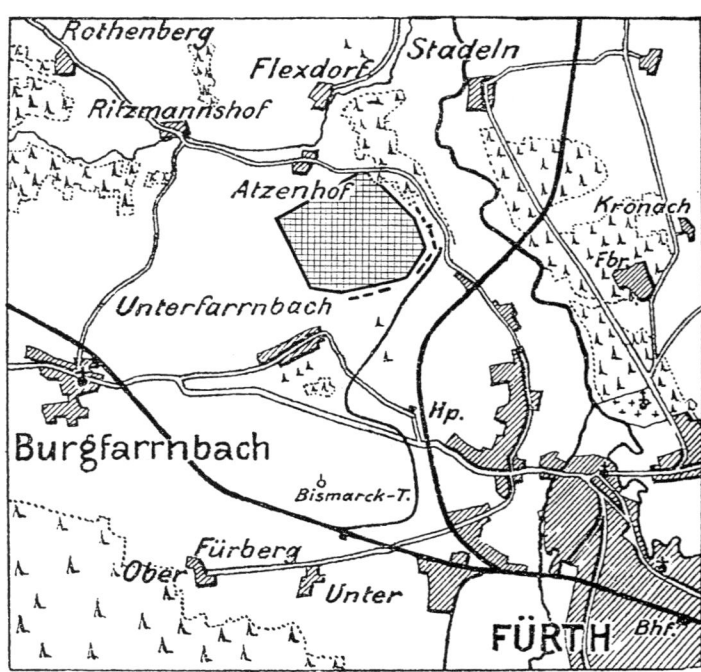

Abb. 1: Lageplan. Das Flugfeld ist kariert dargestellt. Wichtig für die Orientierung der Piloten waren die Bahnlinien und die Flüsse. Das Flugfeld hat eine annähernd runde Form, die bei jeder Windrichtung einen Start gegen den Wind ermöglichte.

Das Hochplateau zwischen Unterfarrnbach und Atzenhof erwies sich als «sehr geeignet». Seine Höhe von 302 m über NN garantierte weitgehende Nebelfreiheit, die für das damalige Fliegen auf Sicht notwendig war. Die geforderte Mindestgröße für einen Flugplatz von 500 m x 500 m war mehr als ausreichend vorhanden, und das dortige Heide- und Weidegebiet besaß eine feste Grasnarbe auf ebenem, trockenem Sandboden, also die ideale Beschaffenheit, weil damals ohne Rollbahn gestartet und gelandet wurde. Als Flurname ist auf dem Hochplateau *Heidespan* überliefert. Die Bezeichnung Espan, die auch sonst in Fürth geläufig ist, bedeutet ein Gebiet zum Anpflocken von Tieren, weist also auf ein Weidegebiet hin.

Günstig erwies sich auch, daß die geographischen Gegebenheiten der Umgebung das Auffinden des Flugplatzes beim Anflug erleichterten: der Verlauf der Bahnlinien nach Würzburg und Erlangen, der Zusammenfluß von Pegnitz und Rednitz zur Regnitz und die Kirchtürme von Vach und vor allem von Burgfarrnbach.

Bemerkenswert ist, daß das für den Flugplatz ausgesuchte Gelände zunächst noch nicht zum Fürther Stadtgebiet gehörte. Trotzdem erbrachte die Stadt große Vorleistungen für den Flugplatz und forcierte dann die Eingemeindung der Dörfer Atzenhof und Unterfarrnbach zum 1. Januar 1918.

Der Erste Weltkrieg

Die Errichtung der Fürther Fliegerstation war bis zum Oktober 1914 vorgesehen. Deshalb begann man sofort mit dem Grunderwerb. Aber der Ausbruch des Krieges im August 1914 ließ «mit Rücksicht auf die derzeitige politische Lage» alle weiteren Aktivitäten ruhen, bis im November 1914 das Münchner Kriegsministerium dem Fürther Stadtmagistrat den Auftrag erteilte, die «Verhandlungen wegen Anlage eines Flugplatzes nunmehr sofort wieder aufzunehmen und tunlichst beschleunigt durchzuführen», weil «die baldigste Bereitstellung eines zweiten militärischen Flugplatzes im Interesse der Vermehrung unserer Flieger im Felde dringend notwendig ist». Flugzeuge waren zu Beginn des Ersten Weltkrieges für die Aufklärung der feindlichen Stellungen ein wichtiger Faktor der Kriegsführung geworden.

Die Stadt Fürth erhoffte sich von einem Flugplatz «eine nachdrückliche Belebung der gesamten Wirtschaftsverhältnisse der Stadt» und eine «die allgemeinen wirtschaftlichen Verhältnisse befruchtende neue Industrie (Flugzeugmotorenfabriken, Automobilfabriken oder dergleichen verwandte Industrien)». Deshalb stellte sie noch einmal ihre Hilfe in Aussicht. Am 3. März 1915 wurde dann «mit Allerhöchster Entschließung» Fürth-Atzenhof als Standort der 2. bayerischen Fliegerstation festgelegt und der Stadt Fürth für ihr «opferfreudiges Entgegenkommen» gedankt.

Der Flugplatz sollte nach dem Vorbild der preußischen Fliegerstation Altenburg mit einer Werft, fünf Flugzeugschuppen, einer Kraftwagenhalle, einer Benzintankanlage und Mannschaftsbaracken ausgestattet werden.

Im Laufe des Kriegsjahres 1915 änderte sich der Einsatz der Flugzeuge. Sie wurden nun nicht mehr nur zur Aufklärung, sondern auch zum Kampf im Luftkrieg verwendet. Es bestand großer Bedarf an Flugzeugen und Flugzeugführern. Deshalb wurden 1916 die Pläne für den Atzenhofer Flugplatzausbau erweitert. Der *K(önigliche) Bauausschuß für Fliegerstationen - Berlin* legte neue Pläne vor, die auch das bayerische Militär übernahm. Preußen hatte die Entwicklung des neuen Flugwesens und seine militärische Nutzung schneller als Bayern aufgegriffen. Zwar besaß das bayerische Militär im deutschen Reich eine weitgehende organisatorische Selbständigkeit, doch übte das preußische Militär eine Vorbildfunktion aus. Deshalb sollte auch der Ausbau des Fürther Flugplatzes nach den preußischen Musterentwürfen erfolgen. Als Mindestgröße wurden nun 100 ha vorgeschrieben.

Fliegerschule und Flieger-Ersatz-Abteilung

Daraufhin mußten in Atzenhof nach dem bayerischen Zwangsabtretungsgesetz Enteignungen vorgenommen werden. Als Begründung wurde angeführt, «daß Kriegsnot vorliegt und die Grundstücke zu der äußerst dringenden Ausbildung von Flugzeugführern und Beobachtern für das Feldheer unbedingt sofort benötigt sind». Nach den Enteignungen stand nun ein Gelände von 131 ha zur Verfügung. Im Oktober 1916 wurde die Fliegerschule 3 von Lager Lechfeld nach Fürth verlegt. Es waren 150 Mann, lauter technik- und flugbegeisterte junge Leute, die beim

Abb. 2: Flugschüler im 1. Weltkrieg in Atzenhof.

Militär, und eigentlich nur beim Militär, die Möglichkeit zum Fliegen hatten (Abb. 2). Zunächst wurden sie provisorisch in Zelten untergebracht, denn außer einer Flugzeughalle gab es noch keine Gebäude auf dem Flugplatz.

Auch als eine zweite *Flieger-Ersatz-Abteilung* geschaffen wurde, die im August 1917 nach Fürth kam, gab es immer noch keine Unterkünfte. Mannschaften und Offiziere mußten in der Stadt einquartiert werden. So befanden sich die Geschäftsräume des Stabes in der Nürnberger Straße 91-95, im Verwaltungsgebäude der Exportfirma Borgfeldt. Kommandant, Versorgungsabteilung und Sanitäter waren in der Nürnberger Straße 89 untergebracht. 120 Soldaten wohnten in der Nürnberger Straße 129. Auch die Fliegerschule hatte, bevor der Flugplatz ausgebaut wurde, ihre Unterrichtsräume in der Stadt, in der Langen Straße 83.

Die *Flieger-Ersatz-Abteilung (Fea) 2* war neben der Fea 1 in Oberschleißheim dafür zuständig, die Fliegertruppen an der Front mit Flugzeugen, Ersatzteilen, Flugzeugführern und technischem Personal auszustatten und sich um den Nachschub zu kümmern. Sie versorgte bayerische Truppen an der Westfront und in der Türkei. Zur Fea 2 gehörten nach einer Aufstellung der Inspektion des Ingenieurkorps vom 19.3.1917:

    60 Offiziere
    500 Rekruten
    150 Mann für die Geräteverwaltung
    200 Mann in der Werftkompanie, also Reparatur- und Wartungspersonal
    200 Flugschüler.

Am Anfang war der Schulbetrieb wohl nur sehr provisorisch. Ein Inspekteur beklagte, daß von den Lehrern einer stottere, ein anderer seine Ausbildung nur mit der Note *genügend* abgeschlossen habe und ein dritter Kunstmaler sei und gar nicht verstehe, was er unterrichte. Auf schnelle Abhilfe wurde gedrängt.

Über ein spektakuläres Ereignis soll noch an dieser Stelle berichtet werden, weil es zeitlich in die Phase der forcierten Militärflugförderung fiel und die neuen Methoden der Kriegführung deutlich macht. Am 25. Oktober 1916 mußte ein Kriegszeppelin, der mit 50 Brandbomben und 30 Zentnern Sprengbomben zur Bombardierung Londons unterwegs war und sich im Nebel verirrt hatte, in Atzenhof notlanden. Die schaulustigen und immer noch zeppelinbegeisterten Fürther pilgerten in Scharen zum Flugplatz.

Im Laufe des Jahres 1917 wurde nun der intensive Ausbau des Flugplatzes betrieben, denn durch den Eintritt der USA in den Krieg ergab sich eine Luftüberlegenheit der Alliierten, der das Deutsche Reich mit dem *Amerikaprogramm* begegnen wollte. Für den Bau von Flugzeugen, für die Ausbildung von Militärfliegern und für den Ausbau von Flugplätzen wurden nun alle Kraftreserven mobilisiert. Auch das bayerische Militär machte große Anstrengungen. In einer Denkschrift vom August 1917 wurde der Rückstand Bayerns beim Bau von Fliegerstationen gegenüber Preußen festgestellt und beklagt, «daß wir Mitteilungen aus Berlin in der Regel sehr verspätet erhalten und daß die Erwerbung geeigneter Flugplätze in Bayern sehr viel schwieriger ist als in Norddeutschland. Tatsache ist, daß wir weit zurück sind.» Die Denkschrift sieht nun, um diesen Rückstand aufzuholen, zwei

Abb. 3: Titelseite des Programmheftes der Propagandaausstellung.

Fliegerstationen für jedes Armeekorps vor. Geplant wurden nun für das I. A.K. neben Schleißheim noch Gersthofen, für das II. A.K. Seligenstadt und Lachen-Speyerdorf und für das III. A.K. neben Fürth noch Obertraubling. Seligenstadt und Obertraubling konnten nicht mehr verwirklicht werden. In Fürth wurde nun aber intensiv gebaut, so daß die Fliegerstation im Sommer 1918 fertiggestellt war.

Propaganda zur Förderung der Militärfliegerei

Um das Flugzeug als Waffe in der Bevölkerung populär zu machen, wurde gezielte Propaganda betrieben. Ein Beispiel dafür ist die *Kriegs-Luftfahrt-Ausstellung* des bayerischen Landesverbandes des *Deutschen Luftflottenvereins*, die 1917 in verschiedenen bayerischen Städten, darunter auch in Nürnberg, gezeigt wurde (Abb. 3). Die Stadt Fürth schickte allein 3.000 Schulkinder in diese Ausstellung. Zu sehen war «die Entwicklung der Luftfahrt von ihren ersten Anfängen bis zur Jetztzeit». Ein Schwerpunkt der Ausstellung lag natürlich im Kriegseinsatz der Fliegerei. So waren zum Beispiel das Modell einer bombensicheren Luftschiffhalle, ein Schützengrabenmodell, Bombenabwurfkörbe, Fliegerwaffen und Kriegsbeuteflugzeuge aus England und Frankreich ausgestellt. Im Programmheft hieß es, man könne «ohne jegliche Überhebung» sagen: «Ohne die Luftwaffe sind moderne Kriege nicht mehr denkbar».

K. Bayer. Flieger-Ersatz-Abteilung 2 Fürth i. B.

Auch der Flugplatz in Atzenhof war Gegenstand des wehrkundlichen Unterrichts. Im Fürther Stadtarchiv ist die Aufnahme von einem Besuch der 6. Klasse der Höheren Töchterschule (heutiges Helene-Lange-Gymnasium) im Juni 1917 erhalten geblieben (Abb. 4).

Abb. 4: Schülerinnen der Höheren Töchterschule (heutiges Helene-Lange-Gymnasium) auf dem Atzenhofer Flugplatz im Juni 1917.
In der mittleren Reihe rechts neben Dr. Frank, dem Direktor der Schule, Frieda Fronmüller, die später überregional bekannt gewordene Kirchenmusikerin.

Ausbau 1917/18 zur Fliegerstation

Als die 6. Klasse der Höheren Töchterschule im Juni 1917 den Flugplatz besuchte, war er eine riesige Baustelle. Fertig war lediglich eine der Normalflugzeughallen.

Die Pläne für das, was zu einer Fliegerstation gehörte und wie sie gebaut werden sollte, kamen aus Berlin. Die stellvertretende Intendantur des III. Armee-Korps hatte im September 1916 festgestellt: «Sämtliche Gebäude ... sollen nach den vom K. Bauausschuß für Fliegerstationen - Berlin herausgegebenen Musterentwürfen ausgeführt werden.» Nach den erweiterten Plänen von 1916 gehörten zur Ausstattung des Flugplatzes (vgl. Abb. 5):

    1 Großwerft (A)
    9 Normalflugzeughallen (B1-B9)
    1 Materialienschuppen (C)
    1 Wasserbehälter (D)
    1 Umformerhäuschen (E)
    1 Kraftwagenhalle (F)
    1 Benzintankanlage (G)
    1 Kriegsdepot (H)
    1 Motorprüfstand (J)
    1 Schießstand (K)
    3 Behelfsflugzeughallen aus Holz (L)
    Unterkunftsbaracken für Offiziere und Mannschaften (M)
    1 Offiziersspeiseanstalt (N)

Die Zahl der Flugzeughallen änderte sich im Lauf der Planungen. 1916 waren sechs, später acht Normalflugzeughallen und eine Großflugzeughalle geplant. Endgültig wurden dann neun Nor-

Abb. 5: Luftbild und entspr. Schemazeichnung des Atzenhofer Flugplatzgeländes im Herbst 1918, aufgenommen nach Bau-Beendigung.

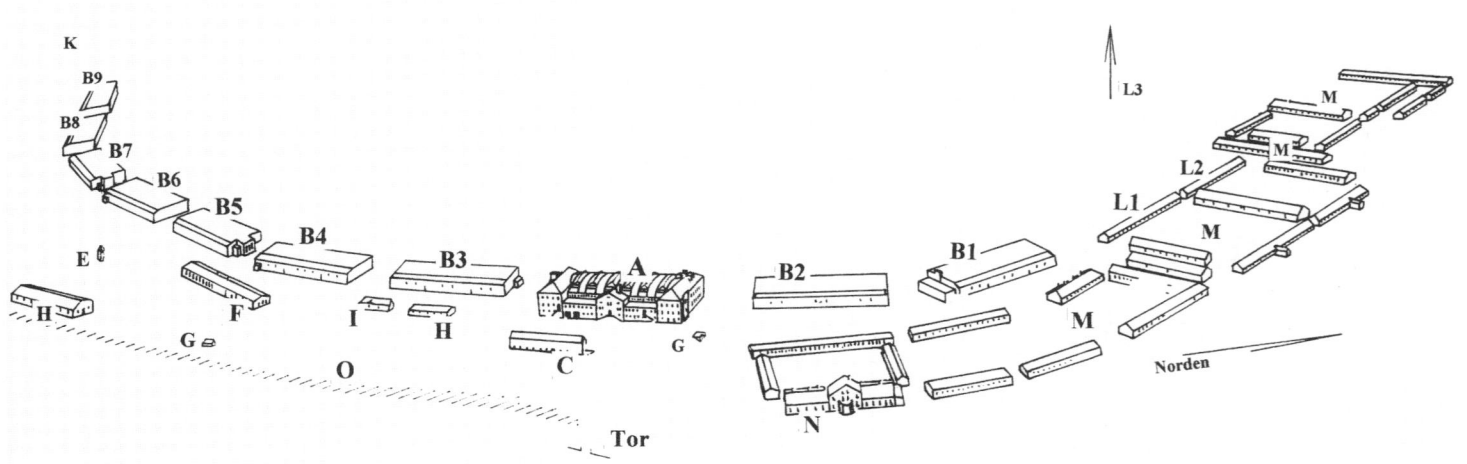

Abb. 6: Werfthalle von innen. Sichtbar sind Teile des Eisenbeton-Rippengewölbes. In der Halle stehen Fokker D. VII-Maschinen

malflugzeughallen gebaut und auf die Großflugzeughalle verzichtet. Die Kosten berechnete man 1916 auf 1.431.770 RM. Erst mit dem Amerikaprogramm ließ sich dann der schnelle und großzügige Ausbau realisieren. Trotzdem waren die Probleme mitten im Krieg sehr groß. Oft wird der «Mangel an Arbeitern und Eisen» beklagt. Die ausführenden Firmen hatten Schwierigkeiten, weil ihnen geeignete Monteure und Fachkräfte fehlten. Sie machten Eingaben, um ihre erfahrenen Mitarbeiter vom Kriegseinsatz zur Arbeit auf dem Flugplatz freigestellt zu bekommen. Die Intendantur des III. A.K. mußte im September 1917 feststellen: «Die Angaben bindender Termine für die Fertigstellung der Arbeiten ist bei den derzeitigen Verhältnissen im Baugewerbe nicht möglich, da von keinem Unternehmer bindende Zusagen zu erlangen sind. Der Mangel an Arbeitskräften, die Stockungen in der Baustoffzufuhr und die Herstellung der Baustoffe usw. erschweren die Arbeiten außerordentlich.» 300 italienische Kriegsgefangene wurden deshalb zu Erd- und Bauarbeiten eingesetzt. In einer gemeinsamen Petition baten die beteiligten Baufirmen, allerdings vergeblich, um nachträgliche Heraufsetzung ihrer Vergütung wegen der kriegsbedingten Erhöhung der Materialkosten.

Trotz aller Schwierigkeiten war die Fliegerstation im Sommer 1918 fertig. Aus dieser Zeit stammt das Luftbild, das den ausgebauten Flugplatz zeigt (Abb. 5). Da die Luftaufklärung eine wichtige Aufgabe der Militärfliegerei war, gehörte sie auch zu den Ausbildungsschwerpunkten der Fliegerschule auf dem Atzenhofer Flugplatz. Zu Schulungszwecken wurden viele Luftbilder der unmittelbaren Umgebung und des Flugplatzes selbst gemacht.

Auf dem Luftbild erkennt man die typische runde Form der frühen Flugplätze. Es gab keine Rollbahn, da auf der Grasnarbe jeweils gegen den Wind gestartet wurde. Die Flugplatzgebäude schließen sich am südöstlichen Rand des Flugfeldes seiner runden Form an.

Das Werftgebäude

Dominierend ist das Werftgebäude (A), das zur Wartung und Reparatur der Flugzeuge diente. Seine Größe von 77,5 m x 37,13 m und seine aufwendige architektonische Gestaltung machen es zu einem äußerst repräsentativen Bauwerk. Die Bauzeit betrug 16 Monate, von April 1917 bis August 1918. Das Aussehen der Werft entspricht trotz aller Zusicherungen nicht dem Musterentwurf des preußischen Bauausschusses. Dieser sah ein einfaches Äußeres und eine Bauweise in Eisenkonstruktion vor, so wie die Normalflugzeughallen konzipiert waren. Die Pläne für die Werft vom April 1917 zeichneten die Architekten *Gebr. Rank* aus München.

Das Werftgebäude besteht aus einer Rüsthalle, in der Flugzeuge zur Wartung und Reparatur eingestellt wurden, und den die Halle an drei Seiten umgebenden Werkstätten, Verwaltungs- und Unterrichtsräumen. In der Bauweise unterscheiden sich Rüsthalle und die anderen Bauteile sehr. Während diese in traditioneller Bauweise mit Holzdachstühlen und Biberschwanzdächern gebaut wurden, entschloß man sich, die Halle aus dem neuen Baustoff *Eisenbeton* zu errichten. Eigens betonten die Architekten in ihrer Baueingabe an das *Königliche Militär-Neubauamt* in Fürth, daß sie die «Vorschriften über Bauten aus Eisenbeton, Okt. 1915» eingehalten hätten.

Abb. 7: Explodiertes Flugzeug in der Werfthalle. Das Unglück hat dem stabilen Raum keinen Schaden zugefügt.

Seit Anfang des 20. Jahrhunderts hatte das Baugewerbe sich das Arbeiten mit Eisenbeton angeeignet. Die Haupteigenschaft des Betons ist Druckfestigkeit, während seine Zugfestigkeit sehr gering ist. Deshalb wird das zugfeste Eisen luftdicht mit dem Beton verbunden, so daß der Eisenbeton die Vorteile beider Materialien vereint. Den technischen Möglichkeiten entsprechend ist die Werfthalle in der Größe von 51,5 m x 27,6 m von einem Eisenbeton-Rippengewölbe ohne Stützen überspannt, was für eine Flugzeughalle von großem Vorteil ist (Abb. 6). Außer der enormen Spannweite bot der Eisenbeton auch wesentlich mehr Sicherheit bei einem Brand als die im preußischen Entwurf vorgesehene Eisenkonstruktion. Eisen verbiegt sich bei hohen Temperaturen sehr schnell und verliert seine statische Belastbarkeit. Die damaligen Flugzeuge aus Holz und Stoff fingen leicht Feuer, so daß die Brandgefahr sehr groß war. Es ist ein Foto aus dem Jahr 1918 erhalten (Abb. 7), das die lapidare Unterschrift trägt: «Maschine mit eingebautem Zerstörer stand in der Werft. Durch unbefugtes Hantieren folgt Explosion.» Was dem unbefugt Hantierenden geschehen ist, ist nicht überliefert. Das Flugzeug jedenfalls war völlig zerstört, die Halle in Eisenbeton dagegen hat keinen Schaden davongetragen.

Mit dem Bau der Werft wurde deshalb die Fa. Rank aus München beauftragt, weil sie sich auf das Bauen in Eisenbeton spezialisiert hatte. Sie hatte schon zuvor in Fürth mit dieser Technik gebaut, zum Beispiel das Sudhaus der Humbser-Brauerei in der Südstadt oder den Käppnersteg über die Rednitz, der allerdings 1945 zerstört wurde.

Die Halle war ein Raum von großer Zweckmäßigkeit, aber auch von einem eindrucksvollen architektonischen Erscheinungsbild. Über jedem zweiten Zwischenraum der Eisenbetonrippen an der Decke öffnete sich das gebogene Dach zu einem spitzwinkligen, dreieckigen Fensterband, das für eine optimale Ausleuchtung der Halle sorgte. Insgesamt waren es sechs Fensterbänder. Sie sind heute leider durch plane Plexiglasfenster ersetzt. Zum Flugfeld hin hatte die Halle zwei Falttore von je 23 m x 5 m Größe.

Der funktionale Ablauf des Reparaturbetriebes wurde 1917 so beschrieben: Die beschädigten Flugzeuge (max. 20) wurden im rechten Hallendrittel abgestellt und ihre Beschädigungen festgehalten. Danach wurden die Flugzeuge zerlegt. Das vordere rechte Hallendrittel diente der Reparatur der Flügel, der ganze hintere Teil der Halle der Ausbesserung der Rümpfe, von denen 12-14 nebeneinander Platz hatten. Hinten verlief unter der Decke auf ganzer Breite eine Laufkran-Anlage, mit der die Motoren zur Motorenwerkstatt und zurück gebracht werden konnten. Im linken vorderen Teil und in der Mitte der Halle erfolgten schließlich Zusammenbau und Aufrüsten von 5-6 Flugzeugen gleichzeitig. Eine heute nicht mehr vorhandene Galerie bot dem Werftoffizier den nötigen Überblick über den Betrieb in der Halle.

In den Werkstätten waren die notwendigen Handwerksbetriebe untergebracht: Werkzeugmacherei, Schmiede, Feinmechanik, Schlosserei, Dreherei, Vulkanisier-Anstalt, Klempnerei, Motorenwerkstätte, Schirrmeisterei, Sattlerei, Schreinerei und Tapeziererei. Die zuletzt genannten Werkstätten machen deutlich, daß es damals noch keine Metallflugzeuge, sondern nur Holz-Stoff-Konstruktionen mit Drahtverspannungen gab.

Für den Schulbetrieb waren im Werftgebäude Unterrichtsräume eingerichtet und für die Aufklärungsschulung Dunkelkammern und Fotolaboratorien. Der heute nicht mehr vorhandene Turm an der nördlichen Seite diente dem praktischen Unterricht von 25 bis 30 Offizieren. Schließlich war im nördlichen Teil ein mehrstöckiger Schacht belassen worden, in dem die Fallschirme zum Trocknen aufgehängt werden konnten. Seit 1917 waren Fallschirme bei der Fliegertruppe in Gebrauch.

Nach einem Werkstattbau sieht die Werft allerdings nicht aus. Ein Foto von 1918 mit der rückwärtigen, dem Flugfeld abgewandten Ostseite zeigt eine ausgesprochen repräsentative Architektur (Abb. 8). Es überrascht, daß mitten im Krieg so aufwendig gebaut wurde. Die Werft greift mit vielen Dreieckselementen und einer zahnschnittartigen Verzierung unter einem fast den ganzen Bau umlaufenden Sims klassizistische Formen auf. Der rechteckige Putzbau hat an seinen Schmalseiten um jeweils ein Stockwerk höhere Flügelbauten. Zum Rollfeld nach Westen hin schließen sie mit Dreiecksgiebeln ab, während sie an ihren Ostseiten Walmdächer besitzen. Eine besondere Gestaltung erhielt der ebenfalls höhere Mittelteil der Ostfront: Eine doppelläufige Freitreppe, die zu einem mit einem Dreiecksgiebel geschmückten Portal führt, und ein Dreiecksgiebel als oberer Abschluß erzielen eine ausgesprochen stattliche Wirkung. Die kleinteilige Sprossengliederung der vielen Fenster entspricht einer Vorliebe des späten Jugendstils. So stellt der Bau ein ganz modernes, in neuester Technik erbautes Gebäude dar, das aber seiner Bedeutung entsprechend ein sehr ansprechendes Äußeres erhalten hat.

Diese repräsentative Architektur kennt der preußische Musterentwurf nicht. Vielleicht hängt die aufwendige Bauweise des Werftgebäudes damit zusammen, daß der Rohentwurf der Gebrüder Rank nicht speziell für Fürth angefertigt wurde, sondern auch für die erste bayerische Fliegerstation in Oberschleißheim. Diese liegt in unmittelbarer Nähe des königlichen Schlosses und mußte deshalb mit Gebäuden von anspruchsvoller Qualität ausgestattet werden. Die Schleißheimer Werft, der Fürther sehr ähnlich, ist ein Jahr jünger. Vielleicht war die Fürther Werft als Probebau für Schleißheim gedacht. Die Inspektion des Luftfahrwesen beschloß jedenfalls im August 1917 «die Erstellung eines definitiven Werftgebäudes nach dem Musterentwurf der Fürther Fea» und ließ ein Modell der fertigen Fürther Werft bauen. Gegen die These, daß die Atzenhofer Werft ein Probebau für Schleißheim war, spricht allerdings die Not an Arbeitern und Baumaterialien mitten im Krieg. Eigentlich hätte für Fürth, in ländlicher Umgebung und nicht neben einem Schloß, eine einfache Ausführung gereicht. Auf jeden Fall drückt sich aber in dem prächtigen Bauwerk der hohe Stellenwert aus, den man damals der Fliegerei zugemessen hat.

Die Normalflugzeughallen

Die Werft ist umgeben von neun *Normalflugzeughallen* (B1-B9). Sie wurden genau nach dem preußischen Musterentwurf von preußischen Firmen errichtet. Die Pläne stammten von der Berliner *Eisenhoch- und Brückenbauanstalt A. Druckenmüller GmbH* vom Oktober 1915 und waren vom *K. Bauausschuß für Fliegerstationen* geprüft und für gut befunden worden. Gebaut und in Fürth montiert hat die Hallen die *Fa. Actien-Gesellschaft für Verzinkerei und Eisenconstruction, Rheinbrohl & Neuwied/Rhein*. Die transportablen Eisenhallen wurden in Eisenkonstruktion, der Ingenieurbauweise der Industrialisierungszeit, errichtet. Es war eine ausgesprochen rationelle Bauweise. Die Einzelteile wurden serienmäßig in einer Größe vorgefertigt, die auf Eisenbahnwaggons paßte, an den Bestimmungsort transportiert und dann schnell und einfach in Skelettbauweise auf einem Betonfundament montiert (Abb. 9). Die offenen Wände wurden dann mit Backsteinen ausgefacht. Die Eisenkonstruktion der Decke, zwei

Abb. 8: Rückseite der Werft von Südosten. Eine erstaunlich repräsentative Architektur. Links erkennbar sind Gleise der Schmalspurbahn, die über den Flugplatz führte.

Abb. 9: Normalflugzeughalle im Aufbau. Gut sichtbar ist die rationelle Bauweise der vorgefertigten Eisenkonstruktion.
Den Fotografen, dem wir die meisten Bilder aus der Frühzeit des Flughafens verdanken, haben allerdings Aufnahmen von den Gebäuden und Flugzeugen weniger interessiert. Seine bevorzugten Fotoobjekte waren die Kameraden (S. 19ff.) und Flugzeugabstürze, die, wie dieser, oft tödlich endeten.

Haupt- und neun Zwischenbinder, blieb innen sichtbar. Außen sorgten genietete Versteifungen für zusätzliche Stabilität. Vorne und hinten am Pultdach brachten Oberlichtanlagen aus Drahtglastafeln Licht in die Hallen. Schiebetore aus 24 Elementen ermöglichten eine weite Öffnung. Jede zweite Halle war mit einem Heizungsanbau ausgestattet, um das Fluggerät auch bei Kälte einsatzbereit zu halten. Die verwendete *Niederdruckdampfluftheizung* stellte eine Verbesserung der preußischen Normalheizung dar, die heiße Luft von oben zuführte. Jede Anlage versorgte durch unterirdische Luftkanäle jeweils zwei Hallen.

Die neun Atzenhofer Normalflugzeughallen wurden in den Jahren 1916-18 errichtet. Eine Halle war schon 1916 fertig, vier weitere 1917. In eine Normalflugzeughalle paßten sechs Flugzeuge.

Das Luftbild von 1918 zeigt außerdem noch drei provisorische Flugzeughallen aus Holz, die weiteres Fluggerät aufnehmen konnten.

Nebengebäude

Einfache, verputzte Bauten, zum Teil mit verzierenden Natursteinen, waren der Materialienschuppen (C) zwischen Werft und Gleisanlage (O), das Kriegsdepot (H), die Benzintankanlage (G), der Motorprüfstand (J) und die Kraftwagenhalle (F), ebenfalls nahe der Bahn. In der Kraftwagenhalle stand neben den Personen- und Flugzeugwagen auch der Krankenwagen.

Einige Schwierigkeiten brachte der Bau des Maschinengewehr-Schießstandes (K). Der Fürther Stadtmagistrat befaßte sich damit, weil davon auch die Sicherheit der Fürther Bevölkerung betroffen war. Die Pläne vom Januar 1918 mußten geändert werden, weil der Magistrat forderte, daß «der Rumpf des Flugzeuges und das auf denselben montierte Maschinengewehr so befestigt werden, daß der Bestreichungswinkel des letzteren unter keinen Umständen über die seitlichen und insbesonders oberen Begrenzungen des Geschoßfanges hinausreicht.» Die Flugschüler mußten auch das Schießen mit dem Maschinengewehr aus dem Flugzeug heraus am Boden üben und lernen, dabei nicht das Leitwerk zu zerstören.

In einfacher Holzbauweise mit Pappdächern waren die Mannschafts- und Offiziersbaracken (M) errichtet. Mehr als einmal zerschellten auf diesen Dächern Flugzeuge (Abb. 12), die das Flugfeld nicht mehr erreichen konnten.

Die Baracken wurden zerleg- und versetzbar hergestellt von der *Christoph und Unmack Actiengesellschaft*, Nisky in der Oberlausitz, also ebenfalls von einer preußischen Firma. In einer Mannschaftsbaracke waren drei Unteroffiziere, bzw. ein Feldwebel und zwei Unteroffiziere und 33 Soldaten in fünf Räumen bzw. 20 Soldaten in drei Räumen untergebracht. Dazu gab es zwei Waschräume und einen Abort. Neben den Mannschafts- und Offiziersbaracken standen Wirtschafts-, Büro-, Sanitäts-, Schreiberbaracken und eine Badebaracke sowie die Offiziersspeiseanstalt, das *Casino* (N). Im Juli 1918 waren die Baracken fertiggestellt. Nur das Casino war noch «in Aufstellung begriffen». Es war zwar nur ein Holzbau wie die Baracken, aber architektonisch anspruchsvoll gestaltet.

Diese Holzbauten sind tatsächlich sehr haltbar gewesen. Das Casino fiel 1971 einem Brand zum Opfer. Einzelne Baracken wurden abgebaut und in Stadeln und auf der Schwand als Notkirchen weitergenutzt (Abb. 10).

Abb. 10: Evangelische Notkirche in Stadeln, errichtet aus einer 1927 umgesetzten Flugplatzbaracke (vgl. Abb. 12), aufgenommen kurz vor ihrem Abriß 1957.

Die Flugplatzbahn

Zur Ausstattung gehörte auch eine Bahnstrecke, die den Flugplatz mit der Eisenbahnlinie Fürth-Würzburg verband. Sie wurde 1916 begonnen und war im September 1917 betriebsbereit. Vom Haltepunkt Fürth-Unterfürberg zweigte sie ab und führte in einer Länge von 3,6 km bogenförmig über die noch unbebaute Hard, an Unterfarrnbach vorbei zum Flugplatz. Die Mühltalstraße und der Bach wurden mit einem inzwischen abgerissenen Viadukt überbrückt. Südlich der Werft endete die Bahn mit einer Verladerampe (O), die im Juni 1918 von 45 m auf 110 m verlängert wurde, um die gleichzeitige Be- und Entladung von mehreren Waggons zu ermöglichen.

Diese Flugplatzbahn war ausgesprochen wichtig für die Fliegerstation. Sie leistete für den schnellen Ausbau des Flugplatzes große Dienste. Mit der Bahn wurden die Baumaterialien und Bauteile, zum Beispiel für die Normalflugzeughallen, transportiert. Nach Aufnahme des Flug- und Schulbetriebes schaffte sie nicht nur Ersatzteile und Versorgungsgüter für die Soldaten heran, sondern auch abgestürzte und nicht mehr flugfähige Flugzeuge zur Reparaturwerft.

Neben der Eisenbahnlinie gab es auf dem Flugplatz eine *Schmalspurbahn,* die einzelne Gebäude miteinander verband (Abb. 8 u. 11).

Die Kosten

Die Kosten für die Fliegerstation Fürth steigerten sich von der ersten Berechnung 1916 bis zur zweiten im Jahr 1917 von 1.431.770 RM auf 5.536.000 RM. Insgesamt wurde für den Ausbau von Oberschleißheim und die Errichtung von vier neuen Fliegerstationen 21.897.450 RM ausgegeben. Im einzelnen setzt sich die Gesamtsumme für Fürth aus folgenden Posten zusammen:

Grunderwerb	450.000 RM
Techn. Anlagen	2.900.000 RM
Unterkunftsbauten	884.000 RM
Eisenbahnanschluß	385.000 RM
Straßenbauten	308.000 RM
Entwässerung	222.000 RM
Elektrische Kraft	78.000 RM
Wasserversorgung	54.000 RM
Bauführung und Reserve	105.000 RM
Geräte u. Ausstattung	50.000 RM
Maschinen-Anlage	100.000 RM
Gesamt	**5.536.000 RM**

Eine unglaubliche Summe, wenn man bedenkt, daß damals eine Semmel 5 Pfennig und ein Liter Bier 25 Pfennig gekostet haben. Sie ist wieder ein Beweis dafür, wie hoch der Stellenwert der Fliegerei in dieser Zeit war und welche kriegsentscheidende Wirkung man von ihr erwartete.

Wichtiges Zeugnis aus der Frühzeit der Fliegerei

Aus dieser ersten wichtigen Phase des Atzenhofer Flugplatzes sind bis heute mehrere Gebäude erhalten geblieben: die Werft, eine der neun Normalflugzeughallen (B1), der Materialienschuppen, die Kraftwagenhalle, das Kriegsdepot und die Laderampe der Bahnlinie. Mit diesem ungewöhnlich großen Bestand an alten Gebäuden ist der Atzenhofer Flugplatz heute ein wichtiges und seltenes Zeugnis aus der Frühzeit der Fliegerei in Deutschland.

Militärflugzeuge in Atzenhof bis 1920

Als am 23. Oktober 1911 der italienische Hauptmann Piazza in einem Blériot-Eindecker zu einem Aufklärungsflug über die türkischen Stellungen von Azizia in Tripolis startete, begann mit dem italienisch-türkischen Krieg nur acht Jahre nach dem ersten zweifelsfrei dokumentierten Motorflug der Brüder Wright in den USA die kriegerische Karriere des neuen Fortbewegungsmittels. Kurz darauf wurden in dieser militärischen Auseinandersetzung bereits Bomben abgeworfen. Ebenfalls im Herbst 1911 nahmen in Deutschland erstmals Flugzeuge am Kaisermanöver teil. Vier *Rumpler-Tauben* und vier *Albatros*-Doppeldecker lieferten sehr gute Aufklärungsergebnisse und demonstrierten die Tauglichkeit des Flugzeugs für militärische Zwecke. In der Folgezeit, beflügelt von zwei Weltkriegen und technologischen Durchbrüchen wie etwa dem Überschallflug, hat sich das entsprechend ausgerüstete Flugzeug zu einer der wichtigsten Waffen entwickelt.

Analog zum Einsatz von 1911 spielte in der Anfangszeit des Ersten Weltkriegs das Flugzeug nur eine Rolle als Beobachtungsplattform in Ergänzung zum Fesselballon. Die Flieger hatten Ziele auszumachen und das Feuer der eigenen Artillerie zu lenken. Solche *Flugapparate* waren zweisitzig und unbewaffnet. Bei zunächst noch vereinzelten Begegnungen mit Feindflugzeugen setzte man sich mit Pistole und Karabiner zur Wehr. Bald aber wurde die Notwendigkeit einer wirksameren Abwehrbewaffnung offenbar, da nun Flugzeuge zum Einsatz kamen, die speziell für die Jagd auf feindliche Aufklärer konstruiert waren. So entstanden auf deutscher Seite aus den B-Typen (Doppeldecker, unbewaffnet) die C-Flugzeuge (Doppeldecker, bewaffnet). Neuentwicklungen waren dann die E- (Jagd-Eindecker), D-(einsitzige Jagd-Doppeldecker) und Dr-Typen (Jagd-Dreidecker). Später kamen noch die CL-(Schlachtflieger und Begleitjäger) und G-Flugzeuge (Großflugzeuge als Bomber) dazu. Die Aufnahme des Hallenvorfeldes aus dem Jahre 1918 (Abb. 11) zeigt neben älteren, vom aktiven Frontdienst abgezogenen und dann noch zur Schulung des Fliegernachwuchses verwendeten Flugzeugen auch moderne Typen, die wohl nur zu Vorführungs- und Einweisungszwecken vorübergehend in Atzenhof stationiert waren.

In der vorderen Reihe ganz rechts sieht man das in großen Stückzahlen gebaute Aufklärungs- und Schulflugzeug *Albatros B. II*, von Mitte 1914 bis Kriegsende im Einsatz. Den Ausbildungseinheiten wurden vor allem solche veralteten zweisitzigen Aufklärungsmaschinen der Firmen *Albatros*, *Aviatik*, *LVG* u.a. zugewiesen.

In der hinteren Reihe ganz rechts steht die im November 1917 herausgekommene *Halberstadt CL. II*, in der vorderen Reihe (3. v. r.) die *Hannover CL. III* von 1918. Beide Typen der 1917 neu eingeführten Kategorie CL waren zweisitzige Geleitjäger und

Abb. 11: Das Hallenvorfeld, aufgenommen vom Dach der Werft. Viele verschiedene Flugzeuge stehen auf dem Flugfeld. Im Hintergrund der Burgfarrnbacher Kirchturm. Vorne Gleis der innerbetrieblichen Schmalspurbahn.

Abb. 12: Havarierte Albatros C. VII auf einer Wohnbaracke des Flugplatzgeländes (vgl. Abb. 10).

Schlachtflugzeuge zur Infanterie-Unterstützung.

Der Fotograf der aus dieser Ära erhaltenen Bilder hatte eine Vorliebe für die Relikte von Bruchlandungen und Abstürzen bei den Atzenhofer Schuleinheiten der bayerischen Flieger-Ersatz-Abteilung (Fea) 2, und deshalb sind, außer auf den Gesamtansichten des Flugplatzes, keine Fotos von funktionsfähigen Maschinen aus dieser Epoche in Atzenhof überliefert.

Nicht gerade alltäglich, doch auch nicht ungewöhnlich waren durch mehrere Fotos dokumentierte unfreiwillige Landungen auf den Dächern von Baracken der Fliegerschulen in Atzenhof. Abbildung 12 zeigt solch eine Bruchlandung einer Albatros C. VII, in großen Stückzahlen 1916 - 1917 als Frontaufklärer verwendet, danach als Schulflugzeug.
Triebwerk: Benz Bz IV-Reihenmotor mit 162 kW/220 PS
Höchstgeschwindigkeit: 220 km/h
Dienstgipfelhöhe: 5.500 m

Das Flugzeug konnte auch Bomben im Gesamtgewicht von 200 kg tragen.

Fast wie eine moderne Skulptur sehen die Reste dieser abgestürzten *LVG (Luft Verkehrs Gesellschaft) B. II* aus (Abb. 13). Nur am Leitwerk und am abgerissenen, wie eine Leiter wirkenden Motor-Kühler, der seitlich am Rumpf befestigt war, ist die Maschine noch identifizierbar. Die deutlich erkennbaren Ausbesserungsarbeiten an der Stoffbespannung des Leitwerks sind entweder Spuren früheren Beschusses im Fronteinsatz oder zeugen davon, wie sehr diese Veteranen noch im Schulbetrieb beansprucht wurden. Der starke Zerstörungsgrad bei den Tragflächen ist eine Folge der Holzbauweise.

Die LVG B. II gehörte zu den bereits 1914 bzw.1915 eingesetzten, noch unbewaffneten Aufklärungsflugzeugen. Im vorliegenden Fall handelt es sich um eine frühe Version - möglicherweise einen Lizenzbau der Münchner Otto-Werke, denn später wurden diese Maschinen mit einem Frontkühler ausgestattet.
Triebwerk: Benz Bz III-Reihenmotor mit 110 kW/150 PS
Höchstgeschwindigkeit: 140 km/h
Dienstgipfelhöhe: 4.000 m

Neben diesen durch Fotos vom Flugbetrieb in Atzenhof dokumentierten Maschinen kamen nach den Aktenaufzeichnungen des bayerischen Kriegsarchivs noch folgende Typen zum Einsatz in den Fürther Militärfliegerschulen: *Albatros B. II, C. I, C. III, D. III und D. V; Aviatik C. I und C. III; D. F. W. (Deutsche Flugzeugwerke) C, Vc, Euler D. II, Mercedes Benz III/IV und Rumpler C. I und C. V* - insgesamt eine große Vielfalt an in Serie gebauten Flugzeugen. Vielfach war man gezwungen, bei Reparaturen zu improvisieren und auf Flugzeugteile anderer Fabrikate zurückzugreifen. Dies wird auch belegt von weiteren, hier nicht gezeigten Aufnahmen und von dem oben erwähnten Bruch der LVG B. II, die aufgrund anderer Details auch eine Aviatik B. II sein könnte, der man bei einer Reparatur ein Leitwerk der Firma LVG verpaßt hat. Da die Konstruktionen einander sehr ähnlich waren, dürfte ein solcher Austausch nicht allzu schwierig gewesen sein, wenn das Flugzeug dabei nur wieder die richtige Schwerpunktlage bekam.

Nicht mehr direkt zum militärischen Flugbetrieb des Ersten Weltkriegs in Atzenhof, doch zum Militärflugzeugbau dieser Zeit gehört eine Maschine, die offensichtlich nach dem Krieg zivil genutzt wurde (Abb. 14). Es handelt sich um das ehemalige Jagdflugzeug *Pfalz E.I*, das die 1913 gegründeten *Pfalz Flugzeugwerke GmbH* in Speyer 1915 im Auftrag der bayerischen Regierung nach dem Vorbild des französischen Eindeckers *Morane-Saulnier H* herausgebracht haben, um die bayerischen Fliegertruppen mit einem Typ aus eigener Produktion auszustatten.

1915 war der Eindecker für kurze Zeit in Frankreich und Deutschland in Mode gekommen. Auch die Firmen *Fokker* und *Siemens* schufen nahezu Kopien des französischen Vorbilds. Die Flugzeuge waren bewaffnet mit einem Maschinengewehr, das durch den Propellerkreis feuerte, und galten als die ersten wirklichen Jäger. In mancher Beziehung waren diese Konstruktionen allerdings eher rückwärtsgewandt. So hatten sie keine Querruder, sondern die Steuerung um die Längsachse erfolgte wie in den Anfangstagen der Fliegerei durch Verwindung der Tragflächen mittels Seilzügen am Spannturm unter dem Rumpf. Die Pfalz E.I wurde aber nur vereinzelt als Begleitjäger eingesetzt; die meisten der ca. 75 gebauten Exemplare dienten ohne Bewaffnung als Übungsflugzeuge bei den bayerischen Heimatverbänden. Aus diesem Kontingent dürfte die abgebildete Maschine stammen, die vielleicht - wie mehrfach geschehen - die von den Siegermächten erzwungene Abrüstung in einem Versteck überlebt hat (S. 51). Sie zeigt allerdings gewisse Abweichungen vom Standard des Musters. So besitzt dieses Exemplar anstelle eines Pendelhöhenruders eine Ruderdämpfung durch eine feststehende Flosse. Die Tragflächenenden sind nicht in Flugrichtung nach innen abgeschrägt, sondern verlaufen parallel zum Rumpf. Es hat den Anschein, als ob dieses Flugzeug aus verschiedenen Teilen zusammengebastelt und wieder flugbereit gemacht wurde, worauf auch die unsaubere Verarbeitung des hinteren Tragflächenrandbogens hindeutet.

Triebwerk: Oberursel UO-Rotationsmotor mit 59 kW/80 PS
Höchstgeschwindigkeit: 145 km/h
Dienstgipfelhöhe: 3.300 m

Das modernste Muster, das als das beste deutsche Jagdflugzeug des Ersten Weltkriegs galt, die ab Mai 1918 eingesetzte *Fokker D.VII*, tauchte in Fürth erst nach dem Waffenstillstand auf (Abb. 6). Der Flugplatz Atzenhof war eine der Sammelstellen für deutsche Militärflugzeuge, die nach den Waffenstillstandsbedingungen abgeliefert und unter alliierter Überwachung zum größten Teil zerstört werden mußten. Dies galt vor allem für die von den Gegnern besonders gefürchteten Fokker D.VII, die sogar in den Auslieferungsbestimmungen eigens genannt wurden («... in erster Linie alle Apparate D.VII»). Private Fotos zeigen aber, daß man in Fürth eine der zur Zerstörung bestimmten D.VII abgezweigt und entmilitarisiert hat, indem man die Bewaffnung ausbaute, den Tarnanstrich mit heller Farbe übermalte und den Rumpf mit der Aufschrift «Flugwetterwarte Fürth» versah (Abb. 22 und S. 51). Wie lange diese Fokker D.VII der Kontrolle durch die Alliierten entzogen werden konnte, ist leider nicht bekannt.

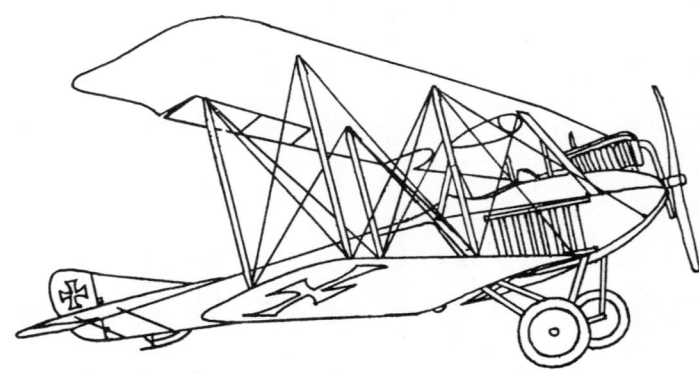

Abb. 13: LVG B. II, nach Havarie bis zur Unkenntlichkeit zerstört. Rechts darüber Rekonstruktionszeichnung.

Bei Kriegsende standen bei 43 Verbänden 775 dieser Jagdflugzeuge im Einsatz, deren besondere Stärke in der Trudelsicherheit und der enormen Steigfähigkeit lag.

Triebwerk: BMW III - Reihenmotor mit 136 kW/185 PS
Höchstgeschwindigkeit: 200 km/h
Dienstgipfelhöhe: 7.000 m

Abb. 14: »Zivilisierte« Pfalz E.I beim Start in Atzenhof.

Die Alten Adler

Erst vor kurzer Zeit ist wieder ein Fotoalbum aufgetaucht, das eindrucksvoll die Anfangsphase des Atzenhofer Flugplatzes dokumentiert. 1917/18 hat der Flugsoldat Heinrich Koch neben Luftaufnahmen und Fotos von havarierten Flugzeugen auch viele seiner Kameraden abgebildet. Vor einen genormten Hintergrund hat er sie postiert und in ihrer Fliegermontur, der Fliegerjacke und der eng anliegenden Ledermütze, fotografiert. Fein säuberlich wurden die Bilder dann in ein spanisches Zigarettenalbum eingeklebt (Abb. 15).

Seite um Seite ist gefüllt mit über 200 Porträts. Oft noch ganz kindliche Gesichter schauen den Betrachter an. Namenlose Gesichter. Ihre Individualität ist zudem verwischt durch die Monotonie der Abbildungen. Die Vorstellung vom Versatzstück Mensch drängt sich auf, dem austauschbaren, abschießbaren Bediener des Fluggerätes. Was diese jungen Männer bewegt hat, wie sie zur Fliegerei gekommen sind, was ihnen das Fliegen bedeutet hat, läßt die Staffage nicht erkennen.

Schwierig ist es, heute mehr über sie zu erfahren. Wieviele von ihnen den Krieg überlebt haben, wissen wir nicht. Der Verlust an Menschen und Fluggerät muß immens gewesen sein. Neben der Tücke des Objekts, das heißt der Zerbrechlichkeit der hauptsächlich aus Holz und Stoffbespannung bestehenden, überaus leicht entflammbaren Flugzeuge, waren es gegen Kriegsende auch die Luftkämpfe, die das Fliegen zu einer gefährlichen Angelegenheit machten. Die Leidenschaft, mit der - trotzdem - geflogen wurde, ist aus den kindlichen Gesichtern gar nicht herauszulesen.

Die Tochter des Fluglehrers

Den Zugang zu einem Einzelschicksal vermittelt uns die Tochter eines ehemaligen Atzenhofer Fluglehrers aus der Zeit des Ersten Weltkrieges. Sie erzählt uns, wie technik-, motor- und flugbesessen diese Pioniergeneration gewesen ist. Mit Wärme und großer Herzlichkeit empfängt sie uns. «Sie wissen gar nicht, welche Freude Sie mir machen, daß Sie in mir die Erinnerung an den Flughafen Atzenhof wieder wachgerufen haben!» Sie sagt es mehrfach. Wir glauben es nicht, denn sie ist so wach, so präsent im Gespräch und in der Erinnerung, daß der äußere Anlaß, den wir gegeben haben, gar nicht mehr als ein kleiner Anstoß gewesen sein kann. Sie hat ein erfülltes Leben gelebt. Ein ganz anderes als ihr Vater. Aber wie sehr er und die Fliegerei in Atzenhof sie geprägt haben, wird bei unserem Besuch faszinierend deutlich.

Fliegen, bloß fliegen

Sehr schnell und immer wieder kommen wir auf den geliebten Vater. Er muß von Motoren und Maschinen besessen gewesen sein. 1895 in der bayerischen Pfalz geboren, gilt sein großes Interesse von früher Kindheit an der Technik, die ja in dieser Zeit eine sehr rasante Entwicklung nahm. Er hat das Zeug zu studieren. Leider habe es nicht dazu gereicht, sagt die studierte Tochter, die sich auch hier ganz gegenüber dem Vater zurücknimmt. Mit 16 Jahren macht er den Führerschein («Er war verrückt nach Autos!»). Er absolviert eine Lehre als Automechaniker und geht dann zu Daimler nach Mannheim. Mit 18 rückt er ein. Zu den Fliegern. «Der Andrang zum Fliegertum war groß bei den jungen Leuten». In Oberschleißheim bei München macht er seine Fliegerausbildung und fliegt dann bis 1917 an der Westfront. Hauptsächlich Aufklärungsflüge und Fotoflüge. Ins Familienalbum sind eine ganze Reihe von Luftaufnahmen eingeklebt. Überraschend die Präzision der Darstellung.

Vom Krieg hat der Vater seinen Töchtern nie erzählt. «Vielleicht wäre das anders gewesen, wenn wir Buben gewesen wären!» So schnappen die kleinen Mädchen von der Fliegerei des Vaters nur wenig auf. Sie müssen ins Kinderzimmer, wenn alte Fliegerkameraden zu Besuch kommen. Aber sie lassen die Tür einen Spalt offen. So bekommen sie doch das eine oder andere mit.

Um so liebevoller hat die Tochter über alle Umzüge hinweg Vaters Fliegerdokumente aufbewahrt, seine Flughefte, in denen er in akkurater Schrift jeden einzelnen Flugeinsatz protokolliert hat, und die Karten des Flugschreibers. «Mein Vater war anders als viele Flieger. Er ist ein bescheidener Mann geblieben». Schwadronieren war seine Sache nicht. «Fliegen, bloß fliegen, wenn er bloß fliegen konnte!»

Für mich bedeutet Atzenhof so etwas wie die große Freiheit

1917 kommt der Unteroffizier Heinrich G. nach Fürth-Atzenhof. Er wird Fluglehrer bei der Flieger-Ersatz-Abteilung 2. Bis zum Kriegsende bildet er hier Flieger aus. Über diese Zeit weiß die Tochter wenig. Der Vater hat nicht in der Kaserne gewohnt, sondern in der Stadt. Hier hat er seine spätere Frau kennengelernt. Und hier ist er, obwohl er es gar nicht wollte, geblieben. Auch für ihn galt jener Satz fast unabdingbarer Zwangsläufigkeit, daß Fürth nicht anzieht, aber festhält.

Jeden Tag ist er zu Fuß von Fürth nach Atzenhof gelaufen. In den neun großen Hallen, die um das stattliche Werftgebäude aus dem Jahr 1918 lagen, waren die Übungsflugzeuge untergebracht, mit denen Heinrich G. und seine Schüler ihre Kreise über Fürth und die Region zogen. Fliegen, bloß fliegen!

1918 ist alles vorbei. Heinrich G. versucht sich als Motorradfabrikant. Aber sein Herz hängt weiter am Fliegen. Er schließt sich der Vereinigung der Angehörigen ehemaliger bayerischer Fliegertruppen an. In Fürth sind die Theatergaststätten ihr Stammlokal. Aber immer wieder zieht es die Alten Adler, wie sich die Flieger des Ersten Weltkrieges nennen, nach Atzenhof hinaus. Sie verfolgen mit Begeisterung, daß sich auf dem Gelände und in den verbliebenen Gebäuden des alten Militärflugplatzes ganz allmählich und dann immer schneller die Zivilfliegerei etabliert. Die Familie G. ist oft in Atzenhof. Sehr unbürokratisch muß es dort zugegangen sein, so daß der Vater, nun als Privatmann, ganz selbstverständlich fliegen durfte. Fliegen, bloß fliegen! «Meine Kindheit ist hier geprägt worden. Atzenhof ist für mich ein Teil meiner Kindheit!» So empfindet es die Tochter noch heute. Was so oft von Fliegern zu hören ist und was einem

Abb 15: Zwei Seiten aus dem Zigarettenalbum, in das die Fotos der jungen Flugschüler eingeklebt wurden.

Außenstehenden wie eine Floskel erscheint, es muß so gewesen sein: Die Kameradschaft war sehr groß und die Stimmung überaus offen. «Für mich bedeutet Atzenhof so etwas wie die große Freiheit!»

Später darf sie, immer noch ein kleines Mädchen, mit dem Vater mitfliegen, bei einem Rundflug und von Fürth zum neuen Flughafen am Marienberg in Nürnberg. Sie kennt die großen Gestalten der Fliegerei. Noch heute erinnert sie sich an aufregende Ereignisse ganz genau. Der große Flugtag 1933, der so vielen Fürthern im Bewußtsein geblieben ist, war überschattet von dem tödlichen Absturz eines Fliegers mit einem ähnlich klingenden Namen. In der ersten Verwirrung nach dem Absturz werden die Namen verwechselt. Der Mutter und ihr wird schon kondoliert. Aber dann kommt der Vater unbeschadet bei seiner Familie vor-

bei. Ihm kann doch nichts passieren. Fliegen ist doch sein Leben. Fliegen, bloß fliegen.

Oder der Hasardeur Udet. Sie hat es mit eigenen Augen gesehen, auch wenn wir es nicht glauben wollen. Im Sturzflug ist er heruntergekommen und mit der Spitze eines Flügels hat er vom Boden ein Taschentuch aufgenommen. Sie hat es mit eigenen Augen gesehen, und der Vater natürlich auch.

Der Alte Adler

Nicht Verklärung, aber tiefe Verehrung erfüllt die Tochter, wenn sie vom Vater redet. Er, der Autonarr, der Flieger aus Leidenschaft, hat ein so anderes Leben geführt als sie, deren Wohnung voll ist mit Bücherregalen bis zur Decke. Aber die Freiheit, die sich der Alte Adler erflogen hat, ist auch die ihre.

Das Ende eines Fliegers

1879 wurde in Fürth der Schriftsteller Bernhard Kellermann geboren. Zwischen den Weltkriegen gehörte er zu den meistgelesenen deutschen Autoren. Neben lyrischen und utopischen Romanen, darunter dem in 25 Sprachen übersetzten Buch *Der Tunnel*, schrieb Kellermann unter dem Eindruck des Ersten Weltkriegs mehrere Antikriegs-Bücher. Er selbst sieht in diesen Werken den Grund für seine Ächtung durch die Nationalsozialisten als «pazifistischer» Autor und für die öffentliche Verbrennung seiner Bücher.

Ein Fürther Autor geißelt den Krieg

Im Roman *Der neunte November* schildert Kellermann den letzten Flug eines Aufklärungsfliegers vor seinem Abschuß. Beschrieben ist eine Situation, in der sich auch die in Atzenhof ausgebildeten Flieger bei Fronteinsätzen des Ersten Weltkrieges oft befunden haben. Viele von ihnen haben dasselbe Ende erlitten. Patriotismus und Flugbegeisterung der jungen Flugzeugführer, aber auch ihre ständige Bedrohung in der Luft, werden in dieser Passage sehr deutlich.

Der 9. November

Roman

von

Bernhard Kellermann

Der folgende Text ist ein Auszug aus der Erstausgabe von 1921.

Heinz jauchzt vor Freude. Es wird zu tun geben!

Da und dort stehen in der Bläue des Himmels Gruppen dichtgedrängter Lämmerwölkchen, aus denen Messer blitzen, Schwärme von Schrapnells, die den Flugzeugen gelten. Von unendlicher Schwärze, blitzend von Myriaden feinster Silberfunken, wölbt sich hoch oben der Äther.

In dreitausend Meter Höhe flog Heinz seinen Abschnitt auf und ab. Meerheim patrouillierte im Nachbarabschnitt. Zuweilen sah Heinz seine Maschine, wenn sie sich der gegenseitigen Grenze näherten. Hier oben war die Front kaum noch zu sehen, leichter Dunst lag auf der Erde, nur zuweilen warf der Gürtel der Geiser eine Gruppe schwarzer Rauchwolken aus. Am Horizont ringsum blitzten die Messer der feindlichen und deutschen Batterien. In der großen Weite war kein Flugzeug zu sehen, nur nach Westen zu entdeckte Heinz eine Gruppe von Maschinen, die aber bald verschwand. Dort schienen feindliche Flieger zu sein, und er wünschte nichts sehnlicher, als daß sie hierher in seinen Abschnitt kämen. Er glühte vor Kampfbegierde! Aber nichts ließ sich sehen, so sehr er auch ausspähte, keine Seele. Mächtige weiße Wolkenmassen zogen unter ihm dahin. Zuweilen ließ er die Maschine sinken, und dann wuchs ein schimmerndes Schneegebirge rasch zu ihm empor. Türme von Schnee brodelten ihm entgegen, Kuppen von Schnee wölbten sich, und der Schatten seiner Maschine jagte über glitzernde Gletscher.

Heinz begann zu singen.

Wie eine Lerche trillerte er im Äther. Er mußte sein Glück hinausrufen. Laut und inbrünstig hingegeben sang er: «Deutschland, Deutschland über alles.» Er sang sämtliche Strophen des Liedes, das ihn schon in der Schule berauscht hatte. Deutlich hörte er zuweilen aus dem Röhren und Brausen des Motors seinen hellen Tenor.

Dann sang er die «Vöglein im Walde».

Nie hatte er eine seligere Stunde erlebt.

Wie häufig, erschien plötzlich deutlich und scharf Klaras Bild vor seinen Augen. Seligkeit wäre es, könnte er nur einmal mit ihr durch den Äther dahinjagen! Nie würde er imstande sein, ihr dieses Glück zu schildern.

Ja, heute, heute - vielleicht würde es ihm endlich heute gelingen, einen Gegner zu stellen! Oh nein, er zweifelte nicht eine Sekunde daran, als Sieger aus diesem Zweikampf hervorzugehen. Er war entschlossen, er war kühn, er fürchtete keine Gefahr, und er war beseligt von heißester Liebe für sein Vaterland. Wie sollte er da nicht der Überlegene sein?

Dort? Dort? Schon jagte er hin -.

Oft rückten die Schrapnellwolken der Abwehrgeschütze ganz nahe, aber zu seinem Schmerz entfernten sie sich stets wieder. Es war sein persönliches Pech, daß niemand seinen Abschnitt aufsuchte.

Allzu schnell war seine Zeit abgelaufen. Wieder vergebens! Mit der Sekunde wandte Heinz die Maschine nach Hause. Er stürzte sich mitten in eine der schimmernden Wolken hinein, glitt für Sekunden durch Düsternis und kalten Nebel, um gleich darauf wiederum von Helligkeit geblendet zu werden. Wieder lag da unten der schimmernde, bunte, freundliche Teppich, und Heinz nahm den Kurs auf eine weiße Kirchturmspitze am Horizont.

Was aber gibt es? Was ist geschehen?

Plötzlich schwankt die Maschine, sie flattert hin und her. Mächtig pendeln die Flügel. Heinz hat sich in namenlosem Erstaunen aufgerichtet. Die Maschine stürzt...

Aber hinter der stürzenden Maschine her jagt wie ein riesiger Raubvogel ein Flugzeug mit Farbringen auf den Tragdecken. Senkrecht stürzt es sich in die Tiefe, dem Opfer nach. Der Pilot, in seiner Vermummung anzusehen wie ein furchtbarer Dämon, beugt sich über Bord, um die stürzende Maschine des Gegners auf die Platte seines photographischen Apparates zu bringen.

Wie eine Motte flattert der deutsche Eindecker da unten, und plötzlich löst sich etwas wie ein Gegenstand, ein Körper - verschwindet rasch, wie ein Punkt in der Tiefe.

Schon blitzen Messer auf am Waldrand, und der Raubvogel rauscht in die Wolke zurück.-

Als Hauptmann Wunderlich die Nachricht hörte, zerriß er sich mit den Nägeln das Gesicht und schrie: «Ich ertrage es nicht mehr, ich kann nicht mehr!»

Beginn der Zivilfliegerei

Nach dem Kriegsende 1918 setzt auf dem Atzenhofer Flugplatz ein schneller Übergang zur Zivilfliegerei ein.

Novemberrevolution und Kriegsende

Gerade unter den Fliegern hatte der Krieg viele Opfer gefordert. Sie wollten nun ein möglichst schnelles Ende. Deshalb solidarisierten sich auch die Atzenhofer Fliegersoldaten sehr rasch mit den Zielen der Novemberrevolution. Am 8. November fand in der Werfthalle eine Versammlung statt, die einen *Soldatenrat* wählte, der die Befehlsgewalt übernahm. Die Offiziere der Flieger-Ersatz-Abteilung waren aber nicht bereit, sich dem Soldatenrat unterzuordnen, zumal sein Vorsitzender nur Feldwebel war, also im militärischen Rang unter ihnen stand. In Eingaben nach München an den Inspekteur des Luftfahrwesens sprachen die Offiziere von «unhaltbaren Zuständen» bei der Fea 2. Der Soldatenrat hatte allen aus Nürnberg und Fürth stammenden Fliegern erlaubt, zu Hause zu schlafen, so daß kaum noch jemand seinen Dienst tat. Deshalb kam es bei der Demobilmachung nach dem Waffenstillstand, als die Rückführung der Fliegertruppen und des Fluggerätes von der Front bewältigt werden mußte, zu schwierigen Verhältnissen. Auch die Offiziere waren kaum mehr im Dienst. Kurz vor Weihnachten 1918 befand sich von ehemals 67 Offizieren nur noch ein einziger auf dem Flugplatz.

Zwei Tage nach dem Waffenstillstand, am 13. November 1918, wurde die Fliegerschule aufgelöst. An ihre Stelle trat eine *Flugplatzkommandantur* (Abb. 16), um «auf jeden Fall ... einige Flugzeuge mit Personal startbereit zu halten». Kurz danach beschloß das in *Ministerium für militärische Angelegenheiten* umbenannte Kriegsministerium, einen beschränkten Luftverkehr auf den Flugplätzen München, Fürth und Würzburg einzurichten. Die ausgedienten militärischen Fliegerstationen bekamen nun den Namen *Luftverkehrshäfen*. Über eine Weiterführung der Strecke München-Fürth nach Berlin wurde mit dem Reichsluftamt verhandelt.

Wirtschaftliche Interessen

Am 24. Januar 1919 besichtigte das Ministerium für militärische Angelegenheiten den Fürther Flugplatz. Mit dabei waren der Soldatenrat und Vertreter der *Gothaer Waggon- und Flugzeugfabrik*. Das Gothaer Unternehmen hatte bereits 1916 von der Stadt Fürth auf der heutigen Hardhöhe ein Gelände gepachtet, um dort nicht weit von Atzenhof entfernt eine Fabrik zu bauen. Der Krieg verhinderte allerdings die Realisierung. Nun aber wollten die Gothaer sofort nach Kriegsende den Flugplatz und seine Hallen mieten, um hier ihren Betrieb schnell aufnehmen zu können. Der Soldatenrat unterstützte sie wegen der herrschenden hohen Arbeitslosigkeit.

Eine industrielle Nutzung des Flugplatzgeländes kam aber für die *Inspektion des Luftfahrwesens* «überhaupt nicht in Frage», «weil in etwa 5 bis 10 Jahren der internationale Flugverkehr einsetzen könnte.»

Tatsächlich ging es viel schneller. Sofort nach dem Krieg fand das Flugzeug seine neue Nutzung als ziviles Verkehrsmittel, gerade auch in Fürth. Die Passagiere wurden mit den übriggebliebenen Militärflugzeugen geflogen. In Atzenhof waren die Hallen «voll mit Fluggerät belegt». Ein bis zwei Personen konnten in einem Flugzeug offen, also ohne Kabine, befördert werden.

Politische Turbulenzen

Das Jahr 1919 brachte viele politische Turbulenzen, die auch den Atzenhofer Flugplatz berührten. Als Reaktion auf die Ermordung des bayerischen Ministerpräsidenten Kurt Eisner durch einen Konservativen wurde im April 1919 in München die Räterepublik ausgerufen. Die Regierung des neuen Ministerpräsidenten Johannes Hoffmann und der bayerische Landtag verließen die revolutionäre Hauptstadt und zogen sich in das ruhige Bamberg zurück, um dort die erste demokratische bayerische Verfassung auszuarbeiten. Von Bamberg aus organisierte Hoffmann den Sturz der Räterepublik. Auch in Atzenhof wurden zwei freiwillige Fliegerstaffeln angeworben, die im Mai 1919 in München gegen die Räterepublik agierten. Nach ihrer Rückkehr auf den Flugplatz wurden sie der inzwischen neu geschaffenen Reichswehr als *Reichswehrtruppenfliegerstaffel 21A* eingegliedert. Im Oktober desselben Jahres wurde diese Staffel dann als letzte militärische Organisation auf dem Flugplatz aufgelöst.

Zivile Nutzung der Militäreinrichtungen

Inzwischen war die Zivilfliegerei längst im Gange, freilich noch nicht mit einem regelmäßigen Linienverkehr, sondern als Angebot für Bedarfsflüge. Gleich nach Kriegsende hatten sich bereits Fluggesellschaften für den Fürther Flugplatz interessiert, um einen regelmäßigen Flugverkehr einzurichten. Schon am 2. Januar 1919, also keine zwei Monate nach dem Waffenstillstand, wandte sich die *Deutsche Luftreederei* an die Stadt Fürth mit dem Vorschlag, für Reichs- und Staatsbehörden, aber auch für Privatpersonen und Privatgut «schon in nächster Zeit einen Luftverkehr mittels Flugzeugen ins Leben zu rufen», weil «die zurzeit bestehende Verkehrsnot sowie die Notwendigkeit, verfüg-

Abb. 16: Briefumschlag der nach Kriegsende umbenannten Flugplatzleitung. Sie sieht sich bewußt in der Tradition der Fea (vgl. S. 7).

Bayer. Flugplatz-Kommandantur Fürth i. B.

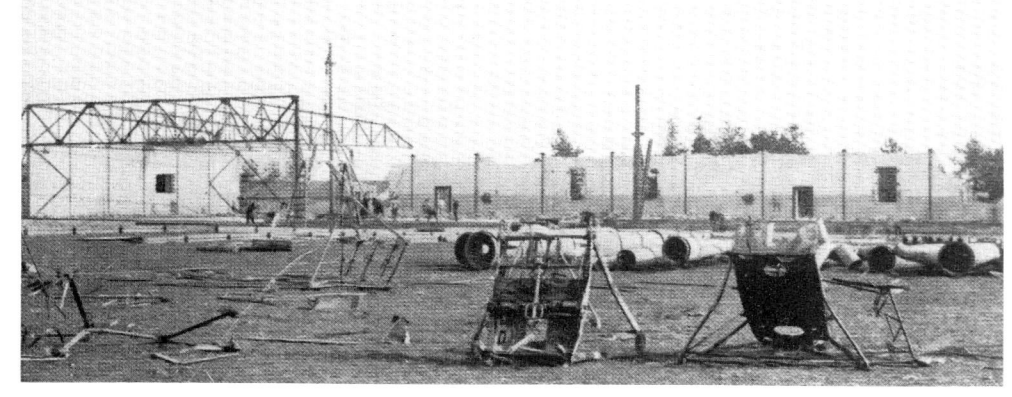

Abb. 17: Eine der sieben Normalflugzeughallen während der von den Alliierten angeordneten Demontage.

bare Arbeitskräfte in wirtschaftlicher Weise zu beschäftigen», diesen Entschluß nahelegten. Auch das Reichsluftamt in Berlin setzte sich für die zivile Nutzung des Flugplatzes ein, um «das bisher als Kriegswerkzeug verwendete Flugzeug ... den nützlichen Zwecken des Friedens zugänglich zu machen.»

Als ab Februar 1919 die Reichsregierung und die verfassungsgebende Nationalversammlung in Weimar tagten, wurde für die bayerischen Regierungsmitglieder die Flugverbindung München-Fürth-Weimar eingerichtet. Schon vorher war der *Bayerische Kurierflugdienst* München-Fürth-Bamberg-Würzburg eingerichtet worden.

Trotz des beginnenden Luftverkehrs stellten verschiedene Firmen bei der Stadt Fürth Anträge, das Atzenhofer Gelände zu pachten. Neben der Gothaer Waggon- und Flugzeugfabrik wollten die Mittelfränkische Kreisdarlehenskasse, ein Immobiliengeschäft und eine Brauereimaschinenfabrik das Gelände haben. Aber auch der *Nürnberger Rennverein* plante eine Pferderenn- und Galoppbahn auf dem Flugplatz und die *Fürther Spielvereinigung* einen Sportplatz. Die Stadt Fürth stand einer gewerblichen Nutzung des Flugplatzes natürlich positiv gegenüber. Sie favorisierte das Gothaer Unternehmen, weil sie sich davon die meisten Arbeitsplätze versprach. Allerdings hatten die Fürther keine Entscheidungsbefugnis, da das Flugplatzgelände nicht in ihrem Besitz war. Grund und Boden gehörten dem Deutschen Reich, die darauf stehenden Gebäude wurden von den Alliierten beansprucht.

Die Zäsur durch den Versailler Vertrag

Als am 10. Januar 1920 der Versailler Vertrag, der Friedensvertrag nach dem Ersten Weltkrieg, in Kraft trat, sah es so aus, als gehe es mit der eben begonnenen Zivilfliegerei schon wieder zu Ende. Der Vertrag verbot jede Militärfliegerei und die Verwen-

Abb. 18: Telegramm des Luft-Lloyd vom 7. 11. 1919. Erster, nicht realisierter Versuch, einen zivilen Linienverkehr einzurichten.

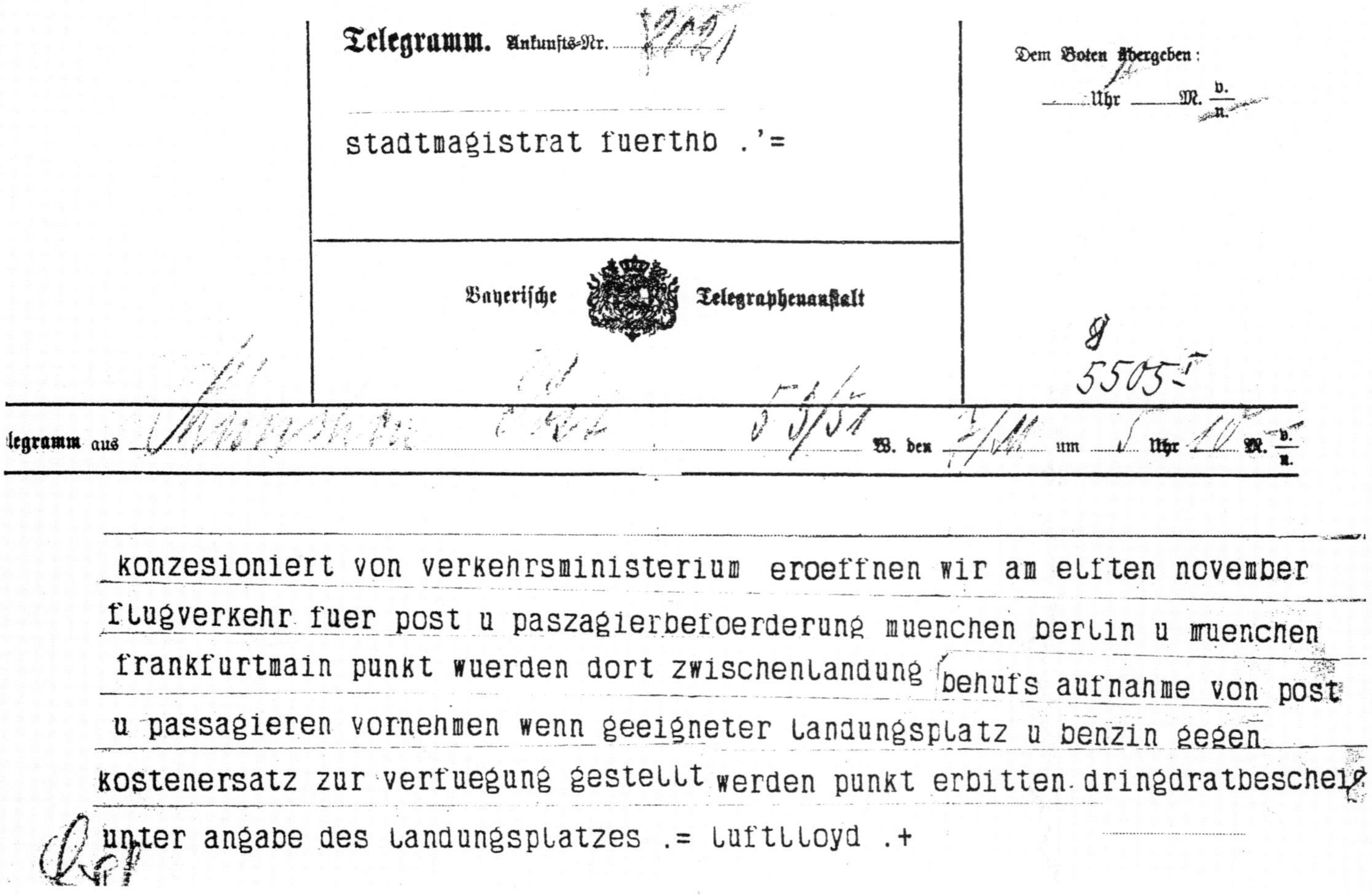

Telegramm. Ankunfts-Nr.

Dem Boten übergeben:

Uhr M. v./n.

stadtmagistrat fuerthb .'=

Bayerische Telegraphenanstalt

5505

Telegramm aus

W. den 7/11 um Uhr M. v./n.

konzesioniert von verkehrsministerium eroeffnen wir am elften november flugverkehr fuer post u paszagierbefoerderung muenchen berlin u muenchen frankfurtmain punkt wuerden dort zwischenlandung behufs aufnahme von post u passagieren vornehmen wenn geeigneter landungsplatz u benzin gegen kostenersatz zur verfuegung gestellt werden punkt erbitten dringdratbescheid unter angabe des landungsplatzes .= luftlloyd .+

```
Bayerischer Luft- BLL Lloyd :: München

Drahtanschrift: Luftlloyd
Fernruf  Stadtbüro: 53761 25995          München, 16. Aug. 20.
        Betriebsbüro: 32050              Bayerstrasse 21 Prannerstr.11.

Bankverbindung:
Deutsche Bank Filiale München      An den                 Stadtrat Fürth
Konto Nr. 30832                    Stadtrat,              Eing. 18. AUG.1920
Bayer. Staatsbank München                                      1945/I
Konto Nr. 53723 S/S.               Fürth i. Bayern.

Bei Antwortschreiben wird gebeten
anzugeben:
Abt: Direktion.                    Einschreiben:

            Jm Besitze der dortigen sehr geehrten Zu-
        schrift 1945/I vom 4.cr. gestatten wir uns in Erledigung der Anfrage
        der Rohstoffwirtschaftsstelle,Nürnberg ergebenst mitzuteilen,dass
        infolge der zwecks Durchführung des Friedensvertrages erfolgten Be-
        schlagnahme sämtlichen Flugzeugmaterials leider die Inbetriebnahme
        regelmässiger Luftfahrtstrecken wesentlich verzögert worden ist. Da
        unsere sämtlichen Flugzeuge,die bereits im bedarfsweisen Luftverkehr
        im Betrieb gewesen waren,seitens der Entente zerstört worden sind,
        müssen wir erst wieder Flugzeuge beschaffen,was immerhin augenblick-
        lich mit erheblichen Schwierigkeiten verknüpft ist. Andererseits brin-
```

Abb. 19: Kontaktaufnahme des Bayerischen Luft-Lloyd vom 16. 8. 1920 zur Vorbereitung des Linienverkehrs auf dem Fürther Flughafen.

dung von Militärflugzeugen. Er legte deshalb die Auslieferung von *allem* Material der Luftstreitkräfte, also von Flugzeugen, Luftschiffen, Motoren und Hallen, fest.

Wenn diese Bestimmungen vollständig ausgeführt worden wären, hätten die Alliierten aber ihren eigenen internationalen Luftverkehr kaum durchführen können. Die Reichweite der Flugzeuge war damals noch gering. Sie mußten oft zwischenlanden und auftanken. Deshalb gelang es der Reichsregierung, den Fürther Flugplatz, der wegen seiner zentralen Lage unabdingbar war, zu erhalten. Am 9. August 1920 wurde er in die Liste der internationalen Flugplätze aufgenommen. Allerdings wurde gleichzeitig bestimmt, daß Teile der Bauten und das vorhandene Fluggerät demontiert werden müßten. So fanden noch im Sommer 1920 unter der Kontrolle der Alliierten der Abtransport von 90 Flugzeugen und die Vernichtung weiterer 151 Flugzeuge und 114 Motoren statt. Ab Februar 1921 wurden sieben der neun Normalflugzeughallen (B3-9), alle südlich der Werft gelegen, demontiert (Abb. 17).

Beginn des Linienflugs

Trotz der Demontage war der Atzenhofer Flugplatz aber mit dem großen Werftgebäude, den verbliebenen zwei Normalflugzeughallen, den vielen Nebengebäuden und Baracken sowie dem Casino für die beginnende Zivilfliegerei gut ausgestattet. Noch vor Inkrafttreten des Versailler Vertrages erreichte die Stadt Fürth am 7. November 1919 ein Telegramm der Fluggesellschaft *Bayerischer Luft Lloyd* aus München (Abb. 18), in dem schon für dieselbe Woche die Eröffnung des Flugverkehrs München-Berlin und München-Frankfurt mit Zwischenlandung in Fürth für den Fall angekündigt wurde, daß die Stadt «Landungsplatz» und Benzin zur Verfügung stellen könnte. Am fehlenden Benzin scheiterte das Projekt (Abb. 19).

Erst als Fürth in die Liste der internationalen Flughäfen aufgenommen war, konnte mit einem regelmäßigen Linienverkehr begonnen werden. 13 Monate nach dem ursprünglich vorgesehenen Termin wollte der *Deutsche Luft Lloyd* nun am 28. Dezember 1920 seinen regelmäßigen Luftpostverkehr auf der Strecke Berlin-München beginnen und an diesem Tag in Fürth zwischenlanden. Aber das schlechte Wetter machte einen Strich durch die Rechnung. Das Postflugzeug, das am 28. Dezember in Berlin startete, kam an diesem Tag nur bis Magdeburg, am nächsten bis Gera. Erst am 30. Dezember landete es dann in Fürth und danach in München. Der Flug in Gegenrichtung, der eigentlich an diesem Tag hätte stattfinden sollen, gelang erst am 4. Januar, weil in den Tagen dazwischen zu schlechtes Wetter herrschte. Für den Rest des Winters wurde danach der Flugverkehr wieder eingestellt.

Im März 1921 flog der *Rumpler Luftverkehr*, Augsburg, den Postdienst von München über Fürth nach Leipzig zur Messe. Der

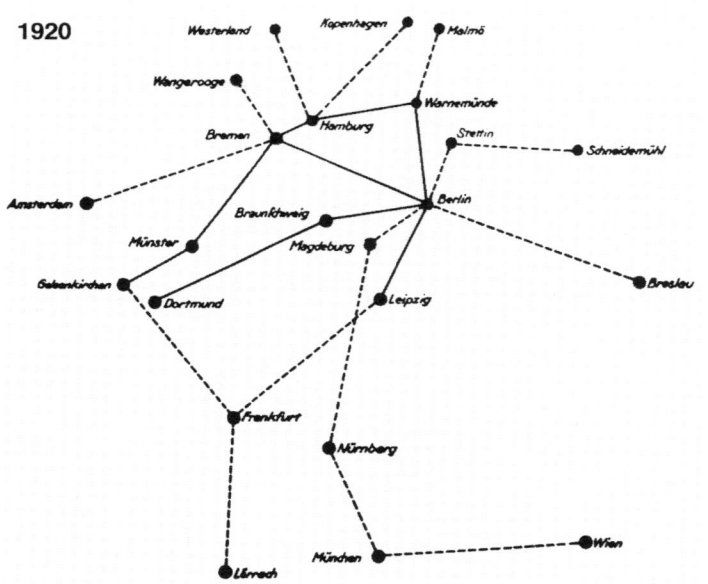

Abb. 20: Streckennetz des deutschen Luftverkehrs von 1920 (vgl. Abb. 28).

Personenverkehr begann erst im Mai dieses Jahres.

Von da an wurde Fürth turnusmäßig angeflogen. Neben dem Luft Lloyd und dem Rumpler Luftverkehr bediente die französisch-rumänische Fluggesellschaft *Compagnie Franco-Roumaine* den Atzenhofer Flugplatz.

Das Streckennetz der Zivilfliegerei war 1920 noch sehr klein (Abb. 20). Aber Fürth war wegen seiner günstigen geographischen Lage von Anfang an dabei.

Ein Problem des Fürther Zivilflughafens zeigt sich schon ganz am Anfang. Auf diesem Liniennetz steht *Nürnberg* und nicht Fürth. In Nürnberg gab es keinen Flugplatz, aber der Name der großen Nachbarstadt schien offensichtlich den Fluggesellschaften werbeträchtiger als das weithin unbekannte *Fürth* zu sein. Bereits am 30. Dezember 1920, also am Tag des ersten Linienflugs, beginnen die Beschwerden der Stadt Fürth gegen die Unterschlagung ihres Namens zugunsten Nürnbergs. Die Presse schlägt in dieselbe Kerbe, weil «in Fürth die Erregung groß war ob der Zurücksetzung unserer Stadt, welche doch den Flughafen in ihrem Gebiete hat». Die Fluggesellschaften revidieren nach und nach. Der Rumpler Luftverkehr rechtfertigt sich gegenüber der Stadt Fürth, die Reichspost habe die Terminologie vorgegeben (Abb. 21).

Abb. 21: Brief des Rumpler Luftverkehrs vom 21. 4. 1921 mit der Erklärung, warum er den Fürther Flugplatz mit «Nürnberg» bezeichnet hat.

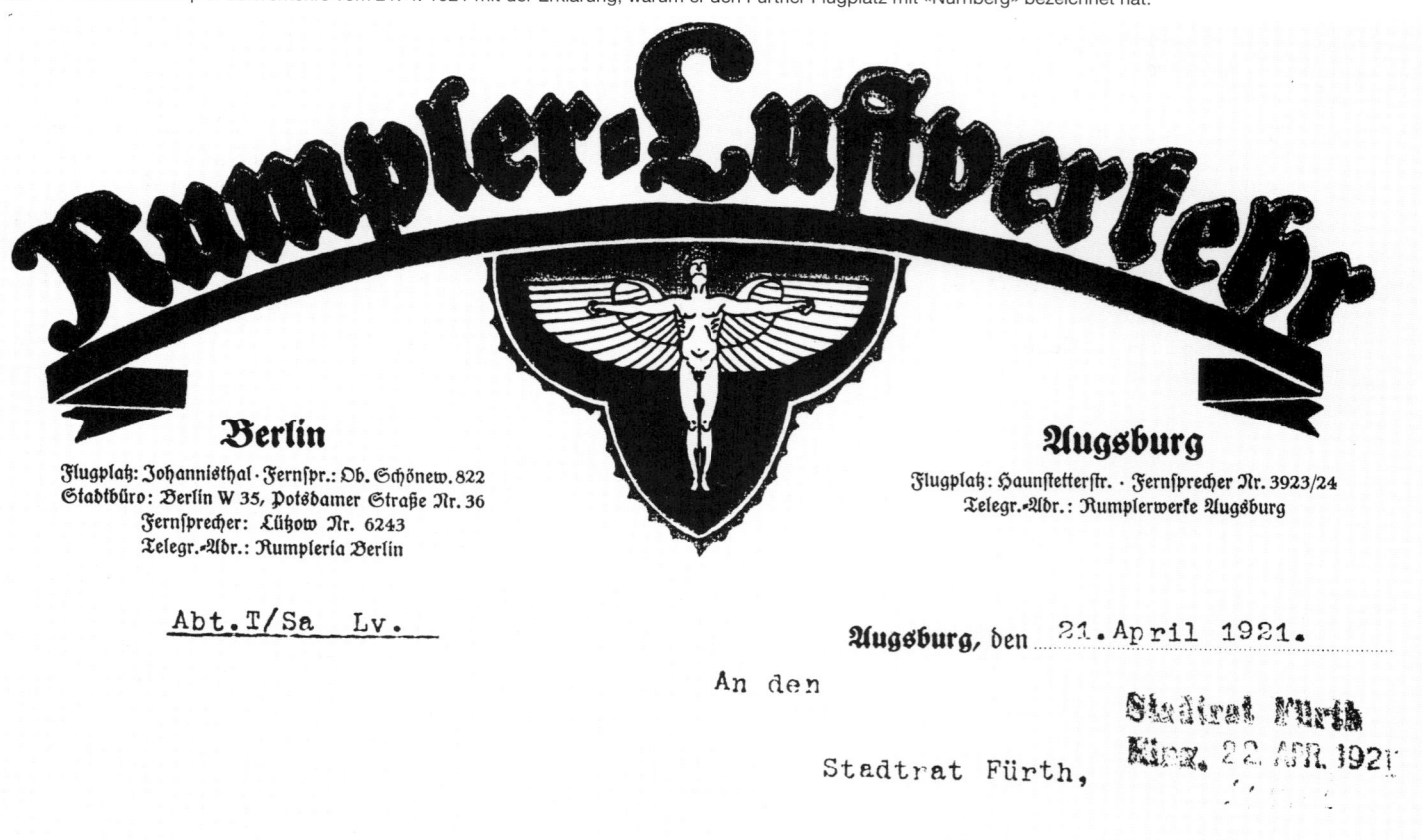

Abb. 22: Flugzeug der Flugwetterwarte. Atzenhof hatte als erster deutscher Flugplatz eine eigene Wetterwarte.

Die frühe Zivilfliegerei fing klein an. Nicht nur das Streckennetz war noch wenig ausgebaut, auch die Zahl der beförderten Personen war niedrig. So flogen 1921 in den Monaten Mai bis Oktober von Fürth 156 Passagiere in Richtung Berlin und 142 in Richtung München. Wenn man aber bedenkt, daß die Flugzeuge nur 1-2 Personen befördern konnten und daß es außerdem keinen Winter-, keinen Schlechtwetter- und natürlich keinen Nachtflug gab, dann erscheint der Flugverkehr nicht mehr ganz so gering. So beurteilten es auch die Zeitgenossen. Gemeinsam stellten die Vertreter des Reiches, des Landes Bayern und der Städte Fürth und Nürnberg 1921 auf einer Sitzung fest: «In Deutschland herrscht ein lebhafter ziviler Luftverkehr, die Flugplätze werden genutzt.»

Flugwetterwarte und geplante Nachtbeleuchtung

Der Atzenhofer Flugplatz war gut ausgestattet. Neben einer Flugüberwachungsstelle der *Bayerischen Landespolizei,* einer *Post-* und einer *Zollstation* gab es schon seit Mai 1921, als der Flugverkehr nach der Winterpause wieder begann, die erste (!) *Flugwetterwarte* Deutschlands. Ihre Einrichtung wurde damit begründet, daß Fürth der «wichtigste deutsche Flugplatz sei, der als Schnittpunkt für alle europäischen Luftlinien in Betracht» komme. Eine dem alliierten Vernichtungsgebot entzogene Fokker D.VII stand der Flugwetterwarte zur Verfügung (Abb. 22).

Ein zweites Projekt konnte 1921 noch nicht realisiert werden. Am 9. April hatte die Organisation *Flug und Hafen - Verein der*

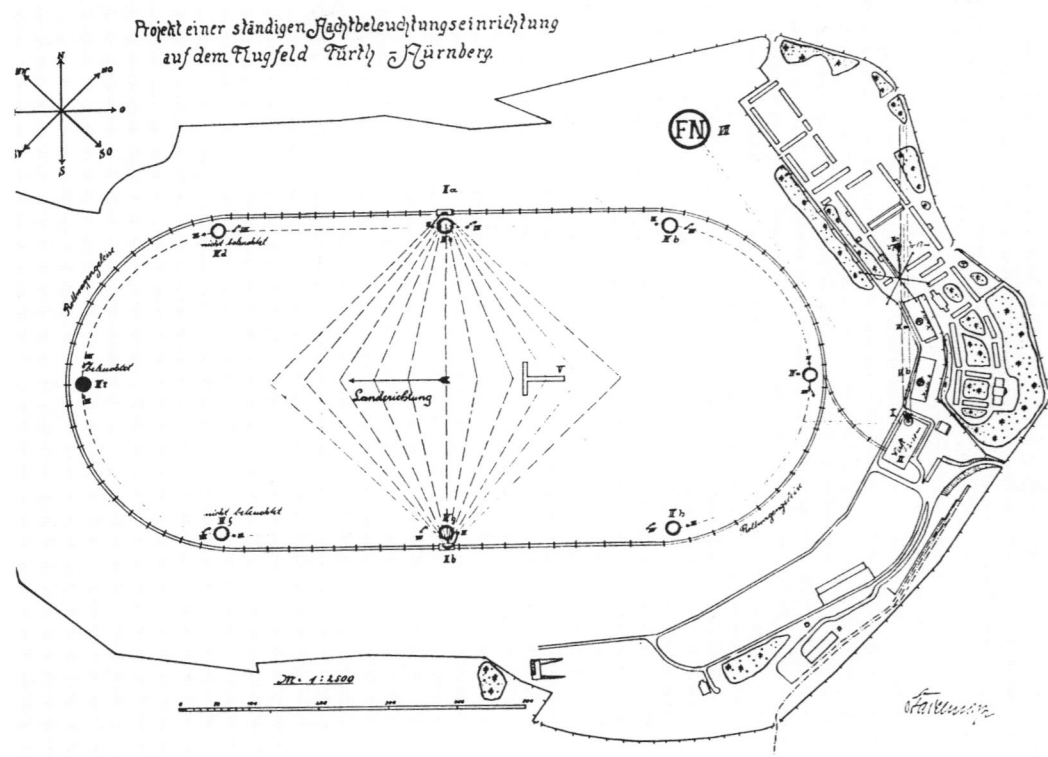

Abb. 23: Projektzeichnung einer «Ständigen Nachtbeleuchtungseinrichtung» von 1921. Das Projekt wurde nicht realisiert. Fürth war aber Vorreiter für die weitere Entwicklung.

Abb. 24 Werftgebäude vom Flugfeld her gesehen, noch ohne Beschriftung. In der Werft stehen F 13-Maschinen. Man erkennt links eine Normalflugzeughalle.

Flugplätze und Luftverkehrsunternehmungen in einem Rundschreiben auf die Notwendigkeit des Flugverkehrs auch bei «Dunkelheit» hingewiesen. Nur so könne «das Flugzeug den Schnellzug in jeder Beziehung übertreffen». Der Plan (Abb. 23) für eine *ständige Nachtbeleuchtungseinrichtung* wurde von einem Mitarbeiter der Flugüberwachung in Atzenhof erstellt, aber nicht ausgeführt. Ehe der erste reguläre Nachtflug durchgeführt wurde, vergingen noch weitere fünf Jahre. Aus heutiger Sicht kann man sich aber die ersten Nachtfluganlagen kaum einfach genug vorstellen.

Immerhin, Fürth war Vorreiter für die weitere Entwicklung.

Neue Entwicklungen

Die älteste Fotografie aus der Epoche der Atzenhofer Zivilfliegerei (Abb. 24) zeigt die Werft vom Rollfeld her, links daneben ist ein Teil einer der beiden Normalflugzeughallen zu sehen. In der Werfthalle sieht man eines der wichtigsten Flugzeuge der Nachkriegszeit, die Junkers F 13. Mit ihren größeren und aus Metall hergestellten Kabinenflugzeugen bringen die Junkers-Werke eine neue Dimension in die Fliegerei. Daß auch hier eine enge Verbindung zu Fürth und Atzenhof besteht, wird ab Seite 35 dargestellt.

Flugüberwachungsstelle 2
der B. Landespolizei

Eingeg. 19.4.21   No. 1420
Ausf. 26.4.21   Anlagen 4

Flugwetterwarte Fürth
Telephon 1687.

Flughafen Fürth-Nürnberg

Der rege Flugbetrieb des Jahres 1921 machte es dringend notwendig, endlich die Zuständigkeiten zu klären und Organisation und Verwaltung zu regeln. Schon bald hatte sich herausgestellt, daß die Stadt Fürth im Alleingang unmöglich den Flugplatz betreiben konnte und außerdem die Stadt Nürnberg großes Interesse hatte, sich an einem Zivilflugplatz in ihrem Einzugsgebiet zu beteiligen.

Der Vertrag mit dem Deutschen Reich

Lange Verhandlungen zwischen dem Deutschen Reich und den beiden Städten führten im Oktober 1922 zum Abschluß eines Vertrages. Die Städte pachteten den Flughafen vom Reich und erhielten damit organisatorische Freiheit. Flugrechtliche Bestimmungen gab es in dieser frühen Phase noch nicht. Die beiden Städte mußten für den Unterhalt der Gebäude, für eine ausreichende Feuersicherung, für die Instandhaltung der Grasnarbe und für den Verbrauch an Wasser und Strom aufkommen. Die Pachtdauer wurde auf 30 Jahre, also bis 1952, festgelegt. 1924, rückwirkend ab Oktober 1923, trat der bayerische Staat als neuer Eigentümer für das Reich in diesen Vertrag ein.

Nürnberg und Fürth hatten im Februar 1923 untereinander ihre Beteiligung an dem Projekt geregelt. Fürth übernahm zwei Drittel, Nürnberg ein Drittel des Pachtzinses. Deshalb lag die Aufsicht über den Flugplatz und seine Verwaltung bei der Stadt Fürth. In den Vertragstexten heißt der Flugplatz jetzt *Fürth-Nürnberg* (Abb. 25).

Parallel zu den Verhandlungen mit dem Reich verhandelten die Städte auch mit den *Junkers-Werken* in Dessau. Diese suchten einen Stützpunkt für ihre Fluggesellschaft. So kam es ebenfalls im Oktober 1922 zu einem Unterpachtvertrag. Die Junkers-Werke bekamen alle Gebäude, außer denen der Flugüberwachung, zur Verfügung gestellt und übernahmen die gesamte Flugplatzverwaltung. Dafür mußten sie neben dem Pachtzins den Unterhalt des Flugplatzes übernehmen. Die beiden Städte hatten also alle ihre vertraglichen Rechte und Pflichten an die Junkers-Werke weitergegeben. Der Beginn des Pachtverhältnisses wurde auf Mai 1922 zurückdatiert. Die Junkers-Werke mit ihrem engagierten Fürther Leiter Ingenieur *Conrad Prautzsch* (S. 50) bestimmten nun für eine zwar kurze, aber wichtige Zeit das Geschehen auf dem Atzenhofer Flugplatz. Fürth wurde der süddeutsche Stützpunkt des *Junkers Luftverkehrs* (Abb. 26). In der großen Werft richtete Junkers seinen zentralen Wartungs- und Reparatur-

Abb. 25: Blick auf die Werft vom alten Eingang her. Die Tafel links nennt die Junkerswerke Dessau als Betreiber und den Namen des Flugplatzes «Fürth-Nürnberg».

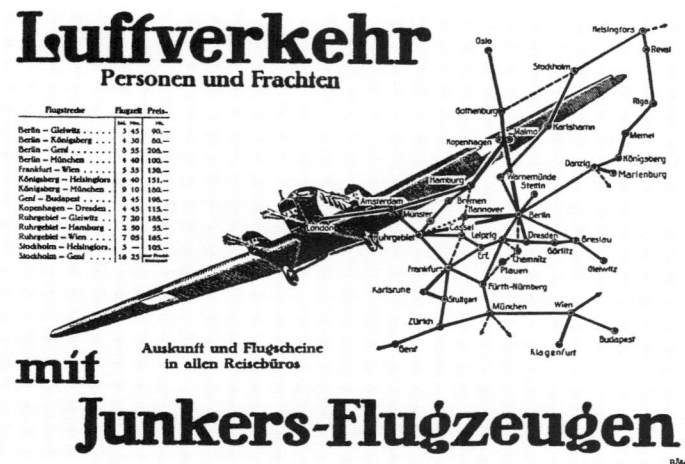

Abb. 26: Werbekarte des Junkers-Luftverkehrs.

betrieb ein. Viele Junkers-Maschinen kamen, wenn sie überholt oder repariert werden mußten, nach Fürth (S. 38).

Für die Stadt Fürth bedeutete die Ansiedlung des Junkers-Betriebes die Schaffung vieler neuer Arbeitsplätze. Allein in der Werft arbeiteten 1926 fast hundert Beschäftigte. Junkers hat aber in Fürth nicht nur repariert, sondern auch gefertigt. So sind die beiden wichtigen Flugzeuge F 13 und G 24 eng mit Fürth verbunden (S. 45 ff.). Eine große Rolle spielte bei Junkers auch der Bau von Schwimmern für Wasserflugzeuge. In diesem Bereich fanden hundert Menschen Arbeit. Mitte der zwanziger Jahre wurden die Wasserflugzeuge sehr favorisiert. Es wurde sogar der Vorschlag gemacht, den Fürther Flugplatz zugunsten eines Wasserflughafens auf der Donau bei Regensburg (!) aufzulassen.

Rasante Entwicklung des Flugverkehrs

Im Mai 1922 hoben die Alliierten das Verbot auf, Zivilflugzeuge zu bauen. Allerdings galten noch Beschränkungen, was Zahl und Größe der Flugzeuge und Stärke der Motoren betraf. Ein deutlicher Aufschwung setzte nun ein. Außer dem *Luft Lloyd* und dem *Rumpler-Luftverkehr* flogen die Junkers-Fluggesellschaft, der *Luftverkehr Strähle*, Stuttgart, und die schweizerische Luftfahrtgesellschaft *Ad Astra Aero* Fürth an. Viele Flugbegeisterte zog es am Himmelfahrtstag 1922 zu einem Schaufliegen mit Rumpler- und Junkersflugzeugen auf den Atzenhofer Flugplatz. 300 Mark kostete ein Rundflug über Fürth und Nürnberg. Es war Inflationszeit. Das Jahr 1923 war ein schlechtes Jahr, auch für die Fliegerei. Die Inflation erreichte ihren Höhepunkt.

Es folgte dann eine wirtschaftliche Stabilisierung, die sich auch auf den Flugverkehr auswirkte, der sich nun rasant weiter-

Abb. 27: Telegramm des Dresdner Oberbürgermeisters an seinen Fürther Amtskollegen vom 10. 8. 1924 aus Anlaß der Eröffnung der Strecke Berlin-Dresden-Fürth.

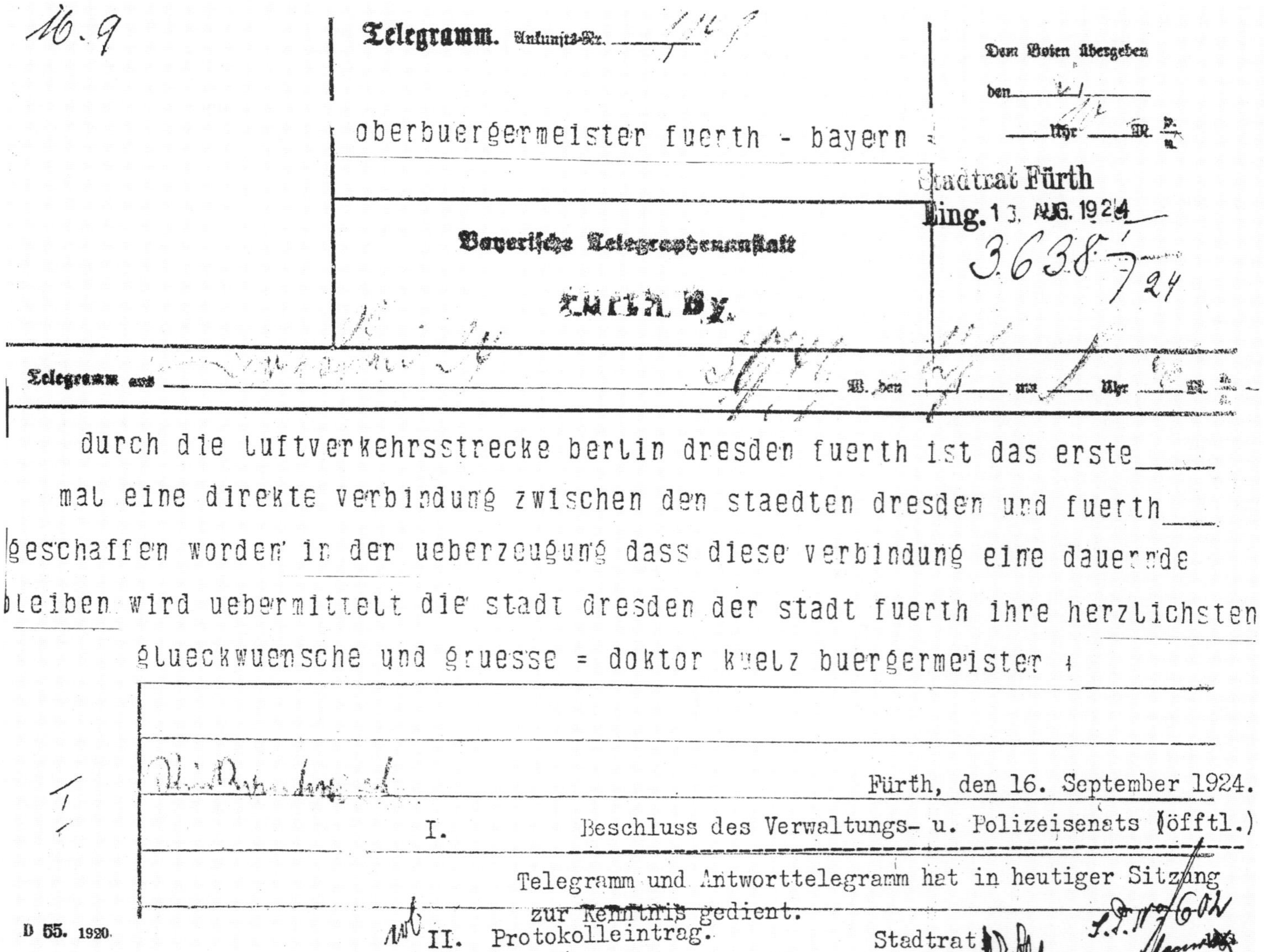

16.9

Telegramm. Ankunfts-Nr.

Dem Boten übergeben den

oberbuergermeister fuerth - bayern

Stadtrat Fürth
Eing. 13. AUG. 1924
3638/24

Bayerische Telegraphenanstalt
Fürth By.

Telegramm aus

durch die luftverkehrsstrecke berlin dresden fuerth ist das erste mal eine direkte verbindung zwischen den staedten dresden und fuerth geschaffen worden in der ueberzeugung dass diese verbindung eine dauernde bleiben wird uebermittelt die stadt dresden der stadt fuerth ihre herzlichsten glueckwuensche und gruesse = doktor kuelz buergermeister +

Fürth, den 16. September 1924.

I. Beschluss des Verwaltungs- u. Polizeisenats (öfftl.)

Telegramm und Antworttelegramm hat in heutiger Sitzung zur Kenntnis gedient.

II. Protokolleintrag.

III. Zum Akt.

Stadtrat

D 55. 1920.

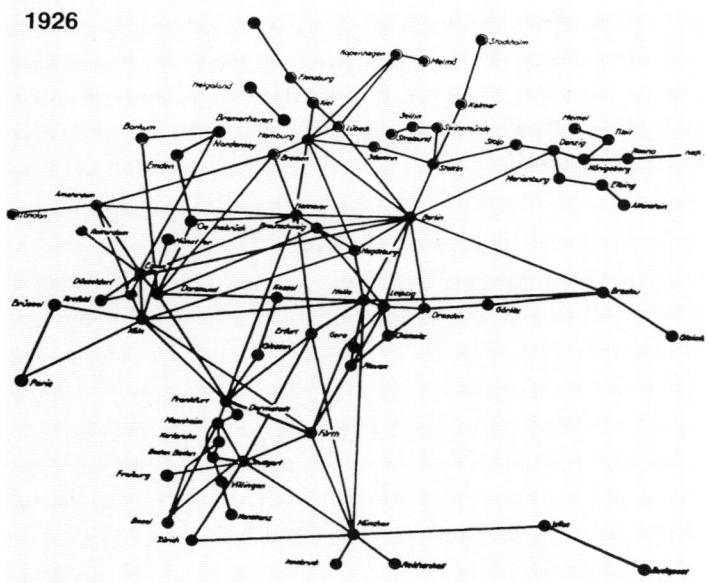

Abb. 28: Das Streckennetz des deutschen Luftverkehrs von 1926 macht die rasante Entwicklung innerhalb weniger Jahre deutlich (vgl. Abb. 20).

	Starts	Passagiere	Frachtgut-Tonnen
1923	574	1.299	3
1927	5.509	11.774	376

Die Reichweite der Flugstrecken war noch gering. Es bestand nun aber ein dichtes Netz von Anschlußverbindungen, wie die Auflistungen der Flugverbindungen von und nach Fürth aus dem Jahr 1927 zeigen (Abb. 29).

Die Flugzeit nach München betrug 80 Minuten, bei günstigem Wind nur 60 Minuten. Dagegen war der D-Zug 210 Minuten unterwegs. Wenn allerdings auf längeren Strecken Zwischenlandungen nötig waren, ging ein Teil des Zeitvorsprungs verloren. So dauerte der Flug von Fürth nach Königsberg neun Stunden!

Das Fliegen war relativ billig. 1925 kostete der einfache Flug nach München 30 RM, nach Frankfurt/Main 40 RM, nach Berlin 75 RM. Sechs Jahre später lagen die Preise fast um ein Drittel niedriger. Im allgemeinen galten die Eisenbahnpreise 1. Klasse zuzüglich Schlafwagentarif. Diese Preise konnten nur durch Subventionen gehalten werden, in die sich das Reich, das Land Bayern und die Städte Fürth und Nürnberg teilten.

Gründe für den rasanten Anstieg des Luftverkehrs waren:
- die Aufhebung der letzten Beschränkungen des Versailler Vertrages im Jahr 1926 für den Zivilluftverkehr,
- größere Flugzeuge,
- das steigende Interesse der Bevölkerung an dem neuen Verkehrsmittel und
- die Aufnahme des Winter- und Nachtflugbetriebes seit 1926/27.

1927 bekam auch der Fürther Flugplatz eine *Nachtbeleuchtung*. Die Anschwebestrecke wurde mit grünen, das Rollfeld mit weißen und dessen Ende mit roten Lampen gekennzeichnet, so daß die Landung von Grün über Weiß nach Rot erfolgte.

Ausgeprägte Infrastruktur

Aus dem anfänglichen Provisorium entwickelte sich rasch ein Flugbetrieb, in dem viele unterschiedliche Organisationen und staatliche Institutionen präsent waren. Vertreten waren:

Flugleitung
Flugplatzverwaltung
Flugüberwachungsstelle der Bayerischen Landespolizei
Flugwetterwarte
Flughafenfunkstelle des Reichsverkehrsministeriums
Zollabfertigung (Nebenstelle des Zollamtes Fürth)
Dienststelle der Reichspost
Unfallstation

Achtgrößter deutscher Flughafen

Die erstaunliche Entwicklung des Flugverkehrs wird auch durch die schnell ansteigende Zahl der Flugplätze deutlich: 1920 gab es in Deutschland 20, 1926 schon 88 Verkehrsflughäfen! Unter ihnen nahm Fürth, bezogen auf die Passagierzahl, die achte Stelle nach Berlin-Tempelhof, Hamburg-Fuhlsbüttel, München-Oberwiesenfeld, Köln, Halle/Leipzig, Leipzig-Mockau und Frankfurt/Main ein. 1926 wurden in Fürth 2.886 ankommende und 2.751 abfliegende Personen registriert. Etwa die Hälfte dieser Passagiere benutzte dabei Fürth nur als Durchgangsflugplatz.

Von Anfang an gehörte Fürth zu der Vereinigung deutscher Flughäfen, die sich zunächst *Flug und Hafen*, später dann *Arbeitsgemeinschaft Deutscher Flughäfen* nannte. 1922 gehörten

entwickelte. Viele neue Verbindungen wurden eingerichtet. Als 1924 die Strecke Berlin-Dresden-Fürth dazukam, schickte der Dresdner Bürgermeister ein Sympathie-Telegramm an seinen Fürther Amtskollegen (Abb. 27). Das Streckennetz von 1926 (Abb. 28) macht diese Entwicklung deutlich, ebenso die Zahlen, die sich ein Jahr später auf Fürth beziehen.

Abb. 29: Liste und Preise der Anschlußverbindungen, die von Fürth aus erreicht werden konnten (1926).

Fürth/Nürnberg nach	Personen RM	Uebergepäck je kg RM
Belgrad 314	170.—	1.45
Berlin 10	75.—	0.85
Breslau 45, 162	135.—	1.45
Budapest 45, 41	142.—	1.55
Budapest 314	140.—	1.10
Bukarest 314	225.—	2.—
Chemnitz 140	30.—	0.40
Dortmund 45, 83	65.—	0.75
Dresden 140	40.—	0.50
Essen/Mülheim 45	65.—	0.75
Frankfurt/Main 45	40.—	0.50
Freiburg 45, 52, 46	70.—	0.80
Genf 45, 41, 12	120.—	1.30
Gleiwitz 45, 162, 159	150.—	1.60
Halle/Leipzig 10	45.—	0.55
Hamburg 10, 122	85.—	0.95
Hamburg 10, 111, 121	100.—	1.10
Innsbruck 47, 42	60.—	0.70
Karlsruhe 45, 52	65.—	0.75
Köln 45	60.—	0.70
Konstantinopel 314	350.—	2.65
Lausanne 45, 41, 12	112.—	1.20
Magdeburg 10, 122	60.—	0.70
München 10 od. 45 od. 47	30.—	0.40
Münster 45, 83	75.—	0.85
Paris 314	140.—	0.80
Plauen 140	25.—	0.35
Prag 45, 162	90.—	1.—
Prag 314	80.—	0.45
Regensburg 47	20.—	0.30
Reichenhall 47, 43	45.—	0.55
Saarbrücken 45, 52	80.—	0.90
Straßburg 314	70.—	0.45
Stuttgart 45, 52	55.—	0.65
Trier 45, 50	65.—	0.75
Warschau 314	130.—	1.55
Wien 45, 41	105.—	1.15
Wien 314	110.—	0.90
Zürich 45, 41	80.—	0.90

ihr 7, 1928 immerhin 60 Flughäfen an. Diese Organisation tagte 1924 in Fürth. Beim Begrüßungsabend im Parkhotel bezeichnete Oberbürgermeister Dr. Wild sehr selbstbewußt Fürth als «die Zentrale im deutschen Flugwesen».

Gründung der Luft Hansa

Die vielen deutschen Fluggesellschaften wurden so stark subventioniert, daß die öffentlichen Geldgeber schließlich auf eine Konzentration drängten, vor allem das Reich. So kam es am 6. Januar 1926 zur Gründung einer Einheitsgesellschaft, der *Luft Hansa* (seit Juli 1933 zusammengeschrieben *Lufthansa*). Wichtigste Fusionspartner waren der *Junkers Luftverkehr* und der *Deutsche Aero Lloyd,* der sich 1923 aus dem Zusammenschluß kleinerer Gesellschaften gebildet hatte. Das bis heute geführte Emblem der Lufthansa, der fliegende Kranich, brachte der Aero Lloyd ein, der es von der Deutschen Luftreederei, der ersten deutschen Fluggesellschaft, übernommen hatte. Die Lufthansa-Farben blau und gelb stammen vom Junkers Luftverkehr.

In Fürth etablierte sich die *Süddeutsche Luft Hansa* (Abb. 30) unter der Leitung von *Hermann Ritter von Lechner*. Sie mietete sich mit einem Unterpachtvertrag bei den Junkers-Werken in der Werft ein. Nur noch die Luft Hansa bekam Subventionen. Sie flog damit wesentlich billiger als die französische und britische Konkurrenz.

Drangvolle Enge

Obwohl der Fürther Flugplatz in diesen Jahren seine große Zeit erlebte, war auf diesem wichtigen Verkehrsknotenpunkt der Komfort für die Passagiere sehr gering. In der Werft herrschte drangvolle Enge. Das Gebäude diente in den Jahren der Zivilfliegerei nicht nur als Reparaturbetrieb und als Sitz von Flugleitung, Flugplatzverwaltung, Paß- und Zollbehörde, sondern auch als Ankunfts- und Abfluggebäude (Abb. 30). Eigene Aufenthaltsräume für die Fluggäste waren allerdings nicht vorhanden. In der Werft gab es nur einen Flugkartenschalter und einen kleinen Erfrischungsraum. 1925 wurden wenigstens separate Toiletten für die Passagiere eingebaut.

Einige der Offiziers- und Mannschaftsbaracken aus dem Ersten Weltkrieg wurden dagegen nicht mehr benötigt. Die evangelische Kirche erwarb 1927 einen dieser soliden Holzbauten und errichtete daraus zwei Notkapellen, die *Martinskapelle* an der Würzburger Straße und die *Christuskapelle* in Stadeln (Abb. 10). 1937 wurde auch eine Flugplatzbaracke für die katholische Notkirche *Christkönig* auf der Schwand verwandt.

Das Flughafenrestaurant

Die einzige wirkliche Annehmlichkeit auf dem Flugplatz war das Restaurant der ehemaligen Offiziersspeiseanstalt, das *Casino*. Dieser ansehnliche Holzbau aus dem Ersten Weltkrieg hatte auf seiner Schauseite eine auf Säulen gesetzte Veranda und eine große Terrasse nach Osten. Auf dieser Terrasse hatte man eine schöne Aussicht auf den Wiesengrund der Regnitz (Abb. 31). Hier, bei der legendären Wirtin *Mutti Brand* (S. 69) trafen sich die Flieger, die Fluggäste, die Angestellten der Fluggesellschaften, und die Beamten von Zoll, Polizei und Post sowie die Mitarbeiter der Junkers-Werke.

Aber auch die Fürther Bevölkerung besuchte das Lokal. Für

Abb. 30: Nördlicher Flügel der Werft mit Flugleitung, Flugwache und Restaurant. Seit Januar 1926 ist die Süddeutsche Luft Hansa federführend.

Abb. 31: Terrasse des Flughafenrestaurants (ehem. Offizierscasino) zum Regnitztal hin. Ein beliebtes Ausflugsziel.

sie war der Flugplatz mit seinem Restaurant ein beliebtes Ausflugsziel wie der Weigel in Kronach oder die Kirschblüte in Cadolzburg.

Das Flughafenrestaurant hatte zwei weitere Einrichtungen. Für zwischenlandende Passagiere mit kurzem Aufenthalt unterhielt es den Erfrischungsraum in der Werft. Weil man von der großen Besucherterrasse des Casinos aus das Flugfeld nicht sehen konnte, wurde neben der Werft für das Publikum noch ein Zelt aufgeschlagen, in dem man bei Kaffee und Kuchen den Flugbetrieb verfolgen konnte (Abb. 77, S. 67 ff.).

Luftpostwesen in Atzenhof

Für die zivile Nutzung des ehemaligen Militärflughafens Atzenhof setzte der Luftpostbetrieb entscheidende Impulse. Der erste offizielle Flug im Dezember 1920 war ein Postflug (S. 25). Die besonderen Umstände dieses Ereignisses mit einer mehrtägigen wetterbedingten Verzögerung zeigen, daß am Anfang auf das Transportmedium Flugzeug nur bei Schönwetter Verlaß war. Gleichwohl erfreute sich das Luftpostwesen von Beginn an großer Beliebtheit, vor allem bei den Sammlern. Briefumschläge

Abb. 32: In Fürth aufgegebener Brief, der im September 1930 per Luftpost nach Bremen, dann mit dem Liniendampfer Europa über den Atlantik und schließlich vom Schiffsdeck mit Katapultflug nach New York befördert wurde.

und Stempel jeder neu beflogenen Route, jedes Erstflugs einer neu gegründeten Gesellschaft, ja sogar der Erstflüge einer lediglich umgetauften Gesellschaft waren und sind ein begehrtes Sammelobjekt.

Den Sammlern ist es zu danken, daß Detail-Informationen über die Anfänge der Zivilfliegerei erhalten geblieben sind, die sonst nirgendwo dokumentiert wurden.

Das Problem des Flugplatznamens findet sich auch auf den Stempeln. Wie in den offiziellen Streckenplänen der Linien (S. 26) benutzte auch die Reichspost in Atzenhof zunächst einen (zwölfeckigen) Stempel mit der Bezeichnung «Nürnberg», auch dann noch, als der Flugplatz offiziell «Fürth-Nürnberg» hieß. Mit einer mehrjährigen Verzögerung respektierte die Post dann die amtliche Bezeichnung und behielt sie sogar noch einige Jahre bei, nachdem der Flugplatz «Nürnberg-Fürth» hieß. Schließlich wird dann in Atzenhof mit «Flughafen Nürnberg-Fürth - Postamt Nürnberg 2 Flughafen» gestempelt.

Nach und nach wird in den Sammlungen erhaltener Luftpostbriefe der Anteil an Postsachen größer, die nicht aus Sammlerzwecken, sondern mit der tatsächlichen Absicht schnellerer Beförderung dem Flugzeug anvertraut wurden. Eine besonders spektakuläre Maßnahme zur Verkürzung der Beförderungszeit wurde für die Post von und nach Amerika entwickelt, bevor Ozeanüberquerungen mit dem Flugzeug zur Tagesordnung gehörten. Die Ozeanriesen hatten Postflugzeuge an Bord, die dann mit einem «Katapultstart» das Schiff verließen, wenn es sich dem anderen Kontinent auf eine für das Flugzeug überwindbare Distanz genähert hatte. So erreichte die Post viele Stunden vor Eintreffen des Schiffs das Bestimmungsland und konnte weiterbefördert werden (Abb. 32).

Nach dem zweiten Weltkrieg haben die Amerikaner in Atzenhof erneut ein Luftpostamt eingerichtet. Es trug die Nummer «696» und bediente die offiziellen Militärstellen und beförderte auch die Privatpost der im Großraum stationierten Soldaten (S. 103).

Besuch von Flieger-Idolen

Der wichtige Flughafen Atzenhof und die flugbegeisterten Fürther lockten immer wieder Flugidole an. Der Ozeanflieger *Charles Lindbergh* war ebenso in Fürth wie die bekannte Sportfliegerin *Elly Beinhorn*. Der legendäre *Ernst Udet* führte mehrmals seine spektakulären Kunststücke in Atzenhof vor (S. 21 u. 70). Großes Aufsehen erregte im Sommer 1928 der Besuch der deutschen Ozeanflieger *Hermann Köhl* und *Günther Freiherr von Hünefeld*. Die Begeisterung über ihren Erfolg, das erste Überfliegen des Atlantik in Ost-West-Richtung zusammen mit dem Iren *James Fitzmaurice*, war auch in Fürth fast grenzenlos. Die Stadt veranstaltete als einzige in Deutschland sehr bald nach dem großen Ereignis einen Festabend im Geismannsaal. Zum Dank kamen die beiden am 16. Juli 1928 nach Fürth und wurden «mit stürmischen Ovationen» auf dem Flugplatz empfangen (Abb. 33). Oberbürgermeister Dr. Wild sagte in seiner Begrüßungsansprache: «Hochgeehrte Herren! Die hohe Bewunderung und tiefe Verherrlichung der Welt diesseits und jenseits des Ozeans ob Ihres heldenhaften Fluges nach Amerika, einer neuen Tat menschlicher Höchstleistung, bringt Ihnen auch die Einwohnerschaft der Industrie-, Sport- und Fliegerstadt Fürth entgegen.» Daß die enthusiastische Ansprache die damalige Stimmung wiedergab, belegt auch die Aufforderung der Zeitung, die Häuser der Stadt zu beflaggen, denn «damit erfüllt ein jedes (!) nur eine selbstverständliche vaterländische Pflicht».

Bevor Köhl und Hünefeld mit dem Auto langsam durch die geschmückten Fürther Straßen und durch das Spalier jubelnder Menschen nach Nürnberg fuhren, gingen sie in das Flughafenrestaurant und trugen sich in das Gästebuch ein (S. 68).

Abb. 33: Der Ozeanflieger Hermann Köhl, 2.v.r., bei seinem Besuch auf dem Fürther Flugplatz 1928.

Junkers-Werke in Fürth

Bevor der Junkers-Werftbetrieb in Fürth vorgestellt wird, soll ein Überblick über den Stand und die Bedingungen des frühen Flugzeugbaus gegeben werden. Es war noch nicht viel Zeit seit Beginn der Luftfahrt mit Flugzeugen verstrichen, als der Erste Weltkrieg das Fortschreiten des Flugzeugbaus in Deutschland entscheidend beeinflußte. Eine Person hat mit ihren Arbeiten diese Phase in hohem Maß innovativ mitbestimmt und die zwanziger Jahre beherrscht: *Prof. Hugo Junkers* (1859-1935).

Hugo Junkers

Junkers wurde in Rheydt/Rheinland als Sohn eines Webfabrikanten geboren. Schon in seiner Schulzeit war er von der Technik fasziniert. Er durchlief eine technisch-naturwissenschaftliche Ausbildung und wurde bereits in jungen Jahren zum Spezialisten für thermodynamische Fragen bis hin zur Gasmotorenkunde. Er war ein Mann, der Selbständigkeit im Denken und Handeln über alles schätzte, konsequent voranging und unter dieser Prämisse sehr schnell eigene Firmen, z.B. 1893 in Dessau die Kalorimeter- und Gasbadeofenfabrik, gründete. Junkers Gasbadeöfen sind heute noch ein Begriff.

Junkers wurde aufgrund seiner Leistungen 1897 zum Professor an das maschinentechnische Laboratorium der Technischen Hochschule Aachen berufen, zu einer Tätigkeit, die er bald als hinderlich für den Fortgang seiner Forschungen empfand. Deshalb baute er in Aachen eine eigene private Forschungsanstalt auf, die er mit den Einnahmen seiner Fabriken finanzierte. Während dieser Aachener Zeit wurden die entscheidenden Weichen für den späteren Flugzeugbau gestellt. Den wissenschaftlichen wie praktischen Arbeiten widmete er sich also erst in einem Lebensalter von nahezu 50 Jahren!

Erstes Arbeiten im Flugzeugbau

Hugo Junkers war seit seiner Studentenzeit dem Fliegen und vor allem dessen noch recht geheimnisvollen Grundlagen zugetan. Mit eigenständigem Studium der Fachliteratur und Korrespondenzen eignete er sich den Kenntnisstand seiner Zeit an. Konkret beschäftigte er sich mit dieser Materie allerdings erst nach Aufnahme seiner Lehrtätigkeit in Aachen, als er z.B. mit dem *Deutschen Verein zur Förderung der Luftschiffahrt* in Verbindung trat und sich mit seinem Aachener Berufskollegen *Hans Reißner* austauschte, der als Professor aerodynamische Versuche durchführte.

Seit 1908 beschäftigte sich Reißner mit Arbeiten an einem französischen *Voisin*-Doppeldecker, den er aber in der Folge zu einem völlig eigenständigen Fluggerät umformte. Bedeutsam wurde hier die Nachfolgekonstruktion eines *Gitterrumpfeindeckers* mit dem Leitwerk vorne und der Idee, extrem dünne Tragflächen zu verwenden, um den Luftwiderstand zu reduzieren. So kam man automatisch zur Metallbauweise. In Gesprächen mit Junkers entsprang der Gedanke eines profilierten, d.h. gefälteten und gekrümmten Flügels aus leichtem Aluminium. Die Ausführung der Aufgabe wurde in Junkers Dessauer Firma nicht ohne Schwierigkeiten, aber letztendlich erfolgreich gelöst. Die Maschine mit blechdünnen Tragflächen gleich einer gedehnten Ziehharmonika konnte tatsächlich fliegen! In der Wellung war eines der späteren, den Junkers'schen Flugzeugbau charakterisierenden Prinzipien zur Stabilisierung leichter Konstruktionen erstmalig umgesetzt worden. Junkers machte sich durch dieses Experimentieren immer stärker mit der Materie vertraut. Gegen den Trend des damals üblichen Flugzeugbaus beschäftigte er sich auf technisch-wissenschaftlicher Ebene mit Fragen der Flugfähigkeit von Metallflugzeugen, insbesondere mit den Eigenschaften von Tragflächen. Die Eindeckerbauweise erschien dabei als natürliche Lösung.

Um freier arbeiten zu können, gab Junkers 1912 die Lehrtätigkeit auf und intensivierte seine Forschung vor allem im Flugwesen. Er ließ sich an seiner privaten Forschungsstätte in Aachen einen ersten eigenen Windkanal erstellen. So konnte er weit intensiver als an der Technischen Hochschule den Auftrieb von Körpern im Luftstrom erforschen. Es zeigte sich, daß - auf die damaligen Anforderungen bezogen - ein dünner Flügel in der Summe nicht unbedingt über das günstigere Auftriebs/Widerstands-Verhältnis verfügt, sondern daß gerade ein dicker Flügel dies bei entsprechender Proportionierung besser vermag. Ein hohler dicker Flügel ermöglicht auch die Aufnahme stabilisierender Konstruktionen. Auf diese Weise konnten die Drahtverspannungen des herkömmlichen Flugzeugbaus entfallen, die hohen Luftwiderstand erzeugten. Außerdem ließen sich in diesen Flügeln auch eine Reihe von Ausrüstungsgegenständen unterbringen. Die vorteilhaften Eigenschaften des dicken Flügels brachten Junkers 1910 zum Entwurf seines visionären *Nurflügel*-Projekts, eines Flugzeugs für mehrere hundert Passagiere, die natürlich in den Tragflächen unterzubringen waren. Eine erhaltene Skizze nimmt das Erscheinungsbild des modernen Luftverkehrs in verblüffender Weise vorweg.

Junkers zeigte auch im Flugzeugbau rasch seine Meisterschaft, Ideen in experimentell nachprüfbare Teilschritte auflösen zu können. Deshalb konnte er Versuche präziser auf Zielfragen ausrichten und Fehlinterpretationen reduzieren. Die Absicherung durch ausgefeilte Prüfprogramme war ein wesentliches Moment im Arbeiten von Junkers. Es brachte ihm sehr schnell den Vorsprung im Flugzeugbau ein.

Flugzeugbau im Ersten Weltkrieg

1914 brach der Krieg aus. Die Militärfliegerei mit Luftschiffen oder Flugzeugen mußte in Qualität und Stückzahl energisch vorangetrieben werden. Aufgrund seiner Vorarbeiten war Junkers so weit, sich an dieser Entwicklung beteiligen zu können. Er bot im Dezember 1914 der Heeresverwaltung an, eiserne Tragflächen und ein eisernes Flugzeug zu bauen. Die Anwendung des kürzlich erfundenen Widerstandsschweißens hatte dabei grundlegende Bedeutung. Selbst der Rumpfbau - an sich relativ einfach - bereitete im Kreuzungspunkt mit den Tragflächen konstruktive Schwierigkeiten. Als Motorkonstrukteur und Thermodynamiker widmete sich Junkers in gleich intensiver Weise dem Antrieb und der Motorkühlung, die unbedingt regulierbar gestaltet werden mußte. Keiner wußte besser als er, wie sehr bei belasteten Motoren Sicherheit und Dauerleistung von einer richtig eingestellten Kühlung abhängen! Trotz des hohen Aufwandes konnte Junkers 1915 das Militär von der Fertigstellung seines Flugzeuges *J 1* unterrichten.

Die J 1 wurde am 12. Dezember 1915 auf dem Flugfeld Döberitz bei Berlin-Spandau vorgestellt. Sie flog wirklich! Es war der Flug des ersten Eisenflugzeugs der Welt mit freitragenden Flügeln aus glattem dünnen Eisenblech mit innerer Wellblechstützung. Schnell bekam die J 1 den Spitznamen *Blechesel*. Technisch-wissenschaftlich war die J 1 eine großartige Leistung, konnte aber das Militär nicht überzeugen. Die 170 km/h des Flugzeuges waren sicher beeindruckend, nicht jedoch die deutliche Schwerfälligkeit gegenüber den Standardmaschinen und schon gar nicht die schlechten Steigeigenschaften. Wendigkeit und Steigvermögen waren damals lebenswichtig für die Flugzeugbesatzungen.

So ist es durchaus als Erfolg zu werten, daß Junkers weitere Aufträge bekam und an einem Nachfolgemuster, der *J 2* arbeiten konnte. Bei diesem Flugzeug wurde von Junkers nicht mehr Eisenblech als Werkstoff verwendet, sondern *Duraluminium*, eine 1909 in Düren/Rheinland erfundene Aluminiumlegierung. Sie besteht überwiegend aus Aluminium mit etwas Kupfer, Magnesium und Mangan. Zeppelin und Dornier hatten dieses Material bereits in die Luftfahrt eingeführt. Duraluminium verbindet die Vorteile der Festigkeit von Eisen mit einer hohen Gewichtsersparnis. Es ist dreimal leichter als der alte Werkstoff. Bei der Weiterentwicklung der Folgemuster wurde der Firma Junkers allerdings das Geld knapp. So konnten von der *J 3* nur Rumpf und Tragflächen halbwegs fertiggestellt werden. Fotografien zeigen, daß hier erstmals die gewellte Beplankung so angewendet worden ist, wie dies für eine ganze Generation späterer Junkers-Flugzeuge typisch werden sollte.

Junkers nahm einen militärischen Auftrag für ein gepanzertes Infanterieflugzeug an, obwohl er das Eindeckerprinzip dabei nicht anwenden konnte. Seine finanzielle Lage zwang ihn dazu. Es entstand der *Eineinhalbdecker J 4*, der am 28. Januar 1917 erstmals flog. Die Maschine wurde ein erster wirtschaftlicher Erfolg. In dieses Flugzeug gingen die für die J 3 entwickelten Tragflächen-Bauprinzipien mit aufgelöster Holmbauweise und Wellblechbeplankung ein. Die J 4 wurde das erste in Serie aufgelegte Junkers-Flugzeug. Zwar erwiesen sich die Flugeigenschaften wieder als schwerfällig, da eine Chrom-Nickel-Panzerung Führersitz und Motor schützte. Die Maschine bewährte sich aber hervorragend bei Erdkämpfen und der Terrain-Erkundung in niederen Flughöhen. In keiner der anderen damaligen Maschinen war die Besatzung so sicher untergebracht. Letztendlich wurden über 300 Stück dieses Musters gebaut. Allerdings kamen die Maschinen im Ersten Weltkrieg nur noch kurz zum Einsatz. Nach der J 4, aber noch vor Kriegsende, entstanden die Typen *J 7* bis *J 11*, konsequent wieder als Tiefdecker. Diese Bauweise war damals nicht unumstritten. Dennoch stand Junkers kurz vor dem Durchbruch, weil seine Innovationen im Flugzeugbau Standardqualitäten zu überflügeln begannen. Allerdings entging ihm der entscheidende Großauftrag, den sich Fokker für seine Firma sichern konnte.

Nach dem Ersten Weltkrieg

Der Waffenstillstand vom 11. November 1918 beendete den Ersten Weltkrieg, aber nicht sofort die deutsche Militärfliegerei und den Flugzeugbau. Entsprechend dem Bedarf der letzten Kriegsmonate waren Produktionsvolumen und Auftragsbestand noch ungemein hoch. Es war also für die Flugzeugbauer sehr schwierig, ihre Kapazitäten abzubauen oder finanziell abzusichern. An militärische Neuaufträge war nicht zu denken. Der zukünftige kleinere Markt konnte nur im zivilen Bereich gesucht werden. Deshalb entstand eine sehr starke Konkurrenz. Selbst der kleinste zeitliche Vorsprung erhöhte die Absatzchancen.

Junkers war aufgrund seiner Firmenstruktur früher als fast alle anderen Hersteller in der Lage, sich auf die neuen Anforderungen rasch und umfassend umzustellen. Sein Konstruktionsbüro und seine Produktionsweise ermöglichten es ihm in kurzer Frist, ein neues Flugzeug zu entwerfen und fertigzustellen. So entstand die *F 13* (Abb. 34). Auch Junkers hatte ursprünglich an

Abb. 34: Mit der F 13 wird ein neues Kapitel im Flugzeugbau aufgeschlagen.

einen für zivile Zwecke geeigneten Umbau eines Jagdflugzeuges gedacht. Sehr schnell verwarf er aber diese Idee und ließ unter seinem Chefkonstrukteur *Otto Reuter*, der in der privaten Forschungsanstalt Aachen bereits sein Mitarbeiter war, eine völlig neue Konzeption erarbeiten, die kompromißlos und schnell dem neuesten technischen Stand genügen sollte: Ganzmetallbauweise in Leichtmetall, Tiefdeckerkonzeption, geschlossener Fluggastraum bei attraktiver Ausstattung, bautechnisches und betriebswirtschaftliches Optimum. Die Maschine mußte auf das zahlungskräftige Publikum zugeschnitten sein. Deshalb hatte sie nur vier Fluggastsitzplätze.

Die F 13 startete nach kürzester Bauzeit im Juni 1919. Der Erstflug und sämtliche Folgeflüge waren ein voller Erfolg. Das Flugzeug konnte sofort in Serie gehen. Es beherrschte sehr schnell den beginnenden Luftverkehr. Binnen Jahresfrist wurden über 70 Maschinen hergestellt und verkauft. Da die Maschine in besonderer Weise mit Fürth-Atzenhof verbunden ist, wird ihr nachfolgend noch ein eigenes Kapitel gewidmet (S. 45 ff.).

Die Junkers-Mannschaft machte sich nach der F 13, da der Flugbedarf im In- und Ausland rasch anwuchs, sofort an Neukonstruktionen. Sie kamen aber nur teilweise zur Ausführung, da zu diesem Zeitpunkt die Alliierten des Ersten Weltkrieges den Bau von deutschen Flugzeugen verboten. Alle in diesem Metier gerade wieder in Tritt gekommenen Firmen waren massiv betroffen, denn nicht nur Altbestände, sondern auch Neukonstruktionen mußten zerstört werden. Beispielsweise verlor Rohrbach ein bereits für die zivile Nutzung umgebautes großes viermotoriges Ganzmetallflugzeug, das schon zu Kriegszeiten entstanden war, aber nie zur Flugerprobung, geschweige denn zum Einsatz gekommen war. Junkers gelang es, seine F 13 gerade noch vor Torschluß herauszubringen. Sie war die einzige Maschine, die noch gebaut werden durfte. Die Statistik zeigt den Zeiten entsprechend nach dem ersten Erfolgsjahr einen gravierenden Rückgang der Produktionszahlen. Im Vergleich zu den anderen Firmen stand Junkers allerdings noch gut da.

Unter diesen Bedingungen werden drei Reaktionen der damaligen deutschen Flugzeugbauer verständlich: 1. Produktionsverlagerung ins Ausland, 2. Verschleiern der Produktionszahlen und 3. Aufbau eines umfangreichen Luftverkehrs zugunsten des Flugzeugabsatzes.

Junkers war auf diesem Weg am erfolgreichsten. Die Idee der Auslandsproduktion von Flugzeugen teilte er zwar mit anderen Herstellern, aber der Aufbau eines in- und ausländischen Luftverkehrs war seine Domäne. Junkers betrieb Weltluftverkehr.

Die Junkers Luftverkehr AG ist 1926 in der Luft Hansa GmbH aufgegangen.

In der Nachfolge der F 13

Nach der F 13 gelang dem Junkers-Flugzeugbau in Deutschland erst wieder 1923 über geschickt geführte Verhandlungen mit der alliierten Kontrollkommission die Neukonstruktion eines Flugzeuges. Es war eine dreimotorige Maschine, die zunächst unter der Bezeichnung *G 23*, später *G 24*, lief. Dieses Flugzeug war für neun Passagiere gedacht. Trotz der erheblich gesteigerten Konstruktionsanforderungen hatte es gleich der F 13 hervorragende Eigenschaften. Es verkörperte erneut die Kompetenz Junkers' im Flugzeugbau.

Als die alliierten Beschränkungen wegfielen, entwickelte Junkers rasch neue Entwürfe. Das Rücksatzblatt zeigt die Typenentwicklung jener Junkers-Maschinen, die direkt auf Hugo Junkers zurückgehen. So entstand aus der *G 23/24* die *G 31*, die der *Ju 52* bereits recht ähnlich war und ein großes Rumpfvolumen aufwies. Unmittelbar über eine einmotorige Version entstand hieraus dann die legendäre dreimotorige Ju 52, die über viele Jahre zum Rückgrat des deutschen Luftverkehrs wurde und selbst heute noch als Oldtimer hie und da im Einsatz ist. Aus der F 13 ging die *W 33* bzw. *W 34* hervor, ein robustes Arbeitspferd der Lüfte, mit der 1928 erstmals der Nordatlantik von Ost nach West nonstop überflogen wurde. Gewaltiges Aufsehen erregte die *G 38*, das damals größte Landflugzeug mit vier Motoren und riesigen Tragflächen. Auch diese Maschine kam nach Fürth (Abb. 74, S. 65 u. Abb. 92, S 79).

Junkers entwickelte ferner Maschinen für Spezialaufgaben, für die Höhenaufklärung und den Luftsport sowie ein Schnellflugzeug, dessen Erstversion aber in der Geschwindigkeit hinter der Konkurrenz zurückblieb. Daneben entstanden Versuchskonstruktionen für alle erdenklichen Aufgaben der Luftfahrt, auch Militärversionen von Zivilmaschinen, besonders in Schweden (Limhamn bei Malmö) und Rußland (Fili bei Moskau). Wie bei anderen Flugzeugbauern wurden Lizenzen in mehrere Länder bis hin nach Japan (Mitsubishi!) vergeben.

Junkers war zweifellos auch einer der bedeutendsten deutschen Motorwissenschaftler. Seine Arbeiten beschränkten sich keineswegs auf die Entwicklung von Flugmotoren, obgleich hier seine Leistungen besonders auffielen. Junkers hatte ja zu Beginn seiner Laufbahn als Ingenieur für die Gasmotorentwicklung gearbeitet. Ab 1913 beschäftigte er sich auch mit herkömmlichen Verbrennungsmotoren und gründete dafür ebenfalls eine eigene Firma. Es entstanden sehr bekannte und betriebssichere Motoren, insbesondere wenn es um Solidität und Wirtschaftlichkeit ging.

Mit dem Jahr 1933 änderten sich die Bedingungen für die Firma Junkers grundlegend. Da Junkers sich mit seiner Werft in Rußland verschuldet hatte, ergriffen die neuen Machthaber die Gelegenheit, den unfügsamen Industriellen zu maßregeln. Nach kurzer Erpressung wurde Junkers schlichtweg aus seiner eigenen Firma entfernt, verbunden sogar mit einem strikten Hausverbot. Der Staat verzichtete aber nicht auf den propagandistisch nutzbaren, weltweit berühmten Firmennamen. Natürlich wurden die Konstruktions- und Bauabteilungen nicht zerstört.

An den Flugzeugen nach der *Ju 60* hatte Junkers keinen persönlichen Anteil mehr, auch wenn weiterhin herausragende Konstruktionen entstanden. Ebenso wurde der Motorenbau nahtlos weiterentwickelt bis hin zum Bau von Strahlturbinen, die bei der *Me 262* zum Einsatz kamen und die ersten serienmäßig eingesetzten Strahlantriebe der Luftfahrt sind. Der Junkers-Flugzeugbau endete mit dem Zweiten Weltkrieg. Andere Junkers-Firmen arbeiteten weiter, gingen aber zumeist in neuen Namen auf. Professor Hugo Junkers war bereits 1935 gestorben.

Die Junkerswerft in Fürth

Eine Werft ist eine Bau- und Montagestätte, die Neubauten, Umbauten und Reparaturen ausführt. Der Begriff stammt aus dem Schiffsbau, ist aber auf die entsprechenden Einrichtungen der Fliegerei übertragbar. Auch in Fürth wurde neu- und umgebaut, ergänzt und instandgesetzt. Von Fürth aus flogen neu gebaute, reparierte und eingeflogene Maschinen zu ihren Einsatzplätzen in viele Teile Europas.

Mit der Werftgründung in Fürth verfolgte Junkers das Ziel, einen Stützpunkt für das Verkehrsnetz seiner Fluggesellschaft aufzubauen. Nach dem damaligen Stand der Technik waren solche Stützpunkte in gut erfliegbaren Entfernungen notwendig. Außerdem mußten die Flugmotoren in kurzen Zeitintervallen gewartet werden. Auch Junkers ließ seine Flugzeuge in regelmäßigen Abständen prüfen, zerlegen und Bauteile bei Bedarf austauschen. In Fürth war der noch fast vollständig eingerichtete ehemalige Militärflugplatz vorhanden, für den die Städte Fürth und Nürnberg eine passende wirtschaftliche Nutzung suchten. Junkers sah hier seine Chance, einen Außenposten und ein Standbein für die Expansion in Richtung Süden zu bekommen. Die Hallen in Fürth ermöglichten zudem, Wartungsarbeiten für den Luftverkehr mit Montageleistungen für das Stammwerk zu verbinden. Da der Luftverkehr damals im Winter ruhte, waren Werkstattkapazitäten in Fürth für Auftragsarbeiten aus Dessau frei. Vielleicht ist darin auch der Versuch Junkers' zu sehen, seine inländische Flugzeugproduktion für die alliierten Beobachter weniger durchschaubar zu machen.

Junkers pachtete 1922 die gesamte Anlage mit allen Räumlichkeiten, die die Demontage von 1919 überlebt hatten. Darunter war vor allem die Werft von 1918 mit ihrer großen Rüsthalle und den angeschlossenen Werkstätten wichtig. Genutzt wurden auch die beiden Normalflugzeughallen, die Betankungs- und Kraftfahrzeuganlagen, die Feuerwehr- und Bahneinrichtungen sowie die Nebengebäude. Die Werfteinrichtung begann noch 1922, während die Alltagsarbeit erst 1923 anlief.

Die Werfteinrichtung erfolgte sehr zügig; im Hauptbereich gab es keine technischen Probleme. Die Raumaufteilung der Werft war ja für Reparaturarbeiten geschaffen worden. Es gestaltete sich dagegen schwierig, die Taktschritte für die fortlaufenden Montagearbeiten in die vorgegebenen Räume einzupassen.

Reparatur, Wartung und Montage konnten nach einiger Zeit fast beliebig neben- oder nacheinander ausgeführt werden. Recht schnell wurden auch die Lagerkapazitäten der benachbarten Normalflugzeughallen für die Anlieferung von Flugzeugteilen aus Dessau genutzt. Diese Hallen standen dann voll von angelieferten Rümpfen, Tragwerken, Motoren und Bauteilen, die nach und nach in der Werft zusammengebaut wurden. Eine der beiden Normalflugzeughallen wurde 1924/25 zur Hauptmontagehalle für die dreimotorige G 23/24.

Für die Einrichtung und den Betrieb der Werft in Fürth verpflichtete Junkers den Assistenten der Köthener Ingenieurschule und Frontflieger des Ersten Weltkrieges *Conrad Prautzsch*, der in Köthen, Sachsen-Anhalt, seine Maschinenbauprüfung abgelegt hatte (S. 50). Dem jungen Werftleiter waren die gesamten Arbeiten und Kontrollen, aber auch das Einfliegen anvertraut. Das erste Werkstattbild der Werft Fürth von 1922 zeigt 37 Personen Belegschaft, darunter zwei Frauen (Abb. 35). Die erste reparierte Maschine war natürlich eine F 13. Sie hatte die Kennung D 219.

Auch für die Fürther Werft galt der hohe Junkers-Standard. Die Firma verlangte hohen persönlichen Einsatz, gab aber den Mitarbeitern eine erstaunliche Handlungsfreiheit, wenn nur das Ergebnis den Erwartungen entsprach. Junkers achtete sehr auf einen gut ausgebildeten Mitarbeiterstamm. Gerade hierin sah er die Garantie der Produktqualität (Abb. 36 und 37).

gestellt werden sollen. Sie geben einen guten Einblick in den handwerklichen Alltag der Werft (Abb. 38-41).

Zur Wartung und Ausbesserung kamen zunächst fast ausschließlich F 13, dann G 23/24 und immer wieder auch Fremdflugzeuge wie beispielsweise französische *Blériot-Spad 56*. Darunter waren Unfallmaschinen nicht nur aus Deutschland, sondern auch aus Süd- und Osteuropa, die mit der Eisenbahn nach Atzenhof gebracht wurden. Über die Bahn kamen auch die zur Montage bestimmten Flugzeugteile aus Dessau.

Die ersten Schritte der Wartung waren grundsätzlich das Zerlegen der Flugzeuge, die Tragflächendemontage und der Ausbau der Motoren und weiterer Teile, die auszutauschen waren. Alle Arbeiten wurden per Hand ausgeführt, nur für schwere Stücke stand ein nicht allzu großer und manuell bedienbarer Galgenkran zur Verfügung, der auf kleinen Eisenwalzen geschoben werden konnte. Für Arbeiten über Schulterhöhe dienten Holz- und Stahlgerüste. Das Abnehmen der Tragflächen in der Werfthalle ermöglichte eine bessere räumliche Nutzung. So konnte an 4-6 Maschi-

Abb. 35: Die Junkers-Mannschaft in der Werfthalle vor der ersten reparierten F 13; 6.v.r. Betriebsleiter Ing. C. Prautzsch, davor Flughafenhund Troll, Liebling seines Herrn.

Reparatur

Die Instandsetzung bezog sich auf die Arbeiten am Rumpf einschließlich der Flugzeugführerkanzel und der Fluggastzelle, auf Tragwerke und Ruderflächen, auf das Fahrwerk und selbstverständlich auf die Motoren. Die Funktionsprüfung nach dem Zusammenfügen war eine ausgesprochene Feinarbeit, immer wieder korrigiert durch Einfliegen.

Erwähnung verdient das Werkstattlager. Erhalten haben sich 18 Fotografien dieses Arbeitsbereichs, von denen hier einige vor-

nen gleichzeitig gearbeitet werden.

Die Demontage war besonders für die Kontrolle der äußerlich nicht zugänglichen Bauteile wichtig, vor allem für die, die stark beansprucht wurden. Dies galt natürlich auch für Behälter und Leitungen. Soweit es ging, wurden die abgenommenen Tragflächen auch in der Haupthalle gewartet, während die kleineren Leitwerke und Ruder sofort in die rückwärtigen Räume gebracht wurden, in denen man auch die Neubeplankungen durchführte.

Häufige und arbeitsintensive Wartungsschritte betrafen Motor, Beplankung, Fahrwerk und die ansprechende Erhaltung der

Abb. 36: G 24 mit schweizerischer und schwedischer Kennung, dahinter F 13 und rechts eine A 35 (höher motorisierte A 20).

Abb. 37: Werfthalle, in der F 13-Maschinen für die schweizerische Gesellschaft Ad Astra Aero montiert werden.

Fluggastzelle. Seltener waren die echten Reparaturen, die vor allem wegen Bruchlandungen auf regenweichen oder unebenen Graspisten notwendig wurden. Die Auswirkungen der alliierten Beschränkungen erzwangen Reparaturen, die normalerweise wohl unterblieben wären.

Bei jeder Flugzeugwartung galt dem Antrieb die besondere Aufmerksamkeit. Die Fürther Werft war dafür bestens ausgerüstet. Motoren wurden regelmäßig zerlegt und aufgearbeitet, auf «Herz und Nieren» durchgeprüft, wie die Techniker sagten. Wichtig war der Leistungsprüfstand mit seiner Wirbelbremse und dem zugehörigen Generator sowie der abgesicherte Prüfstand für die vollständige Antriebseinheit Flugmotor mit Luftschraube.

Erwähnung verdienen die Reparaturarbeiten an den Tragwerken mit ihren komplizierten Rippenkonstruktionen, in die die gesamte Erfahrung der Firma einzubringen war. Das Anstückeln von Holmen benötigte eine eigene Technik. Schäftungen und Nietungen waren aufs äußerste spezialisiert. Generalaufgabe war, Festigkeit mit Leichtigkeit zu verbinden. Für die Winkeltreue gab es eigene Formlehren (Abb. 42). Ebenso entsprach die Vernietung der Duraluminium-Wellbleche einer eigenen Entwicklung. Hierfür wurden spezielle Werkzeuge konstruiert. So gab es Spezialgeräte, die im Innern der langen Rohre ein sicheres und festes Stauchen ermöglichten. Bei einer denkbaren Überlastung lokaler Partien mußten die Nachbarregionen die Stabilität übernehmen. Dies erforderte sehr große Erfahrungen. Beispielsweise fielen alten Junkers-Monteuren bei Betrachtung der Tragflächen der F 13 im Deutschen Museum München Nietungen auf, die zu Junkers' Zeiten nicht akzeptiert worden wären. Die Erfahrungen der Werft Fürth führten bald dazu, daß der Werftleiter mit der Begutachtung von beschädigten Maschinen im südlichen und südöstlichen Europa beauftragt wurde.

Montage

Auch der Zusammenbau der Maschinen erforderte große Sorgfalt, da neben der Festigkeit alle mechanischen, hydraulischen und elektrischen Funktionen sichergestellt sein mußten. Zur Auslastung der ruhigen Wintermonate oder bei Engpässen des Stammwerkes wurden vorgefertigte F 13-Teile nach Fürth gebracht und hier zum Flugzeug montiert. Es gab Zeiten, in denen die Nebenräume der Werft voller Flugzeugteile standen (Abb. 43).

Außer dem Bau der F 13 ist besonders die Montage der G 23 hervorzuheben. Werkbilder zeigen die großen dreimotorigen Maschinen in einer der Normalflugzeughallen (Abb. 44 und 45). So konnten Störungen des laufenden Betriebs in der Hauptwerft vermieden werden. Die grundsätzlichen Montageschritte der G 23 entsprachen dem Zusammenbau der F 13. Die Maschinen entstanden in typischer Reihenbauweise: Die zuerst begonnene Maschine ist bereits bis auf die Tragflächenmontage komplett, der zweiten Maschine fehlen noch die Motoren, doch sind die Vorarbeiten hierzu in vollem Gange; bei der dritten Maschine fehlt noch das Fahrwerk. Die makellose Beschaffenheit der Bauteile ist auf den Abbildungen deutlich zu erkennen. Die frühe Fertigstellung der G 23 in Fürth war der Grund, hier die Werbefotos für den Flugzeugverkauf zu fertigen. Es ist nicht sicher, ob in Fürth die G 23 nur mit der für diesen Typ von der alliierten Kontroll-

Abb. 38: Das gut organisierte Ersatzteillager.
Abb. 39: Vorarbeiten für die Beplankung: Duraluminium-Wellblech wird zugeschnitten und vernietet.
Abb. 40: Motorprüfstand neben dem Werftgebäude.
Abb. 41: Leistungsprüfstand für Motoren mit Wasserwirbelbremse und Generator.

Abb. 42: F 13-Maschinen in der Werfthalle. Gut erkennbar am linken Bildrand die Rüstlehre zur exakten Ausrichtung der Tragflächen.
Abb. 43: Aus Dessau angelieferte und in einer der beiden Normalflugzeughallen gelagerte Flugzeugteile vor der Montage.

Abb. 44: G 23-Maschine während der Montage, rechts der für Fürth charakteristische Galgenkran zum Einbau der Motoren.
Abb. 45: G 23-Maschinen in einer Normalflugzeughalle im Reihenbau; typische Vorgehensweise bei kleinen Serien.

kommission genehmigten Motorisierung (S. 47) hergestellt wurde oder ob hier bereits der Einbau der stärkeren Motoren stattfand. Letzteres ist nicht unwahrscheinlich, weil die ersten Maschinen sofort nach dem Einfliegen in die Schweiz gebracht wurden.

Warum war Fürth für die Endfertigung der G 23 (Abb. 44 und 45) ausgesucht worden? Der Grund lag in den Rollfeldverhältnissen in Dessau. Das heute bekannte Dessauer Fluggelände stand noch nicht zur Verfügung. Junkers benutzte damals einen Platz bei Mosigkau, der bei Regen sehr zum Aufweichen neigte. War schon bei kleineren Maschinen die Gefahr des «Kopfmachens», d.h. des Kopfstands, und des Fahrwerkbruches groß, galt dies natürlich erst recht für die ungleich schwereren dreimotorigen Flugzeuge. Fürth hingegen verfügte über einen Platz auf trockenem Terrassensand mit idealen Bedingungen.

Der komplette Schwimmerbau für die Junkers-Wasserflugzeuge war einige Jahre in Fürth konzentriert (Abb. 46). Schwimmerflugzeuge waren damals nicht nur für die Küste und für die großen Seen gedacht. Aus Gründen der Wirtschaftlichkeit überlegte sich Junkers, selbst kleine Stillgewässer und geeignete Flüsse für Start und Landung zu verwenden. Dies hätte erhebliche infrastrukturelle Kosten einsparen helfen. Wie sich dann aber schnell zeigte, ging der Luftverkehr zugunsten besserer Ortsbeweglichkeit darauf nicht ein.

Die Arbeiten in der Werft Fürth wurden unter normalen Bedingungen mit einer Belegschaft von 60 bis 100 Personen bewältigt. Zur Zeit der Großflugzeugmontage und des Schwimmerbaus waren es über 200 Mitarbeiter. Der Werftleiter hatte seine Dienstwohnung im ehemaligen Casino. Im Erdgeschoß des Gebäudes war die Flughafengaststätte untergebracht, die mit ihrer Wirtin *Mutti Brand* (S. 67 ff.) für die gesamte Mannschaft von Junkers ein wichtiger Treffpunkt war. Das gute Arbeitsklima der Werft Fürth wurde noch über Jahrzehnte gerühmt. Auch später sprach man noch vom freundschaftlichen Zusammenhalt der *großen Familie*.

Abb. 46: Unter dem Dach lagern die Schwimmer für die Wasserflugzeuge.

Die Bahnanlage des Flugplatzes

Da die Bahn das einzige Ferntransportmittel mit großen Kapazitäten war, wurde sie seit den ersten Tagen der Fliegerei für den Flugzeugtransport eingesetzt. Bereits in der Militärfliegerzeit plante man daher bei Flugplätzen einen Bahnanschluß. Dabei bestimmte die große Zahl reparaturbedürftiger oder neu auszuliefernder Flugzeuge in der Endphase des Ersten Weltkrieges die Größe der Bahnanlagen (Abb. 47).

Wirtschaftlich war es für Junkers ein großer Vorteil, Maschinen ohne Umladen von einem zum anderen Werkgelände verschicken zu können. Im Fürther Flugplatzgelände mußten die langen Züge lediglich geteilt und in kleinen Einheiten an die Laderampe geschoben werden. Hier wurden die Rungen gezogen, die Bordwände umgelegt und die Vernagelungen beseitigt. Zunächst wurden bei Gesamtladungen die Tragflächen auf einfa-

Abb. 47: Die Flugplatzbahn, die den Flugplatz mit dem Schienennetz der Eisenbahn verband, war eine unabdingbare Voraussetzung für die enge Zusammenarbeit zwischen dem Stammwerk in Dessau und der Fürther Junkers-Niederlassung.

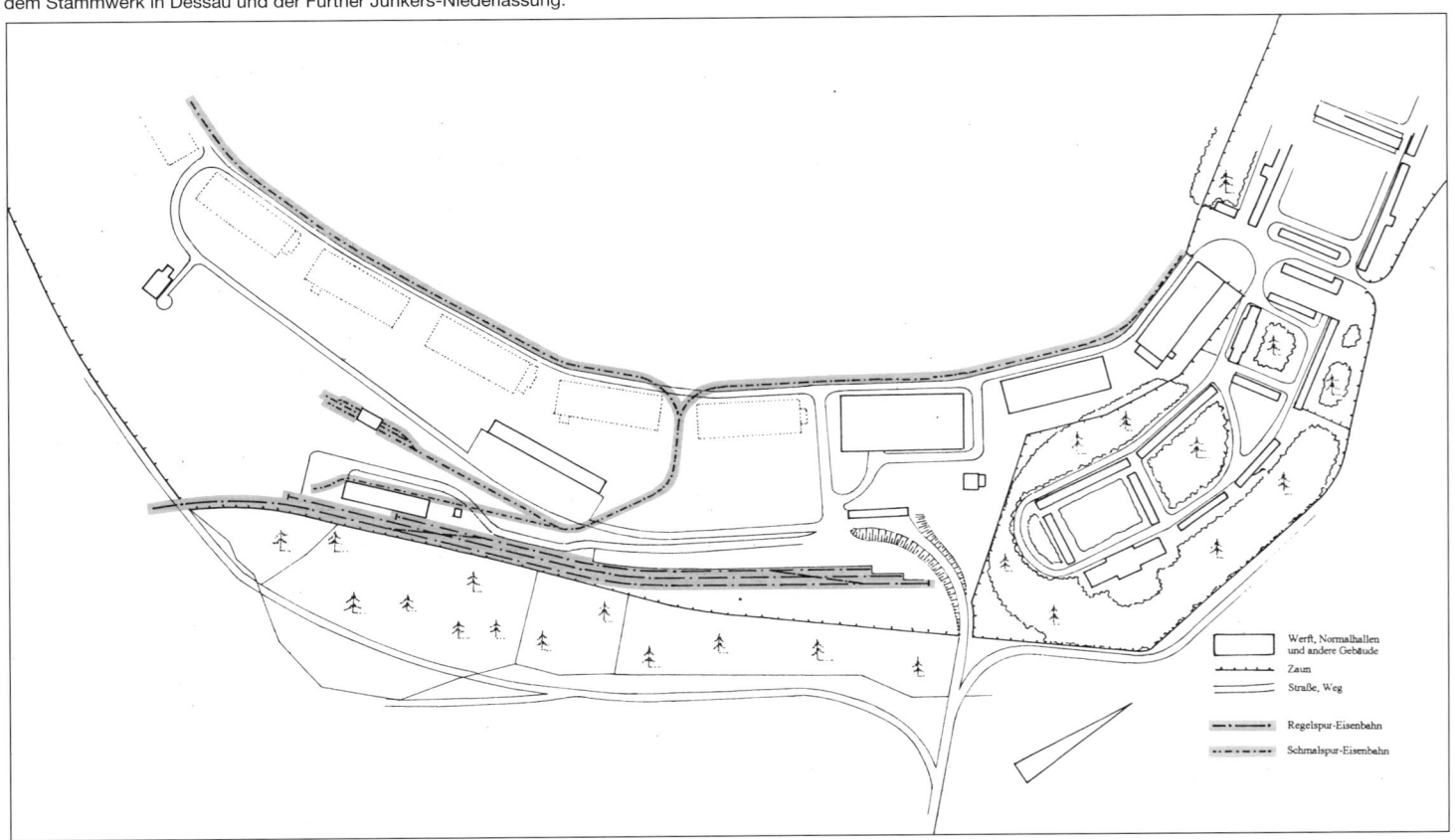

Abb. 48: Bahnverladung in Dessau. F 13 gehen zur Montage nach Fürth.

chen Radkarren zur Werft oder den Normalflugzeughallen gefahren, dann die Rümpfe mit Hilfsrädern versehen und diese Zellen, Sporn voran, zu den Hallen gezogen. Für Motoren und schwere Kisten gab es Hebezeug und einen Kleinkran, der das Verladen auf die Transportkarren erleichterte. Das Verladen verlief manuell, jede Hand wurde gebraucht. Die kleine Steigung von der Verladerampe zur Werft erleichterte das Arbeiten mit Sicherheit nicht.

Auf der Hauptbahn kamen ganze Zugverbände aus Dessau, aber auch immer wieder einzelne Waggons. Bevorzugt wurden Rungenwagen verschiedener Ausführung, aber auch gedeckte, d.h. überdachte Waggons. Auf den Rungenwagen war jeweils der Flugzeugrumpf aufgebockt, möglichst auf den Fahrwerksrädern. Bei sehr hohen Ladungen wurden die Räder abgenommen und der Rumpf auf den Trägern des Fahrwerks oder vollständig demontiert in Bauchlage auf Polstern befördert. Ein Holzboden der Wagen war Vorschrift. Tragflächen wurden stets demontiert und bei den kleineren Maschinen wie bei der F 13 zumeist seitlich auf den gleichen Rungenwagen untergebracht. Kleinere Bauteile befanden sich in Kisten, insbesondere Instrumente, Ausstattungsgegenstände, Ruder und Ruderteile, Propeller und Fahrwerke. Die Motoren mußten in Holzböcken gelagert werden.

Besonders beim Versand neuer oder neuwertiger Flugzeugteile wurde auf einen wirksamen Wetterschutz geachtet. So sind wohl nur ausnahmsweise Flugzeuge ohne vollständige Planenabdeckung transportiert worden. In aller Regel waren die Maschinen in Hilfsgerüste eingepaßt, die an den Rungen vernagelt und mit Planen bedeckt waren. So fuhren aneinandergereiht verhüllte Waggons und nicht etwa fotogene Flugzeugzüge auf der freien Bahnstrecke (Abb. 48 und 49).

Für den Bahntransport gab es bereits umfangreiche Verladevorschriften. Diese betrafen das zu verwendende Waggonmaterial, die Regelung des Transportumfangs, allgemeine Transportvorschriften, Sicherungs- und Sicherheitsbestimmungen wie auch Versicherungsfragen.

Abb. 49: Im Schema der Bahntransport der F 13: aufgeladener Rumpf, beigeklappte Tragflächen, mit Planen abgedeckte Fracht.

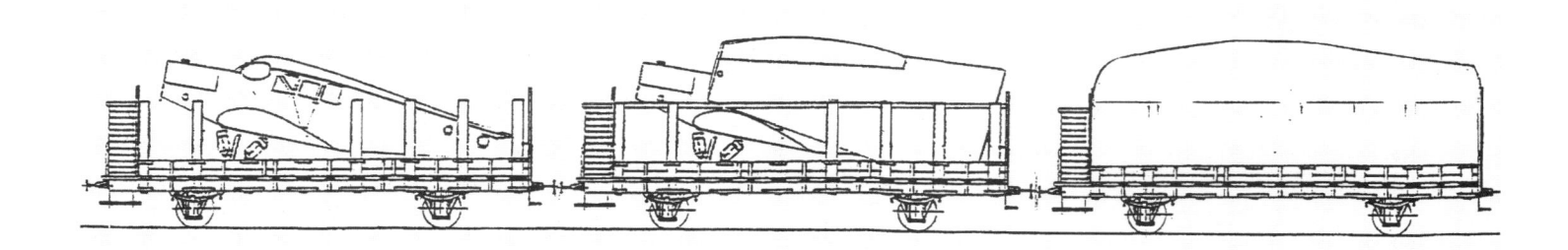

Junkers-Flugzeuge F 13 und G 24

Die F 13 - das erste echte Zivilflugzeug

Die 1919 gebaute F 13 (Abb. 50) war der «weltweit erste flugfähige freitragende Ganzmetall-Kabineneindecker der Luftfahrtgeschichte». Konstruiert wurde sie in nur sechs Monaten von Chefkonstrukteur Otto Reuter und weiteren acht Ingenieuren. Sie basierte allerdings auf einer Entwicklungserfahrung, die bis 1910 zurückzuverfolgen ist.

Bereits mit der 1916 konzipierten und teilweise verwirklichten *J 3* wandte sich Junkers der gewellten Beplankungstechnik zu. Bei der *J 4* wurde die Tauglichkeit von Konstruktion und Material im Tragflächenbau serienerprobt. Die daraus gewonnenen Erkenntnisse hat Junkers dann konsequent in die weitere Flugzeugentwicklung eingebracht und zu hervorragender Qualität und guter Ästhetik entwickelt. Die F 13 war 1919 das technisch perfekteste Flugzeug der Zeit, erstellt nach Bauprinzipien, die heute noch Gültigkeit haben. Die Stabilität lieferten ein ausgeklügeltes System aus Rohren und Profilblechen und die besondere Konstruktion der Außenhaut. Damit war die Idee selbsttragender Bauteile um einen wesentlichen Schritt vorangebracht. Die Firma widmete sich auch umfassenden Festigkeitsprüfungen. Das Bruchverhalten von Materialien in der jeweils spezifischen Anwendungsform wurde in einer Weise getestet, die seinerzeit keineswegs verbreitet war. Leistungs- und Festigkeitsreserven beim Bau der Produkte vorzuhalten, war ebenfalls ein Prinzip von Hugo Junkers. Bezeichnend ist der Ausspruch eines (späteren) amerikanischen Werkbesuchers in Dessau, dies sei keine Fabrik, sondern eigentlich eine Universität.

In Hinblick auf die zivilen Luftfahrtbedürfnisse nach dem Ersten Weltkrieg verabschiedete sich Junkers sehr schnell vom Gedanken, eine Passagierkabine in eine seiner Militärmaschinen einzubauen. Diesbezügliche Erfahrungen hatte er durch den Umbau einer Junkers-Militärmaschine sammeln können, die Kurierdienste zwischen Dessau und Weimar flog. So wurde über die Konstruktionsstufe der *J 12* die *J 13* bereits von Anfang an als völlig eigenständige Konstruktion in der Form geschaffen, die wir kennen. Bald wurde die J 13 dann F 13 genannt. Wie sich zeigte, war die Maschine außerordentlich gut durchkonstruiert (Abb. 51); sie hatte vom Erstflug an beste Flugeigenschaften.

Die Passagierkabine wurde komfortabel ausgestattet. Sie mußte für den Kunden attraktiv sein. Die Zeit war vorbei, da Passagiere Wetterkleidung und Fliegerbrillen ausgehändigt bekamen. Wirtschaftliche Chance hatte nur ein Luftverkehrsmittel für Einzelpersonen oder Kleinstgruppen, da Fliegen noch unerhört teuer war. Nur betuchte Prominente oder mutige Geschäftsleute konnten den schnellen und - bezogen auf die F 13 - weitgehend risikolosen Transport nutzen. Die Kapazität der Flugzeuge war noch klein. Gelegentlich wurden in umgebauten Bombenflugzeugen allerdings 10 bis 20 Passagiere befördert.

Kurzum, die F 13 war für die Bedürfnisse der Zeit maßgeschneidert. Passagiere konnten unter Bedingungen befördert werden, die denen erstklassiger Automobile entsprachen. Die elegan-

Abb. 50: Vier F 13 und eine G 23 auf dem Flugfeld. Paradeaufstellung nach geleisteter Arbeit.

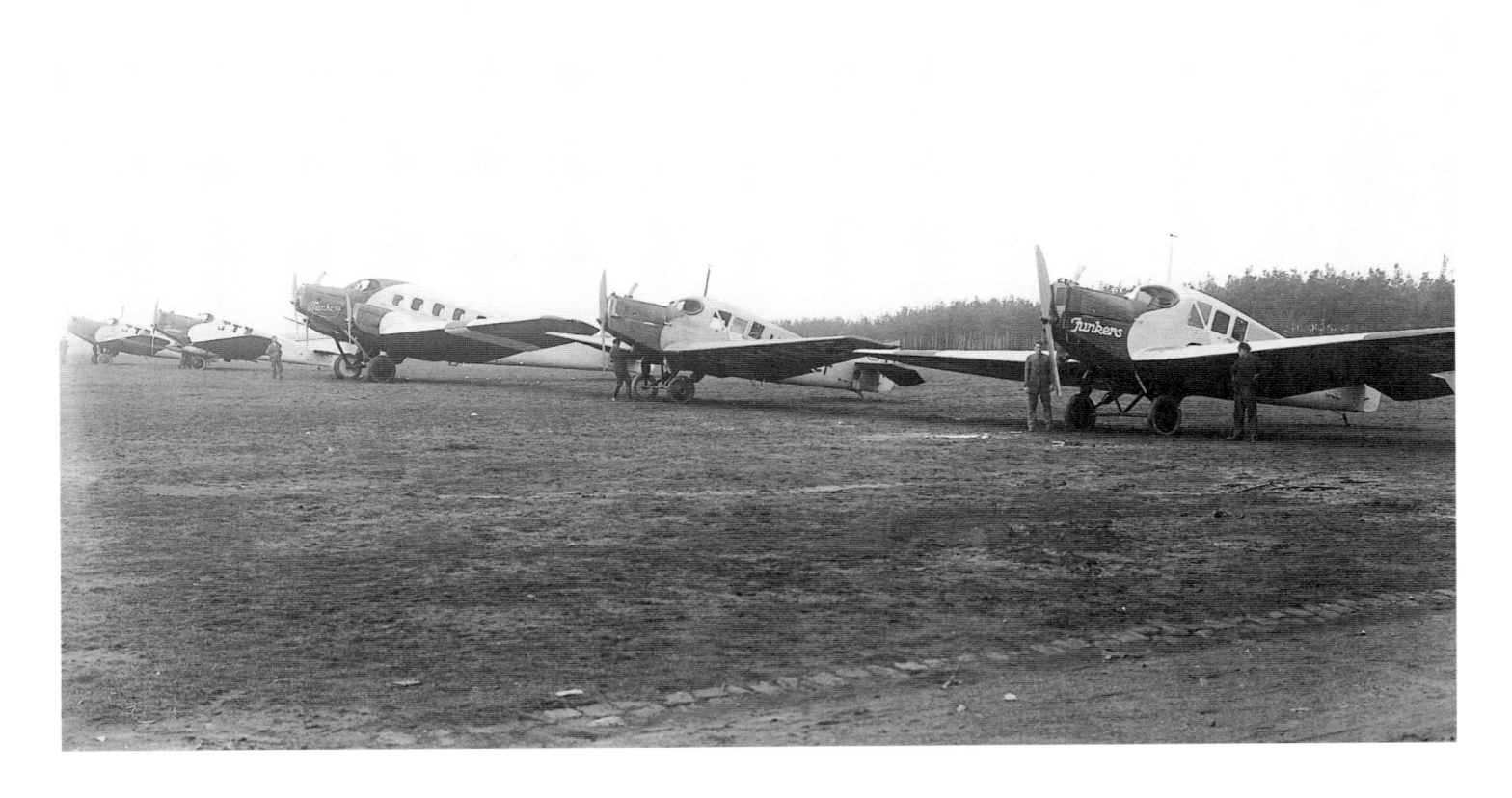

ten Sitze waren aus Leder oder Stoff, Wände und Boden textilbelegt. Sie gaben der Kabine eine luxuriöse Note (Abb. 52). Freilich blieb die Enge des Raumes in der kleinen Maschine. Für die vorderen beiden (herausnehmbaren) Sitzplätze war sogar eine kleine Fußaussparung in der Frontwand notwendig, um auch größeren Schuhen Platz zu gewähren. Dahinter aber, vor den Hauptplätzen, herrschte Beinfreiheit und Eleganz. Der Blick aus den Fenstern war trotz baubedingter Eigenheiten ausgezeichnet. Absolut neu war die Heizbarkeit der Kabine. Damit war ein neuer Standard in den Luftverkehr eingebracht.

Ganz anders stand es mit dem Flugzeugführerraum. Er war gegen Himmel und Luft offen, nur durch ein Paar schmaler Windschutzscheiben geschützt. Diese mußten immerhin klein genug sein, um bei schlechter Sicht dem Piloten den Blick an der

Abb. 51: Die Verstrebungstechnik wurde immer mehr perfektioniert. Das Bild zeigt die Kreuzung von Rumpf und Tragflächen an einer F 13.

Abb. 52: Für den Fluggast wird das Fliegen zum Vergnügen: Komfortable Sitze und ein elegantes Ambiente statt einer spartanischen Einrichtung. Die Luxuslimousine setzte die Maßstäbe.

Scheibe vorbei zu ermöglichen. Der offene Pilotenraum war aber nicht ein Ergebnis der Sparsamkeit. Es galt als fliegerisch erforderlich, die Luft spüren, ja riechen zu müssen. Nur so meinte man in den frühen Tagen der Fliegerei, Gefahren der Witterungsänderung rechtzeitig erfassen zu können. Sicher hing daran auch der Stolz der alten Piloten auf ihre fliegerische Erfahrung.

Gerade im Hinblick auf die Wettertauglichkeit war das Junkers-Ganzmetallflugzeug den stoffbespannten Holzflugzeugen natürlich überlegen. Die aerodynamische Auslegung und Motorisierung, damals ein *Mercedes D III* mit 160 PS, schufen Vorteile, aus denen heraus die F 13 sparsamer und erheblich weiter fliegen konnte. Sehr schnell hatte sich die Maschine in weiten Kreisen einen Namen gemacht. Durch zahlreiche patentrechtliche Absicherungen machte Junkers einen völligen oder teilweisen Nachbau für die Konkurrenz weitgehend unmöglich.

Bereits 1919, kurz nach ihrem Erstflug, flog die F 13 einen Höhenrekord (6.750 m), obwohl mehr Personen im Flugzeug waren, als es der Auslegung entsprach. Kurz darauf folgte in Nordamerika ein Dauerflugrekord von mehr als 26 Stunden Flugzeit. Die F 13 überquerte problemlos die Alpen, 1920 bereits die südamerikanischen Kordilleren unter Witterungsbedingungen, denen andere Maschinen nicht so leicht gewachsen waren. Eine in Kolumbien fliegende Maschine hatte nach acht Jahren 400.000 Flugkilometer zurückgelegt und konnte auch weiterhin eingesetzt werden.

Für Hugo Junkers waren gut gebaute Flugzeuge aber nur die eine Seite des Erfolges. Ohne einen funktionsfähigen Luftverkehr war die Flugzeugentwicklung nicht gesichert. So versuchte er erfolgreicher als andere, Luftverkehr zwischen Großstädten und Ländern aufzubauen, also ein Verkehrsnetz zu schaffen, das wirtschaftlich zu betreiben war. In den frühen zwanziger Jahren herrschte dabei ein unerhörter Konkurrenzdruck. Innerhalb von Wochen entstanden Luftverkehrsunternehmen, innerhalb kurzer Zeit verschwanden sie oder gingen in größeren auf. Junkers beteiligte sich mit der F 13 - allerdings finanziell gestützt von den Einnahmen seiner Fabriken - ab 1920 an Fluggesellschaften. Er eröffnete im August 1924 als seine sechste Fluggesellschaft die *Junkers Luftverkehrs-AG* und animierte weltweit Wirtschaft und Politik zum Einstieg in die Zivilluftfahrt. So eroberte er in kürzester Zeit den nationalen und internationalen Luftverkehr in fünf Kontinenten, in den USA, Kolumbien, Persien, Rußland, Japan, China, Australien und Afrika, über die Routen hinaus, die seine F 13 in der Schweiz, in Ungarn, Polen und Nordeuropa beflogen. Die F 13 wurde bestimmend im Weltluftverkehr. Nach und nach eroberten diese Flugzeuge 40% die Zivilluftfahrt. Unbestritten war die F 13 das seinerzeit wichtigste Verkehrsflugzeug vor der ebenfalls 1919 konstruierten *Fokker F II*, vor der *Sablatnig P III* und vor der *Albatros L 58*, *Fokker* gegenüber vielleicht mit etwas Glück.

Die Maschinen flogen am Äquator und im hohen Norden. Alle Erfahrungen wurden zu Hause ausgewertet und in Verbesserungen umgesetzt.

Die F 13, ebenso auch ihre Nachfolgemodelle, galten als außerordentlich sicher. Die Unglücksfolge einiger F 13 in den USA war durch die Verwendung eines nur in den USA gebräuchlichen Treibstoffes ausgelöst, der die Gummidichtungen zerfraß, so daß Treibstoff an heiße Motorteile gelangen konnte und die Maschinen in Brand setzte.

Die F 13 wurde von 1919 bis 1932 für über 60 Fluggesellschaften in 60 Varianten als Land- und Wasserflugzeug gebaut, insgesamt 322 mal. Die allererste Maschine flog bis 1940. Allein die Luft Hansa setzte 50 Stück ein. Die Motorisierung wurde im Laufe der Zeit den steigenden Bedürfnissen angepaßt. Zuletzt steckten 570 PS unter der Haube.

Von der F 13, die eigentlich der Ju 52/3m an Berühmtheit nicht nachstehen dürfte, haben sich folgende fünf Flugzeuge erhalten, von denen allerdings bedauerlicherweise keines mehr flugfähig ist:
- F 13 ce Werknummer 2018 bzw. 2019 im Deutschen Museum München (1968 als Schrott am Flughafen Kabul / Afghanistan entdeckt!)
- F 13 b Werknummer 574 (?) im Közlekedesi-Museum Budapest
- F 13 Werknummer 600 im Musée de l'Air et de l'Espace in Paris/Le Bourget
- F 13 Werknummer 2050 im Western Canada Aviation

Abb. 53: G 23, als Maschine fertiggestellt, aber noch ohne «Farbkleid». Vielleicht ist es die erste, die von Dessau nach Fürth geflogen wurde.

Museum in Winnipeg/Manitopa
- F 13 f Werknummer 715 im Technischen Museum Stockholm.

G 23/24 - Junkers' Weg zum vielsitzigen Verkehrsflugzeug

Vier Jahre nach der Konstruktion der F 13 begann Junkers mit dem Bau einer mehrmotorigen Passagiermaschine. Nicht, daß man sich zwischenzeitlich auf Erfolgen ausgeruht hätte. Dies wäre nicht der Stil von Hugo Junkers gewesen, hatte er doch schon 1921, ein gutes Jahr nach Fertigstellung der F 13, eine viermotorige *JG 1* entwickeln lassen. Er hatte auch bereits mit der Teileproduktion begonnen, bis ihm die Arbeit von der alliierten Kontrollkommission zerstört wurde. Die Zeit war angefüllt mit Entwicklungsarbeiten an Motoren und weiteren Maschinen, so beispielsweise für die zivile *J 15/K 16*, ein kleines Lufttaxi mit einer geringen Passagierkapazität, das an den Alliierten vorbei bei Fokker in Holland flugfähig gemacht wurde.

Die *G 23* wurde 1923 entworfen. *G* stand für Großflugzeug, das es seinerzeit sicher auch war (Abb. 53 und 55). Die Planpausen wurden recht rasch in ein Holzmodell des Maßstabs 1:1 umgesetzt, vermutlich, um auf diese Weise bessere räumliche und fertigungstechnische Erkenntnisse zu erlangen. Selbstverständlich mußten Komfort, Qualität und Sicherheit der F 13 erreicht werden, sowie die Wirtschaftlichkeit in Herstellung und Betrieb gewährleistet sein. Diese Aufgaben waren dem Nachfolger des 1922 verstorbenen Otto Reuter, *Ernst Zindel*, gestellt. Die G 23 wurde augenfällig eine vergrößerte F 13. Wie diese war sie überaus sorgfältig gebaut. Auch sie war eines der bestgeprüften Flugzeuge der Zeit. Sorgfalt, aber auch Schnelligkeit waren geboten, da eine Anzahl von Unternehmen, so z. B. Siemens, AEG, Zeppelin und Dornier an ähnlichen Projekten arbeiteten.

Über die Ingenieurleistungen hinaus mußte aber in einer Art Gratwanderung penibel auf die Rahmenbedingungen geachtet werden, die vom alliierten Kontrollkomitee vorgegeben waren. In Deutschland wurden hierdurch erhebliche Probleme verursacht, verschärft dadurch, daß offensichtlich politische Ressentiments und wirtschaftliche Interessen verschmolzen. Fieberhaft mußte auf deutscher Seite versucht werden, den Flugzeugbau entweder in dieses Netz einzupassen oder gegen den Versailler Vertrag abzuschirmen.

So wurde der Entwurf der G 23 geschickt als Projekt mit drei, zwei oder einem Motor dem Komitee vorgelegt und zugleich verschiedene Leistungsvarianten zur Auswahl gestellt. Bei der dreimotorigen Version wurde einer ausreichend motorisierten eine untermotorisierte Variante gegenübergestellt. Für Fachleute war klar erkennbar, daß diese Maschine sich selbst in unbeladenem Zustand nur schwer vom Rollfeld erheben konnte. Erwartungsgemäß wurde der Firma Junkers die Genehmigung der gut flugfähigen Version versagt. Dagegen eröffnete das Komitee folgende Möglichkeiten:

1. eine einmotorige Version mit Fremdmotorisierung von 450 PS, einschließlich einer Rüstmassen- und Geschwindigkeitsbeschränkung;
2. eine zweimotorige Version mit 390 PS ohne Beschränkungen;
3. eine dreimotorige Version mit 395 PS ohne Beschränkungen oder 515 PS bei obengenannten Einschränkungen.

Die G 23 wurde daraufhin in Dessau mit zwei 100-PS-Motoren und einem 195 PS-Mittelmotor ausgestattet und bis zur Flugfähigkeit entwickelt. Die erste Maschine flog Chefpilot Zimmermann noch vor dem Jahreswechsel 1924/25 nach Fürth, da hier das Fluggelände bessere Erprobungsbedingungen als in Dessau bot. Limhamn bei Malmö in Schweden, die zweite Produktionsstätte der *G 23/24*, befand sich zu diesem Zeitpunkt noch im Aufbau. Die ersten G 23/24 wurden jedenfalls in Fürth montiert und zur Serienreife gebracht. Zunächst waren es drei Maschinen, vermutlich diejenigen, die Anfang 1925 in der Schweiz auftauchten, um dort weiter erprobt und unter Schweizer Kennung eingesetzt zu werden (Abb. 55). Dies war möglich, da zwischen Junkers und der Schweizer Fluggesellschaft *Ad Astra Aero* eine Kapital- und Betriebsgemeinschaft bestand. Nach den dortigen Unterlagen hatten die Maschinen den Junkers *L 2* als Mittelmotor mit 195 PS und zwei Mercedes D IIIa mit je 160 PS. Unbekannt ist, wo diese Höhermotorisierung vorgenommen worden ist.

Der Erfolg der neuen Maschine zeichnete sich bald ab. Die Reihenproduktion des nach der Höhermotorisierung als *G 24* bezeichneten Flugzeugs wuchs rasch an. Es wurde außer in der Schweiz auch in Schweden, Österreich und Finnland zugelassen und übernahm dort die Liniendienste. Unter ausländischer Kennung beflog diese Maschine auch deutsche Routen.

Ausgelegt war das Flugzeug für neun Fluggäste und Zuladung. Es standen zwei Sitzreihen zur Verfügung, deren meist lederbezogenen Sitze funktionaler als in der F 13 und mit Haltegriffen versehen waren. Für Kleingepäck hatte man leichte Gepäcknetze vorgesehen. Die Fenster konnten geöffnet werden, es gab Sonnenjalousien (Abb. 54). Unter dem teppichbelegten Fußboden waren die Versteifungsspanten nicht zu verstecken. Daher trat Junkers die Flucht nach vorne an: Er ließ sie als Gleitschutz patentieren, der es den Fluggästen auch bei abgestellten Flugzeugen erlaubte, sicher durch die nach hinten geneigte Kabine zu gehen. Die gleichen Spanten wurden in den Wandflächen zur Gliederung eingesetzt, sie schufen sogar eine erstaunliche Raumwirkung. Die Wände waren vollständig mit gediegenem Stoff verkleidet, die Fensterlaibungen in poliertem Holz gehalten. Zum Standard gehörten auch Kabinenheizung und Dauerbeleuchtung. Maßstab waren die Erste-Klasse-Waggons der Eisenbahn. Trotz aller Raffinessen war die Fluggastkabine doch recht eng und der Einstieg in das Flugzeug unbequem. Die fest montierte Außenleiter erinnert sehr an Bauleitern. Mehr noch als diese war sie nur mit übergroßen Steigschritten zu benutzen.

Erwähnenswert ist, daß bei der G 24 ab 1926 zum ersten Mal ein *Luftboy* mitflog, der vor allem den Fluggästen beim Ein- und Aussteigen behilflich war, während des Fluges Erfrischungen servierte und Wünsche an den Flugzeugführer weiterreichte.

Der Flugzeugführerraum war wiederum offen, der bewährte Kontakt des Piloten zur Atmosphäre blieb trotz der bereits recht weiten Flugstrecken erhalten. Die Instrumentenausstattung gestaltete sich natürlich komplizierter als bei der F 13, da drei Triebwerke kontrolliert werden mußten und der aufwendigeren Navigation Rechnung zu tragen war. Bei der G 24 besaß von vorne herein jeder der beiden Flugzeugführersitze Steuereinrichtungen. Die Windschutzscheiben waren mit Scheibenwischern ausgestattet. Die drei Motoren der G 23/24 garantierten Sicherheit; bei Ausfall eines Motors waren immer noch Flugmanöver möglich. Bald konnte die Zeit zwischen zwei Hauptuntersuchungen auf 600 Betriebsstunden ausgedehnt werden, nachdem anfangs bereits 250 Stunden eine gute Spanne waren.

Ebenso wie die F 13 setzte die G 24 neue Maßstäbe im Luftverkehr. Wie bei der Flugzeugentwicklung allgemein, so begann sich auch in den zwanziger Jahren nach dem Fall der Baubeschränkungen der Alliierten das Rad des Fortschrittes wieder rascher zu drehen. Bereits nach kurzer Zeit trat die G 24 in den Schatten der weiteren Junkersentwicklungen, wie der großräumigen dreimotorigen *G 31*, dann auch der Ju 52 oder der gewaltigen

Abb. 54: Komfort wird großgeschrieben. Der helle Fluggast-Raum zeigt eine luxuriöse Ausstattung.

Abb. 55: G 23. «G» steht für «Großflugzeug», was im Vergleich zur kleinen Maschine, der E I der «Bahnbedarf AG Darmstadt», gut verständlich ist.

G 38, die damals das größte Landflugzeug war.

Die G 24 flog bis in die vierziger Jahre. Sie war im nördlichen und östlichen Ausland verhältnismäßig lange im Einsatz. Für verschiedene Bedürfnisse wurde sie mehrfach abgewandelt. In der letzten Version verfügte sie über 930 PS. Zwischen 1925 und 1932 war sie das Linienflugzeug schlechthin. Auch sie flog Rekorde ein. Aufmerksamkeit erregte, daß sie die Strecke Berlin - Moskau in einem Tag zurücklegen konnte. 1927 wurde ein Beförderungsrekord aufgestellt mit einer Tonne Fracht über 2.000 km in weniger als 15 Stunden bei einer durchschnittlichen Fluggeschwindigkeit von 140 km/h. Zimmermann erreichte bei einer Distanz von 500 km respektable 209 km/h. Mit der G 24 eröffnete die deutsche Luft Hansa ihre erste Passagier-Nachtflugstrecke zwischen Berlin und Königsberg/Ostpreußen. G 24 flogen in der Schweiz, in Österreich, Polen, Griechenland, Italien, Spanien, der Türkei, ebenso aber auch in Afghanistan und zu Werbezwecken in Südamerika. Herausragendes Ereignis war die Flugexpedition quer durch Asien nach Peking. Gebaut wurden insgesamt 72 Maschinen, die Luft Hansa flog 26.

Einige dreimotorige G 24 wurden zu einmotorigen Maschinen umgebaut. Dies waren die Flugzeuge der ersten Serien, in die schwere neue Gondelmotoren aus Stabilitätsgründen nicht mehr eingebaut werden sollten. Eine dieser G 24 - nunmehr *F 24* genannt - wurde 1929 zum Erprobungsträger für den Jumo 4, den *Junkers-Schwerölflugmotor*, und somit den ersten Flugdieselmotor der Welt. Auch diese F 24 landete des öfteren in Fürth.

Keine G 24 blieb erhalten; das im Technischen Museum Berlin aufbewahrte Exemplar wurde bei Angriffen im Zweiten Weltkrieg zerstört.

Der Junkers-Mann in Fürth

Der Traum jedes Examenskandidaten: Der Professor schüttelt einem die Hand, gratuliert zur bestandenen Prüfung und fragt dann, ob man nicht eine Stelle als Assistent haben möchte. Ein Glücksfall! Nein, eigentlich das beste Zeugnis, das man bekommen kann, der Beweis, daß der Examinator wirklich zufrieden war. Den Prüfungsvorsitz hatte ein Professor, der Leute beurteilen konnte. Er war im Hauptberuf Unternehmer und übte nur nebenbei seine Lehrtätigkeit aus.

Der frischgebackene Ingenieur sagte zu. Lang genug war seine Durststrecke gewesen; der Krieg hatte die Ausbildung um Jahre verzögert, und das väterliche Erbe war mit dem Studium verbraucht. Er war nun Assistent am Köthener Polytechnikum. Dann kam sein Prüfer auf ihn zu und bot ihm eine Stelle an, nun nicht mehr in Forschung und Lehre, sondern in seiner eigenen Firma. Man wurde sich einig, und so band der berühmte Mann einen jungen Menschen an sein Haus, auf den er dann viele Jahre bauen konnte. Ein Glücksfall für Prof. Hugo Junkers, ein Glücksfall für Ing. Conrad Prautzsch!

Abb. 56: Ing. Conrad Prautzsch

Junkers hatte mitbekommen, daß ihm da jemand gegenüberstand, der nicht nur seinen Prüfungsstoff beherrschte, sondern der ein erfahrener Mann war, einer, der fliegen konnte, der seit frühester Jugend für Motoren, Eisenbahnen, Automobile, Flugapparate, Maschinen - für alles Technische zu begeistern war. Ein Landwirtssohn aus Pröttitz bei Delitzsch, 1894 geboren. Maschinenbaulehre, weil der Vater früh starb und deshalb der Hof aufgegeben werden mußte. Aufklärungsflieger im Ersten Weltkrieg, EK I. Es ist, als seien die Biographien der Fliegergeneration dieser Anfangsphase mit Durchschlagpapier geschrieben worden. Nach dem Studium dann Junkers. Eine Zeit ständig neuer Herausforderungen. Noch steckt der Flugzeugbau so sehr in den Kinderschuhen, daß jeder Tag etwas Neues bringt. Pionierzeit.

Als 1922 die Junkers-Werke ihren Werftbetrieb in Atzenhof einrichteten und damit zugleich die Organisation des wichtigen Zivilflughafens übernahmen, wurde Conrad Prautzsch, kaum bei seiner neuen Firma eingearbeitet, mit dem Aufbau und der Leitung der fränkischen Filiale betraut. Hugo Junkers kannte seine Leute. Er wußte, daß er in ihm den richtigen Mann ausgesucht hatte. Conrad Prautzsch wurde der Junkers-Mann in Fürth. Was folgt, läßt sich in vielen Kapiteln dieses Buches nachlesen. Der Name Prautzsch ist verbunden mit der Blütezeit des Atzenhofer Flugplatzes. Dieser Flugplatz ist ihm so wichtig, daß er hierbleibt, als Junkers 1928 von Fürth wegzieht. Prautzsch gilt bei seinen Mitarbeitern und Bekannten als ein Mann, dem als besondere Eigenschaften Disziplin, Zuverlässigkeit, Weitblick, Besonnenheit und Konsequenz nachgesagt werden (Abb. 56).

Er bleibt in Franken. Wie wenige andere steht Conrad Prautzsch für die Fliegerei in unserer Region: Leiter des Flughafens Fürth-Nürnberg und dann Nürnberg-Fürth in Atzenhof und ab 1933 des neuen Flughafens in Nürnberg-Marienberg. Im Zweiten Weltkrieg erneut Einsatz auf dem Atzenhofer Fliegerhorst. Seit 1950 Geschäftsführer der Flughafengesellschaft auf dem nunmehr dritten Zivilflughafen des Großraums, dem Notflughafen auf der Fürther Hard.

Den Umzug auf den heutigen Nürnberger Flughafen, den er geplant hat, kann Conrad Prautzsch nicht mehr mitmachen. Die letzten Jahre sind von schwerer Krankheit geprägt. Aber selbst als er nicht mehr sprechen kann, nimmt seine Familie wahr, wie sehr er sich in seinen Gedanken mit der Fliegerei befaßt.

Er hat sich wohl gefühlt auf fränkischem Boden, der Flieger Prautzsch. Und er hat nie «abgehoben». Unter dem Mantel der Geradlinigkeit hatte er ein offenes Herz für Nöte und Sorgen anderer. Und daß heute, vierzig Jahre nach seinem Tod, sein Lebenswerk zu Papier gebracht wird, legt die Frage nahe, ob er das wohl gewollt hätte. Betrieben hat er es jedenfalls nicht, sonst wäre die Recherche leichter gewesen.

Nordbayerische Verkehrsflug GmbH

Neben der Einheitsgesellschaft *Deutsche Luft Hansa* konnte sich im Sommer 1926 die *Nordbayerische Verkehrsflug GmbH* auf dem Atzenhofer Flugplatz etablieren. Sie flog mit ihren kleinen Maschinen den Zubringerdienst auf kurzen Strecken. Auch in unserer Zeit existieren ja im Schatten der großen Gesellschaften kleine Linien wie der Nürnberger Flugdienst *NFD*, heute *Eurowings*, die das weitmaschige, überregionale Flugnetz enger knüpfen.

Die Brüder Carl und Theo Croneiß

Gründer war *Theo Croneiß* (Abb. 57), der schon 1924 mit seinem Bruder Carl in Fürth die *Sportflug GmbH für Mittelfranken und Oberpfalz* angesiedelt hatte. Die Brüder Croneiß gehörten zu der technik- und flugbegeisterten Generation, die im Ersten Weltkrieg beim Militär, und nur dort, ihrer Leidenschaft nachgehen konnte. Theo meldete sich sofort 1914 zu den Fliegern und wurde Jagdflieger. Carl war zunächst bei der Infanterie, kam dann aber nach einer schweren Verwundung zur Fliegerei, für die damals die körperlichen Anforderungen noch niedrig angesetzt waren. Er wurde in der Türkei eingesetzt und leitete dort bis Kriegsende eine Fliegerschule. Die Begeisterung der beiden Brüder für das Fliegen war so groß, daß sie - den Bestimmungen des Versailler Vertrages zum Trotz - ein Kriegsflugzeug nicht ablieferten, sondern es in der Scheune des Familiengutes in der Oberpfalz unter einem Strohhaufen versteckten. Es könnte sich dabei um eine *Pfalz E.I* (S. 17), oder um die *Fokker D.VII* (S. 17) handeln, die dann die Aufschrift «Flugwetterwarte Fürth» (Abb. 22) bekam.

Die typischen Merkmale in den Biographien der jungen Fliegerpioniere, die Leidenschaft für das Fliegen, der Fliegereinsatz im Ersten Weltkrieg und der Drang, nach dem Ende des Krieges irgendwie weiterfliegen zu können, bestimmen auch den Lebensweg der Croneiß-Brüder. Sobald es möglich war, begannen sie wieder mit der Fliegerei. Sie zogen dazu aus der Oberpfalz nach Nürnberg und sicherten sich in Atzenhof eine noch leerstehende Baracke des Ersten Weltkrieges. Bald gründeten sie die Sportflug, eine private Fliegerschule, in der junge Leute das Fliegen lernen und die alten Flieger ihrer Leidenschaft weiter nachgehen konnten. Die Sportflug fand reichliche Unterstützung durch die bayerische Regierung, die Industrie und den Fürther Oberbürgermeister Dr. Wild. Theo Croneiß übernahm die wirtschaftlichen und organisatorischen Belange, Carl betätigte sich als Fluglehrer.

Abb. 57: Theo Croneiß, Gründer und Leiter der Nordbayerischen Verkehrsflug GmbH.

1925 gelangen ihm bei einem internationalen Flugwettbewerb mit dem *Messerschmitt-Sportflugzeug M 17* zwei vielbeachtete Rekordflüge.

Der aktivere Theo baute dann die Nordbayerische Verkehrsflug GmbH auf und stellte seinen Bruder Carl als Flugbetriebsleiter und Streckenflieger ein. Die beiden Brüder haben ein wichtiges Stück Fürther Fliegereigeschichte geschrieben.

Als später der Nationalsozialismus die Fliegerei intensiv förderte, freundeten sich die Brüder Croneiß schnell mit den neuen Machthabern an. Ein unverdächtiger Zeitzeuge, der 1933 von den Nationalsozialisten abgesetzte Nürnberger Oberbürgermeister Dr. Luppe, stellt jedoch in seiner Autobiographie Theo Croneiß das Zeugnis aus, «auch 1933 ein untadeliger Mann geblieben» zu sein.

Die Gründung der Nordbayerischen Verkehrsflug GmbH

Die Idee für die Gründung der Nordbayerischen Verkehrsflug, die im allgemeinen Sprachgebrauch einfach als *Nordbayerische* oder *Verkehrsflug* bezeichnet wurde, entwickelte sich aus der Sportflug GmbH, die ein weiteres Betätigungsfeld suchte. Theo Croneiß sah eine Chance für die «Kleinen» im Zubringerluftverkehr für die «Großen». Im Januar 1926 versammelte er 50 am Kurzstreckenverkehr Interessierte, darunter viele Bürgermeister kleinerer Städte, die vom überregionalen Flugverkehr vernachlässigt wurden, und gründete die *Arbeitsgemeinschaft für Förderung des Luftverkehrs in Bayern*. Die Städte sollten die finanzielle Grundlage sichern. Kurz danach nahm Croneiß Verbindung mit dem Luftverkehr Thüringen auf, um eine Zusammenarbeit in die Wege zu leiten. Seit der Gründung der Luft Hansa war in Thüringen ebenso wie in Bayern die Unzufriedenheit mit der Streckenführung beträchtlich. Gerade mittelgroße und kleine Städte waren nur ungern bereit, auf einen eigenen Flugplatz zu verzichten und sich der wirtschaftlichen Notwendigkeit zu beugen, die große Zahl der deutschen Verkehrsflughäfen zu reduzieren. Am 26. März 1926 kam es dann in Weimar zur Gründung der Verkehrsflug, der sich viele Städte Bayerns und Thüringens als Gesellschafter anschlossen. Ihre Ziele legte die neue Gesellschaft in der Veröffentlichung «Was will die Nordbayerische Verkehrsflug?» nieder (Abb. 58). Zwei wichtige Grundsätze wurden herausgehoben:

- Belebung von Verkehr und Handel durch den Kleinluftverkehr und
- Gemeinnützigkeit der GmbH, die nicht auf Gewinn ausgerichtet war.

Das Messerschmittflugzeug M 18

Für seinen besonderen Zweck brauchte Croneiß das passende Flugzeug. Er arbeitete bald eng mit *Willy Messerschmitt* zusammen, den er vom Segelflug her kannte. Um die Aufnahme der Geschäftsverbindung zwischen den beiden rankt sich eine Anekdote. Danach soll Croneiß in einem Bamberger Lokal mitbekommen haben, wie am Nebentisch der in Finanznot geratene Messerschmitt dabei war, seine Firma weit unter Wert an einen Engländer zu verkaufen. Als der Engländer für kurze Zeit das Gespräch für einen Toilettengang unterbrach, ergriff Croneiß die Initiative, machte Messerschmitt ein besseres Angebot und setzte den Beginn einer langjährigen und erfolgreichen Zusammenarbeit.

Die M 17, ein einfaches Flugzeug aus Holz und Stoff, mit der Carl Croneiß gewonnen hatte, machte den Anfang bei der Sportflug. Für die Verkehrsflug brauchte Theo Croneiß nun aber ein Passagierflugzeug. An seiner Entwicklung war er maßgeblich beteiligt.

Die Verkehrsflug mußte, um überleben zu können, billig fliegen, auf jeden Fall billiger als die Luft Hansa. Die *M 18*, die Messerschmitt für Croneiß baute und die dann auch hauptsächlich von der Verkehrsflug benutzt wurde, war das ideale, wirtschaftliche Kleinverkehrsflugzeug. Es benötigte nur eine kurze Start- und Landestrecke, konnte also auch auf kleinen Flugplätzen eingesetzt werden. Gerade im Vergleich zur F 13 der Junkers-Werke war sie sehr preisgünstig. Ihre Anschaffung kostete nur ein Drittel und ihr Betrieb nur die Hälfte dieser Maschine. Die *Nürnberg-Fürther Sonntags-Presse* lobt die M 18 nach einem Probeflug am 17. Juni 1926 in Fürth als «das kleine Wunder» und zitiert einen Piloten mit den Worten: «Das ist wohl die beste Maschine, die wir in Deutschland für den Klein-Luftverkehr haben.» Hauptwert wurde auf große Festigkeit, Betriebssicherheit und lange Lebensdauer gelegt.

Für den Bau der ersten M 18, die 25.000 RM kostete, gab der bayerische Staat ein zinsloses Darlehen von 20.000 RM. Nachdem sie zugelassen war, konnte die Verkehrsflug ihren Betrieb aufnehmen.

Die genaue technische Beschreibung der Messerschmitt-Flugzeuge der Nordbayerischen folgt im nächsten Kapitel von Seite 57 an.

Eröffnungsfeier

«Ein Markstein in der Fluggeschichte der Stadt Fürth», titelte der Redakteur des *Fürther Anzeigers*, der über die Eröffnungsfeier der Verkehrsflug am 25. Juli 1926 berichtete. Anwesend waren viele wichtige Persönlichkeiten: Vertreter des Reiches, des bayerischen Staates, der beteiligten Städte, der Industrie und des Handels. Fürths Oberbürgermeister Dr. Wild gehörte zu den Förderern der Verkehrsflug und war ihr Aufsichtsratsvorsitzender geworden. In seiner Begrüßungsansprache hob er die Bedeutung des Luftverkehrs im allgemeinen und die der neuen Zubringerlinie im besonderen hervor, weil sie «den Anschluß der Provinzstädte an die Hauptfluglinien des Reiches und nach dem Auslande garantiert». Anschließend fand die Taufe der ersten M 18 durch Wilds Tochter auf den Namen «Habicht» statt. Theo Croneiß flog mit ihr einen Eröffnungsflug bei Regen und Sturm und bewies sein fliegerisches Können sehr publikums- und medienwirksam.

Beginn mit einem Kreispendelverkehr

Am Tag darauf, dem 26.7.1926, begann der regelmäßige Linienverkehr. Dafür mußten neben der Habicht zwei ausgeliehene Udet-Kleinflugzeuge *U 8* eingesetzt werden, weil Messerschmitt die beiden weiteren bestellten M 18 nicht so schnell liefern konnte. Als erste Strecke flog die Verkehrsflug: Fürth/Nürnberg - Bamberg - Coburg - Rudolstadt/Saalfeld - Weimar - Halle - Leipzig - Hof - Bayreuth - Fürth/Nürnberg. Diesen Kreispendelverkehr benutzten in den drei Monaten, die im Jahr 1926 noch geflogen wurde, 211 Passagiere. Mit Sonder- und Rundflügen ergänzte die Verkehrsflug ihr Programm.

Ausdehnung des Streckennetzes

Nach dem Versuchsjahr 1926 ging es 1927 deutlich bergauf. Im Frühjahr flog die Verkehrsflug bei Bedarf von Fürth und

?
Was will die
Nordbayerische Verkehrsflug
G. m. b. H.

★

Die „Nordbayerische Verkehrsflug" will kein Konkurrenz-Unternehmen sein für die bestehenden Luftverkehrsgesellschaften, sondern sie will durch Einrichtung eines Klein-Luft-Verkehrs da einspringen, wo der Groß-Luftverkehr den Bedürfnissen der Wirtschaft nicht voll Rechnung tragen kann. Sie will dem Groß-Luftverkehr nach den Hauptflughäfen Zubringer-dienst leisten und so dessen Benutzung erleichtern und steigern.

Die „Nordbayerische Verkehrsflug" will keinen privat-kapitalist-ischen Interessen Vorschub leisten, sondern sie will die all-gemein-öffentlichen Wirtschaftsinteressen fördern, verzichtet selbst auf Gewinn und arbeitet rein gemeinnützig. Sie will den Verkehr und den Handel fördern. Sie will durch Ver-wendung eines in Nordbayern gebauten Ganz-Metall-Klein-limousinen-Flugzeuges der nordbayerischen Industrie Arbeit und den Arbeitern Brot geben.

Die „Nordbayerische Verkehrsflug" will dem ganzen Volk die-nen durch Zusammenarbeit mit der Fliegerschule der Sportflug G. m. b. H. für Mittelfranken und Oberpfalz am Flugplatze Fürth/Nürnberg. Diese hat es sich als gemeinnütziges Unter-nehmen zur Aufgabe gemacht, Flugzeugführer und technisches Personal auszubilden, um damit jungen Leuten neue Berufe zu eröffnen und der aufstrebenden Verkehrs- und Sport-Fliegerei frisches Blut zuzuführen.

Die
Nordbayerische Verkehrsflug G. m. b. H.
rechnet daher auf die Unterstützung Aller!

Abb. 58: Informationsschrift der Nordbayerischen Verkehrsflug 1926.

Plauen aus nach Leipzig zur Messe. Den schnellen und unkomplizierten Zubringerdienst benutzten 154 Fluggäste. Er brachte der Nordbayerischen viel Renommee ein. Bald erweiterte sie ihr Netz auf drei Strecken und mußte eine F 13 einsetzen, weil Messerschmitt erneut mit dem Bau der M 18-Maschinen nicht nachkam. Auf folgenden Strecken nahm nun die Verkehrsflug ihren Dienst auf:

- Strecke A: Fürth/Nürnberg - Bayreuth - Hof - Plauen - Zwickau - Leipzig.
- Strecke B: Fürth/Nürnberg - Bamberg - Coburg - Plauen - Rudolstadt/Saalfeld - Weimar - Fürth/Nürnberg.
- Strecke D: Rudolstadt/Saalfeld - Weimar - Erfurt - Meiningen - Schweinfurt.

Die außerdem geplante Strecke C Fürth/Nürnberg - Regensburg - München durfte nicht beflogen werden, weil sie von der Luft Hansa beansprucht wurde.

Ärger mit der Luft Hansa

Damit ist ein Problem angesprochen, das die ersten Jahre der Nordbayerischen beherrschte: die Konkurrenz mit der Luft Hansa. Obwohl die Verkehrsflug die Marktlücke für die Zubringerlinien entdeckt hatte und die kleinen Städte untereinander und mit den großen Flughäfen verband, war die Luft Hansa über die neue Konkurrenz nicht begeistert. Für Ärger sorgte die ganz andere und viel günstigere Preisgestaltung der Verkehrsflug. Sie bekam im Unterschied zur Luft Hansa vom Reich keine Subventionen, sondern mußte mit Darlehen, Beschaffungszuschüssen und Einnahmegarantien des bayerischen Staates und der angeflogenen Städte auskommen. Trotzdem konnte sie um 40% billiger als die Luft Hansa fliegen, weil sie wirtschaftlich optimale Flugzeuge benutzte und einen sehr geringen Verwaltungsaufwand betrieb. Dagegen flog die Luft Hansa mit einem «Sammelsurium» unterschiedlichster Maschinen, die sie beim Zusammenschluß der verschiedenen Gesellschaften hatte übernehmen müssen.

Die Luft Hansa versuchte mit verschiedenen Methoden, den Fürther Konkurrenten kleinzuhalten. Zum einen senkte sie ihre Preise auf jenen Strecken, die sie der Verkehrsflug abnehmen wollte. Weiter beeinflußte sie das Reichsverkehrsministerium, der Nordbayerischen die Zulassung neuer Strecken zu verweigern. Es kam 1929 sogar zu einem Strafbefehl gegen Theo Croneiß. Weil er ohne Genehmigung auf der Strecke Berlin - Leipzig einen regelmäßigen Flugbetrieb unterhalten habe, sollte er 1.000 RM Strafe zahlen oder 50 Tage ins Gefängnis gehen. Der Einspruch gegen diesen Strafbefehl ging durch drei Instanzen und endete mit einem Freispruch.

Die weitere Entwicklung

Davon unberührt entwickelte sich die Verkehrsflug stetig weiter. 1928 spielte der Messeverkehr nach Leipzig wieder eine große Rolle. Nun flog auch die Luft Hansa zur Messe, allerdings doppelt so teuer wie die Nordbayerische. Inzwischen wurde die Verkehrsflug sogar vom Land Sachsen unterstützt, weil sie das ganze Jahr hindurch planmäßig nach Leipzig kam, während die Luft Hansa außer zur Messezeit den Flughafen Leipzig-Mockau aufgegeben hatte und nur noch den entfernteren Flugplatz Leipzig/Halle anflog.

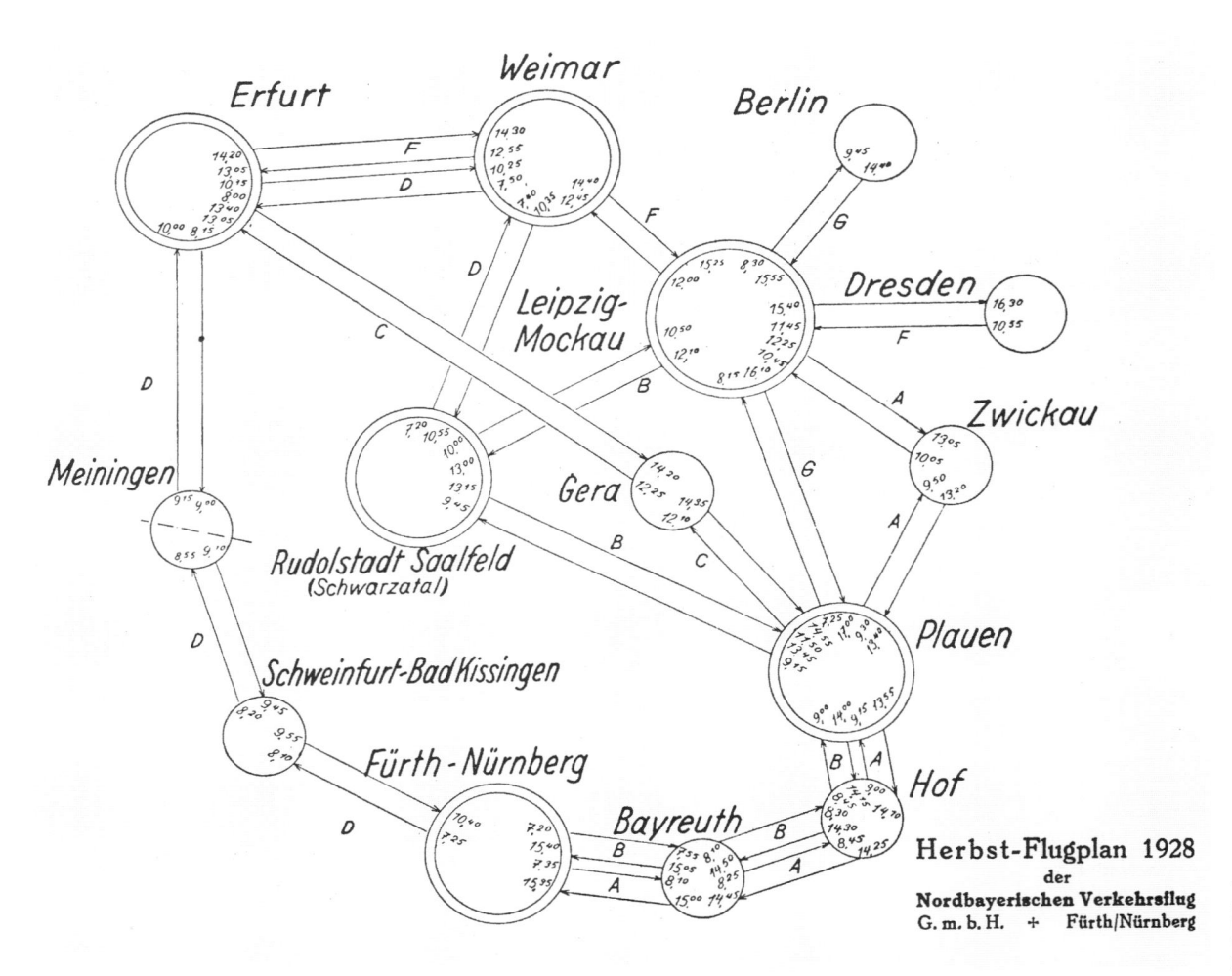

Abb. 59: Streckenplan mit Abflug- und Ankunftszeiten der Nordbayerischen Verkehrsflug GmbH vom Herbst 1928.

Abb. 60 Die Maschinen der Nordbayerischen Verkehrsflug AG auf dem Hallenvorfeld. Zu erkennen sind zwei M 23 und eine M 17 (2. Reihe links), zwölf M 18 (Mitte und rechts), M 24 (ganz rechts).

1928 wurde das Streckennetz der Nordbayerischen auf sieben Linien (Abb. 59) erweitert:
- Strecke C: Plauen - Gera - Erfurt.
- Strecke E: Erfurt - Rudolstadt/Saalfeld.
- Strecke F: Erfurt - Weimar - Leipzig - Rudolstadt - Saalfeld
- Strecke G: Plauen - Leipzig.

Mit diesen Strecken hatte die Verkehrsflug ihren Wirkungsbereich von Nordbayern und Thüringen auf Teile Sachsens erweitert. Im Jahr 1929 setzte sich dieser Trend fort. Auf 10 Strecken flog die Nordbayerische mit 14 Flugzeugen 25 Flughäfen an, jetzt bis nach Preußen (Stettin) und zu den Seebädern an Nord- und Ostsee (Abb. 60).

Die Ausweitung führte zur Umorganisation von einer GmbH in eine Aktiengesellschaft. Der Sitz der AG wurde nun Nürnberg. Der Vorsitz ging vom Fürther Oberbürgermeister auf seinen Nürnberger Kollegen Dr. Luppe über, der die Nordbayerische ebenfalls sehr unterstützte.

Als 1929 die Junkers-Werke das Werftgebäude räumten (S. 61), zog die Verkehrsflug aus der viel zu klein gewordenen Baracke in das Werftgebäude um, richtete in der Halle ihren Reparaturbetrieb und in den Büroräumen ihre Verwaltung ein (vorderes Umschlagbild). Nur die nördliche Seite blieb der Flugleitung und der Luft Hansa vorbehalten.

1929 war für die Luft Hansa ein schlechtes Jahr, weil wirtschaftliche Schwierigkeiten das Reich zwangen, die Subventionen zu kürzen. Deshalb mußte die Luft Hansa einige Strecken einstellen, die dann die Nordbayerische übernahm und dadurch auch für dieses Jahr eine günstige Bilanz erreichte. Nun kam es endlich zu einem Ausgleich zwischen den beiden Gesellschaften, der am 31. Dezember in einem Vertrag seinen Niederschlag fand. Die Zuständigkeiten wurden geklärt. Die Luft Hansa war für den Langstreckenverkehr, auch ins Ausland, zuständig, die Nordbayerische für den innerdeutschen Kurzstreckenverkehr. Flugpläne, Preise usw. wurden aufeinander abgestimmt.

Abb. 61: Ausdehnung des Streckennetzes der Nordbayerischen auf ganz Deutschland. Sie führt zur Umbenennung in «Deutsche Verkehrsflug AG».

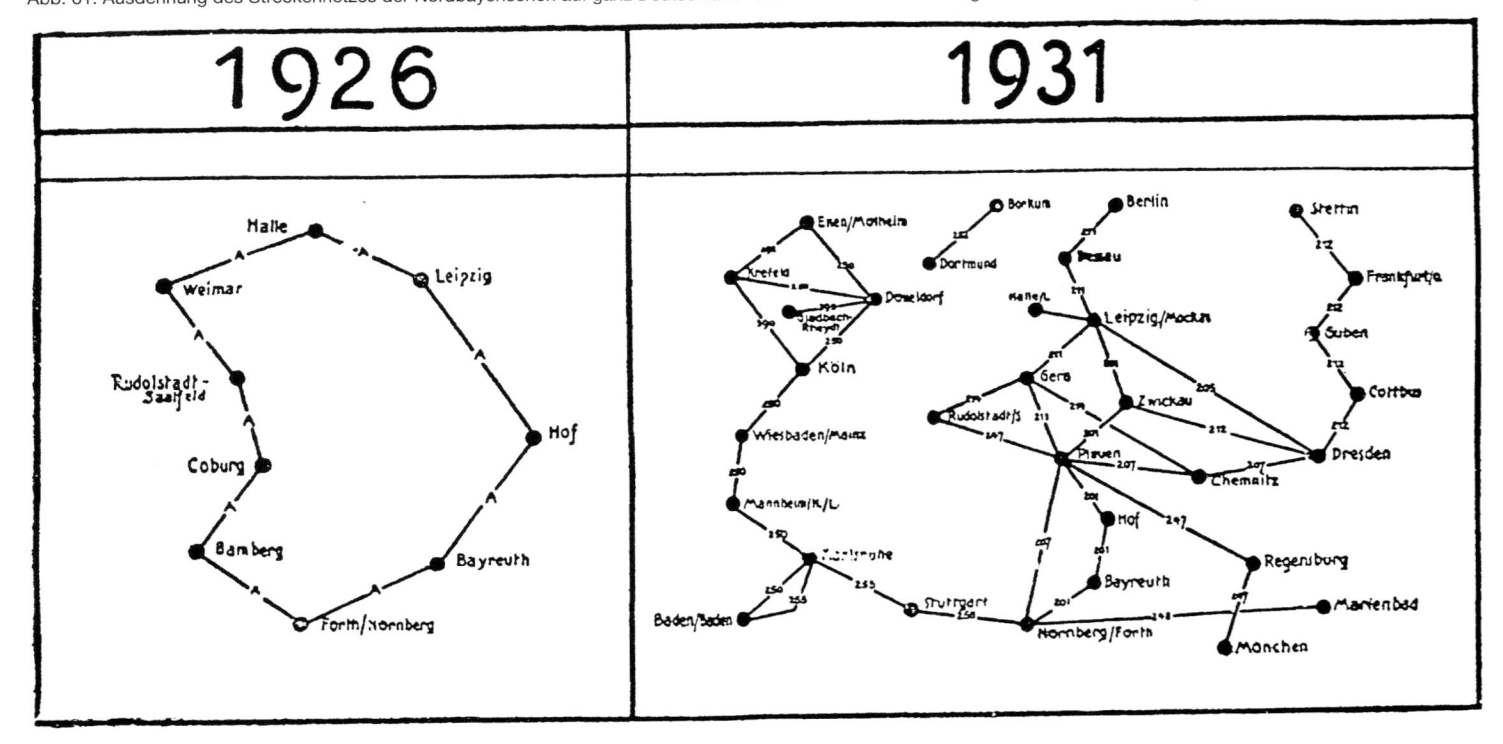

Abb. 62: Hermann Köhl, der legendäre Ozeanflieger, wurde 1930 bei der Nordbayerischen angestellt. Vor einer M 24 stehen (v.l.): Frau Köhl, Hermann Köhl, Flugkapitän van Vloten, Theo Croneiß, sein Sohn Gernot, Frau Croneiß.

Hermann Köhl bei der Nordbayerischen

Auch in einer ganz anderen Angelegenheit hatte Theo Croneiß gegenüber der Luft Hansa die Nase vorn. Er konnte 1930 *Hermann Köhl*, den berühmten Ozeanflieger (S. 34), für seine Gesellschaft gewinnen. Köhl hatte 1928 seinen spektakulären Flug ohne Rücksprache mit der Luft Hansa, bei der er als Nachtflugchef angestellt war, unternommen und war deshalb entlassen worden. Die Nordbayerische nahm ihn mit offenen Armen auf (Abb. 62). Köhl brachte in das florierende Unternehmen sein profundes fliegerisches Wissen und den Glanz seines berühmten Namens ein.

Deutsche Verkehrsflug AG

Der weitere Ausbau auf 17 Linien mit 22 Flugzeugen und 36 angeflogenen Flughäfen machte eine Namensänderung notwendig. Über ihr ursprüngliches Kerngebiet Franken und Mitteldeutschland hinaus hatte sich die Verkehrsflug auf ganz Deutschland ausgedehnt, von Baden-Baden bis Stettin, von Essen bis Regensburg (Abb. 61). Am 23.12.1930 nahm sie deshalb den Namen *Deutsche Verkehrsflug AG* an und ließ die Aufschrift auf der Werft ändern (Abb. 97).

1935 endete die Deutsche Verkehrsflug AG. Sie ging nun doch in der *Lufthansa* auf.

Anfänge des Messerschmitt-Flugzeugbaus

Neben der Firma *Junkers* ist mit dem Flugplatz Atzenhof ein anderer Name eng verbunden, der in ähnlicher Weise zum Weltruf des deutschen Flugzeugbaus beigetragen hat, leider aber später ausschließlich mit Militärmaschinen. Hier soll nur die Rede sein von den Anfängen des Lebenswerks von *Willy Messerschmitt* und seinen frühen Beiträgen zum Sport- und Verkehrsflugzeugbau.

Willy Messerschmitt

Messerschmitt wurde 1898 in Frankfurt a.M. als Sohn eines Weinhändlers geboren. 1906 übernahmen seine Eltern eine Weinstube in Bamberg. Nach zweieinhalbjährigem Besuch des Gymnasiums wechselte Willy Messerschmitt über auf die Königliche Realschule - wohl ein Zeichen früher technisch-naturwissenschaftlicher Neigungen. In dieser Schulzeit baute er zusammen mit seinem älteren Freund *Friedrich Harth* ein *Gleitflugzeug*, mit dem im Mai 1911 der erste kurze Flug gelang. Mit wechselndem Erfolg entstanden und flogen bis 1914 die Gleiter *S 1* bis *S 3*, wobei *S* für *Segelflugzeug* stand.

Als Messerschmitt 1915 die Abschlußklasse der Realschule absolvierte, vermerkte deren Jahresbericht: «Der Schüler der 6. Klasse Wilhelm Messerschmitt widmete der Anstalt das Modell eines von ihm selbständig in allen Einzelheiten ausgeführten Flugapparats.» Im folgenden Schuljahr besuchte Messerschmitt die 7. Klasse der Königlichen Kreis-Oberrealschule (jetzt Hans-Sachs-Gymnasium) in Nürnberg. Auch in dieser Zeit wurden Flugversuche mit neuen Segelflugzeugen fortgesetzt, jetzt allerdings in der Rhön. Mit einer lobenden Erwähnung in der Nr. 23 der Zeitschrift *Flugsport* vom 8.11.1916 ging der Name Willy Messerschmitt erstmals in die Luftfahrtliteratur ein.

Noch im Jahr 1916 wurde er zum Heeresdienst eingezogen, jedoch aus gesundheitlichen Gründen im folgenden Jahr wieder entlassen. Messerschmitt immatrikulierte sich an der Technischen Hochschule München. Nach Kriegsende gründeten Harth und Messerschmitt eine kleine Firma in Bamberg, die sich nach dem Umzug in die Rhön *Segelflugzeugbau Harth und Messerschmitt, Bischofsheim v.d.Rhön* nannte, und nahmen mit eigenen Konstruktionen an verschiedenen Rhön-Segelflugwettbewerben teil. 1922 kam sogar noch eine eigene Segelflugschule dazu, deren erster Schüler der später so berühmt gewordene *Wolf Hirth* wurde.

Flugzeugbau Messerschmitt

Nach der Trennung von seinem Partner Harth gründete der damals 25 Jahre alte Student 1923 mit finanzieller Hilfe seines Bruders in Bamberg den *Flugzeugbau Messerschmitt-Bamberg* in einem Schuppen auf dem Grundstück seines verstorbenen Vaters. Das Segelflugzeug *S 14* war zugleich Messerschmitts Diplomarbeit. Der Gewinn eines Geldpreises für den größten Höhengewinn mit diesem Flugzeug beim Rhönwettbewerb 1923 ermöglichte den Bau zweier weiterer Typen, der *S 15* und *S 16*, sowie den Umzug der Firma in Miteträume einer Bamberger Brauerei.

Zum Rhönwettbewerb 1924 trat Messerschmitt mit zwei Motorseglern an, der *S 16a* und *S 16b*, die jeweils mit einem nur 2,6 kW/3,5 PS leistenden Hilfstriebwerk ausgerüstet waren, doch erwiesen sich diese beiden Maschinen als wenig betriebsicher und gingen zu Bruch. Aber der junge Konstrukteur war davon überzeugt, daß seine Firma künftig mit leistungsfähigen Motorflugzeugen hervortreten müsse. So entstand 1924 Messerschmitts erstes wirkliches Motorflugzeug, das die Bezeichnung *M 17* bekam. *M* stand nun sowohl für *Motorflugzeug* wie auch für den Namen des Konstrukteurs und Herstellers.

Croneiß und Messerschmitt

Den Bau der Zelle hatte Messerschmitt finanziert, doch beim Triebwerk begann das Problem: In Deutschland stand kein Leichtmotor mit ausreichender Leistung zur Verfügung. Die Wahl fiel auf den englischen *Bristol-Cherub*-Motor mit 18 kW/25 PS, doch zum Ankauf fehlte Messerschmitt das Geld. Da stellte der Fürther *Theo Croneiß*, der Messerschmitt schon von der Wasserkuppe in der Rhön her kannte, 4.500 RM für den Kauf zur Verfügung, so daß das Flugzeug flugklar gemacht werden konnte (S.52).

Die zweisitzige Messerschmitt *M 17* (Abb. 63) nahm an mehreren Wettbewerben teil. Beim Oberfrankenflug im Mai 1925 siegte die Maschine in den Disziplinen Höhenflug (1350 m) und Geschwindigkeitsdifferenz (Höchstgeschwindigkeit 150 km/h - Minimalgeschwindigkeit 65 km/h = 85 km/h). Beim internationalen Flugwettbewerb in Schleißheim im gleichen Jahr errang Messerschmitt mit der M 17 einen Preis von 10.000 RM. Geflogen von *Carl Croneiß*, siegte die *M 17 D-613* beim Höhen- und Geschwindigkeitsflug. Mit dem Preisgeld konnte die Firma in größere Werkstätten einer ehemaligen Munitionsfabrik bei Bamberg umziehen und mehrere M 17 - Bestellungen vorfinanzieren. Darunter befand sich auch das von Theo Croneiß bestellte Flugzeug für die *Sportflug GmbH für Mittelfranken und Oberpfalz*.

Die *Deutsche Versuchsanstalt für Luftfahrt* (*DVL*) in Berlin/Adlershof hatte die Zelle der M 17 ausdrücklich als den besten Entwurf seit 1918 anerkannt. Das Flugzeug war ganz aus Holz gefertigt, der Rumpf mit Sperrholz beplankt, die durchgehende Tragfläche und das Leitwerk mit Stoff bespannt. Der Flügel besaß nur einen Holm - eine Bauweise, die Messerschmitt aus dem Segelflugzeugbau übernommen hatte und die für ein Motorflugzeug neu war. Erstaunlicherweise blieb die Fürther M 17 mit dem Kennzeichen D-779 erhalten und hängt heute in der Luftfahrthalle des Deutschen Museums in München als Dauerleihgabe der Firma *Messerschmitt-Bölkow-Blohm*.

Entwicklungen für die Nordbayerische

Schon beim Schleißheimer Wettbewerb hatte Theo Croneiß Willy Messerschmitt die Bestellung von vier Kleinverkehrsflugzeugen in Aussicht gestellt, die für sein in der Planungsphase befindliches Zubringer-Flugunternehmen aus der M 17 entwickelt werden sollten. Messerschmitt erhielt dazu von Croneiß folgende Vorgaben: geringes Rüstgewicht, hohe Festigkeit, große Zuladung, geringe PS-Zahl für das Triebwerk, gute Startleistungen, akzeptable Reisegeschwindigkeit und ein Preislimit von 25.000 RM pro Maschine.

Messerschmitt machte sich sogleich an die Arbeit. Zuerst plante er das als *M 18* bezeichnete neue Flugzeug in der ihm vertrauten Holzbauweise, doch verlangte Theo Croneiß wenigstens den Rumpf aus Metall. Berechnungen Messerschmitts für die Flügel ergaben, daß diese letztendlich zum gleichen Preis auch aus Metall gebaut werden konnten. So entstand mit der M 18 Messerschmitts erstes (bis auf die mit Stoff bespannten Ruder) ganz aus Metall gefertigtes Flugzeug. Bereits im Mai 1926 erfolgte ohne Beanstandung die Rohbaubesichtigung durch einen Prüfingenieur der DVL; am 15. Juni 1926 startete Theo Croneiß mit dem Prototyp der M 18 zum erfolgreichen Jungfernflug in Bamberg. Schon im März war die *Nordbayerische Verkehrsflug GmbH* von ihm gegründet worden, wobei die Einlage der Teilhaberin *Messerschmitt Flugzeugbau GmbH* in der Lieferung der ersten M 18 bestand, die mit den vereinbarten 25.000 RM bewertet wurde.

Dieses Flugzeug mit der Zulassung *D-947* (Abb. 64), von einem luftgekühlten 7-Zylinder-*Siemens-Halske-Sh-11-Sternmotor* von 59 kW/80 PS angetrieben und für einen Piloten und drei Fluggäste ausgelegt, erhielt am 18. Juni 1926 seine Verkehrszulassung durch das Reichsverkehrsministerium und eröffnete am 26. Juli 1926 den Liniendienst der Nordbayerischen Verkehrsflug GmbH (S. 52).

Weiterentwicklung der M 18

Das Flugzeug erfüllte die Erwartungen des Auftraggebers, so daß Croneiß noch im gleichen Jahr die Bestellung von acht Maschinen des inzwischen zur *M 18b* für vier Fluggäste weiterentwickelten Typs ankündigte. Abermals stellte sich das leidige Finanzierungsproblem ein. Doch dieses Mal zeigte sich die von Croneiß und Messerschmitt wieder angerufene bayerische Regierung zurückhaltend, da gleichzeitig auch die aus dem Udet-Flugzeugbau hervorgegangenen *Bayerischen Flugzeugwerke BFW* in Augsburg einen staatlichen Kredit haben wollten.

Da die volkswirtschaftliche Situation eine Unterstützung beider Firmen nicht zuließ, kam es auf staatliche Anregung hin und mit Genehmigung des Reichsverkehrsministeriums in Berlin nach längeren Verhandlungen am 8. September 1927 zur Fusion beider Firmen unter dem Namen *Bayerische Flugzeugwerke*. Messerschmitt zog mit seinen Mitarbeitern noch vor Jahresende nach Augsburg. Sein Firmenteil war nun ausschließlich für die Konstruktion zuständig, während in den Fabrikationsanlagen der Bayerischen Flugzeugwerke neben der Weiterproduktion des bekannten Schuldoppeldeckers *Udet U 12 Flamingo* die Herstellung der Messerschmitt-Flugzeuge erfolgte. So konnte Willy Messerschmitt zum einen sich seine Unabhängigkeit als Konstrukteur erhalten, zum andern waren nun die Voraussetzungen geschaffen für die Serienproduktion der bestellten *M 18b* mit einem 73 kW/100 PS-*Siemens-Halske-Sternmotor* für die Nordbayerische Verkehrsflug in Fürth. Das folgende Muster *M 18c* bekam ein völlig neu konstruiertes Fahrwerk, dessen Beine jetzt an der Tragfläche befestigt und mit hydraulischen Stoßdämpfern versehen waren. Die Entwicklung des Typs M 18 setzte sich noch fort in der weiter vergrößerten *M 18d* für sechs Fluggäste. Diese Maschine mit jetzt voll verglaster Führerkanzel ohne jegliche Sichtbehinderung nach vorne erreichte mit dem 162 kW/220 PS-*Armstrong Siddeley Lynx*-Sternmotor etwa 140 km/h Reisegeschwindigkeit.

M 20

Die nächste Stufe war dann das Großverkehrsflugzeug *M 20* für zehn Fluggäste, das im Prinzip wiederum eine stark vergrößerte M 18d darstellte. Die unmittelbar nach dem Umzug nach Augsburg begonnenen Arbeiten führten innerhalb von fünf Monaten zum Erstflug der M 20 am 26.2.1928. Leider endete dieser Testflug mit einer Katastrophe, als der Pilot das vermeintlich steuerlos gewordene Flugzeug in Panik verlassen wollte, aber beim Absprung an der hinteren Kabinentür hängenblieb und mit der Maschine am Boden aufschlug. Die Erprobung des zweiten Prototyps übernahm dann am 3. August 1928 Theo Croneiß - ein demonstrativer Vertrauensbeweis gegenüber Messerschmitt. Ab August 1928 bzw. Juli 1929 flogen zwei *M 20a* bei der *Luft Hansa*. Nach der Einführung der weiterentwickelten M 20b bei der gleichen Gesellschaft im Oktober 1930 kam es allerdings zu zwei weiteren Abstürzen, so daß zur größeren Widerstandsfähigkeit gegenüber Böen die Festigkeit des Leitwerks verdoppelt werden mußte. Im Verein mit der Wirtschaftskrise führten diese Unfälle mit der M 20b im Jahre 1931 zum Konkurs der Bayerischen Flugzeugwerke. Eine Liquidierung konnte jedoch verhindert werden, weil sich die Luft Hansa mit den BFW über die Abnahme von zehn M 20b einigen konnte. Nach entsprechenden Modifikationen erwies sich dieser Typ dann auch als zuverlässig und als ein durchaus wirtschaftliches Fluggerät.

M 24

Die Nordbayerische Verkehrsflug GmbH betrieb allerdings keine M 20, sondern hatte ein Exemplar der verkleinerten Version für acht Fluggäste mit der Typenbezeichnung *M 24* (Abb. 62) in ihrer Flotte, das offenbar wieder nach den Wünschen von Theo Croneiß für diese Zubringerlinie «maßgeschneidert» wurde. Damit hatte Messerschmitt eine ganze Palette von Verkehrsflugzeugen zu bieten mit Kapazitäten von drei, vier, sechs, acht und zehn Passagierplätzen, eine wirtschaftliche Strategie, die in unseren Tagen bei Herstellern wie Airbus oder Boeing zu ähnlich differenzierten Flugzeugfamilien führt. Allerdings konnten sich auf längere Sicht die Messerschmitt-Verkehrsflugzeuge nicht gegen die Produkte der Firma Junkers durchsetzen.

Sportflugzeuge

War der Ausgangspunkt dieser Verkehrsmaschinen das kleine Sportflugzeug M 17, so hat Messerschmitt parallel zum Bau der Verkehrsflugzeuge auch die Weiterentwicklung des sportlichen Kleinflugzeugs nicht vernachlässigt. Für die Luftsportveranstaltung *Sachsenflug* 1927 schuf er mit der einsitzigen *M 19* seinen ersten Tiefdecker. Eine der beiden Maschinen, die die Wettbewerbsnummer 4 trug (Abb. 65), wurde wiederum von Theo Croneiß geflogen. Da die M 19 mit einem 59 kW/80 PS-Motor bei einem Leergewicht von nur 140 kg eine Zuladung von 200 kg an Bord nehmen konnte, gab es ein Gerangel um die Zulassung zum Wettbewerb, der ein solches Gewicht/Nutzlast-Verhältnis nicht vorgesehen hatte. Schließlich errang Croneiß den Hauptpreis von 60.000 RM. Aus der M 19 entstand in der Folgezeit der zweisitzige Tiefdecker M 23, angetrieben von ganzen 17 kW/23 PS, später aber von Triebwerken mit 25/34 bzw. 29 kW/40 PS. Dieses erste von Messerschmitt in größeren Stückzahlen gebaute Flugzeug konnte sich neben den Konstruktionen von *Klemm* behaupten und war eines der beliebtesten Sportflugzeuge der dreißiger Jahre.

Abb. 63: Messerschmitt M 17 in Atzenhof. Stehend Willy Messerschmitt, im Flugzeug Carl und Theo Croneiß.

Abb. 64: Messerschmitt M 18.

Abb. 65: Messerschmitt M 19.

Die weitere Entwicklung auf diesem Gebiet kulminierte in der in jeder Hinsicht Maßstäbe setzenden *Bf 108*, deren Beiname *Taifun* auf einen Vorschlag der berühmten Fliegerin *Elly Beinhorn* zurückgeht.

Die Entwicklung nach 1933

Im Zuge der massiven Aufrüstung ab etwa 1935 wurde Messerschmitts Kreativität voll von der Konstruktion von Militärflugzeugen beansprucht, so daß der Bau von Verkehrs- und Sportflugzeugen nicht mehr weiterverfolgt werden konnte. Von 1945 bis 1955 betätigte sich Willy Messerschmitt als Flugzeugkonstrukteur mit einigem Erfolg im Ausland, vornehmlich in Spanien, während seine Firma in der Bundesrepublik u. a. Kabinenroller herstellte. Ab 1955 tat sich die Firma mit anderen wie *Heinkel* zum *Entwicklungsring Süd* zusammen, der sich mit dem Entwurf von Verkehrsflugzeugen und Militärmaschinen beschäftigte, die allerdings zum größten Teil Projekt blieben. 1969 bildete sich die Unternehmensgruppe *Messerschmitt-Bölkow-Blohm* (*MBB*), die heute zur *DASA* gehört. Dieser Konzentrationsprozeß war nach dem Krieg in allen Ländern mit Marktwirtschaft zu beobachten, weil der Finanzaufwand gerade im Flugzeugbau nur noch von sehr kapitalkräftigen Konzernen geleistet werden kann. Leider verschwinden auf diese Weise allmählich die klangvollen Namen der klassischen Flugzeugbauer, und dies gilt nicht nur für Deutschland.

Willy Messerschmitt starb, seit 1953 mit einer Reihe internationaler Auszeichnungen geehrt, kurz vor Vollendung seines 80. Lebensjahrs am 15. September 1978 in München.

Flughafen Nürnberg-Fürth

Bis 1925 hatte sich die junge Zivilfliegerei noch in einem weitgehend rechtsfreien Raum entwickeln können. Der rasante Fortschritt führte aber zwangsläufig zu einem regulierenden Eingreifen des Staates. Dazu gehörte auch die Überprüfung aller Flughäfen und deren Einrichtungen durch das Reichsverkehrsministerium. Es verschickte im Jahr 1925 Fragebögen, die die Voraussetzungen für eine offizielle Zulassung der einzelnen Flugplätze klären sollten. Mit seinen technischen Anlagen entsprach der Atzenhofer Flugplatz den Anforderungen durchaus. Dagegen fand die Organisation keine Zustimmung des Ministeriums. Es forderte die Trennung von Werftbetrieb und Abfertigungsdienst, was nur durch eine Reihe von Neubauten möglich gewesen wäre.

Krisensitzung

Die Situation des Flugplatzes und seiner Probleme wurde nun in einer Besprechung zwischen Vertretern des Reichsverkehrsministeriums, der bayerischen Ministerien für Handel und für Finanzen, der Regierung von Mittelfranken, der Städte Fürth und Nürnberg und der Junkers-Werke im August 1926 erörtert. Kritisiert wurden vor allem vier Punkte:
• *Die ungünstige Lage des Flugplatzes*, der 4,1 km vom Fürther Hauptbahnhof entfernt und schlecht an den Nahverkehr angebunden war. Die Straßenbahn fuhr nur bis zur Maxbrücke. (Die spätere Verlängerung der Straßenbahnlinie um eine Haltestelle bis zur Billinganlage im Jahr 1928 brachte keine wesentliche Verbesserung.) Von der Endstation der Straßenbahn verkehrte fünfmal täglich ein Omnibus zum Flughafen. Wer nicht gerade zu den Fahrzeiten dieses Busses unterwegs war, mußte zu Fuß gehen. Die Flughafenstraße, die heutige Vacher Straße, war von der Gartensiedlung *Eigenes Heim* an nicht mehr befestigt, so daß die Fußgänger bei schlechtem Wetter nur durch Dreck und Matsch das Tor zur weiten Welt erreichten. Diese Tatsache führte zu vielen Eingaben an die Stadt Fürth, u.a. auch von den Junkers-Werken. Nur betuchte Reisende konnten sich die Fahrt im Zubringerauto der Luft Hansa (Abb. 66) oder ein Taxi leisten. Gerade die Nürnberger beklagten die schlechte Anbindung. 11 km war der Flugplatz vom Nürnberger Hauptbahnhof entfernt.
• *Der Zustand der Gebäude*, der als «stark heruntergewirtschaftet» bezeichnet wurde. Seit ihrer Erbauung waren sie trotz intensiver Nutzung nie renoviert worden. Bei der Übergabe des Flugplatzes an die beiden Städte bzw. an die Junkers-Werke wurde zwar eine detaillierte Bestandsaufnahme vorgenommen und genau festgelegt, was renoviert werden müsse. Aber die Verträge hatten nicht festgeschrieben, wer diese Instandsetzungen auszuführen habe. Das Reich schob sie den Pächtern zu; die Pächter hielten dagegen, das Reich hätte eigentlich zu Beginn des Pachtverhältnisses instandgesetzte Gebäude übergeben müssen, und nur die Folgerenovierungen seien Pächtersache. Es ist verständlich, daß bei dieser Vertragsunsicherheit die notwendige Sanierung nach dem Krieg unterblieb. Die Junkers-Werke leisteten nur die unaufschiebbaren Arbeiten und zahlten deshalb in den ersten Jahren keine Pacht.
• *Die ungenügende Ausstattung*. Erstmals wird nun kritisiert, daß der Flughafen als Militärflugplatz gebaut sei und nicht mehr den Anforderungen eines modernen Flugplatzbetriebes genüge. Für die inzwischen viel größeren Flugzeuge wurden größere Hallen gefordert.
• *Die Enge der Werft*. Es wurde beklagt, daß Polizei und Zoll in einem Raum untergebracht seien und daß der Erfrischungsraum direkt daneben liege. Die Fluggäste konnten das Geschehen auf der Polizeiwache unmittelbar mitverfolgen. Deshalb wurde gefordert, Abfertigungs- und Betriebsdienst zu trennen und Neueinrichtungen für die Fluggäste zu schaffen.

Auch diese sicher berechtigten Kritikpunkte machen deutlich, wie rasant sich in wenigen Jahren der zivile Flugverkehr entwickelt hatte. Was 1919 noch eine optimale Ausstattung war, wurde schon wenige Jahre später den neuen Anforderungen nicht mehr gerecht.

Plan für einen neuen Flugplatz

Gerade die bayerischen Ministerien favorisierten weniger einen Ausbau des Atzenhofer Flugplatzes als einen Neubau näher an Nürnberg. Sie beriefen sich auf den allgemeinen Trend, Flugplätze in unmittelbarer Stadtnähe anzusiedeln. So wie in Berlin der Flugplatz von Johannisthal nach Tempelhof und in München von Oberschleißheim nach Oberwiesenfeld verlegt worden waren, sollte ein neuer Flugplatz nah am Nürnberger Stadtzentrum entstehen.

Der Nürnberger Oberbürgermeister Dr. Luppe war zunächst von dieser Idee nicht begeistert. Er wollte aus finanziellen Gründen den Atzenhofer Flughafen erhalten, zumal Fürth nach wie vor Zweidrittel der Kosten trug. Aber die Stadt Fürth machte klar, daß sie keinesfalls in der Lage sei, weiterhin ihren bisherigen Anteil aufzubringen, weil sie «als Mittelstadt keinen internationalen Flughafen finanzieren» könne.

Diese Fürther Zurückhaltung brachte nun die Stadt Nürnberg in Zugzwang. Sie beschloß im Februar 1927, statt in Atzenhof zu investieren, den Bau eines neuen Flugplatzes auf eigenem Stadtgebiet zu realisieren.

Abb. 66: Das Zubringerauto der Luft Hansa, das den Flugplatz mit dem Parkhotel an der heutigen Fürther Freiheit verband.

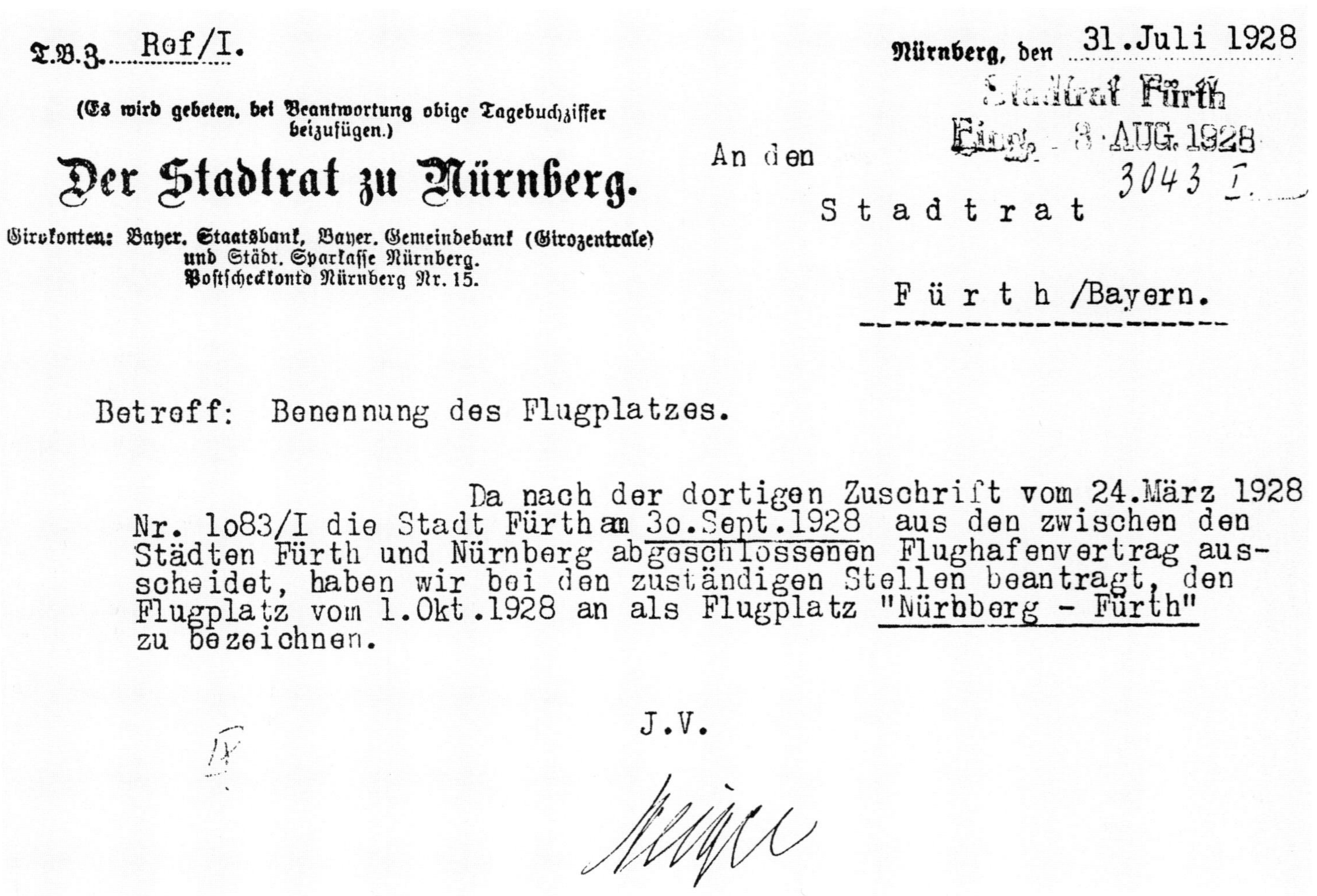

T.B.Z. Rof/I.

(Es wird gebeten, bei Beantwortung obige Tagebuchziffer beizufügen.)

Der Stadtrat zu Nürnberg.

Girokonten: Bayer. Staatsbank, Bayer. Gemeindebank (Girozentrale) und Städt. Sparkasse Nürnberg.
Postscheckkonto Nürnberg Nr. 15.

Nürnberg, den 31.Juli 1928

Stadtrat Fürth
Eing. 3.AUG.1928
3043 I.

An den

Stadtrat

Fürth /Bayern.

Betreff: Benennung des Flugplatzes.

Da nach der dortigen Zuschrift vom 24.März 1928 Nr. 1o83/I die Stadt Fürth am 3o.Sept.1928 aus den zwischen den Städten Fürth und Nürnberg abgeschlossenen Flughafenvertrag ausscheidet, haben wir bei den zuständigen Stellen beantragt, den Flugplatz vom 1.Okt.1928 an als Flugplatz "Nürbberg - Fürth" zu bezeichnen.

J.V.

Abb. 67: Schreiben des Nürnberger Stadtrates vom 31. 7. 1928, das die Umbenennung des Flugplatzes in «Nürnberg-Fürth» ankündigt.

Umbenennung in «Nürnberg-Fürth»

In sehr schneller Folge wurden nun die Pachtverhältnisse in Atzenhof geändert. Die Stadt Fürth kündigte die Absprache mit Nürnberg und zahlte nur noch ein Fünftel. Ihr ging es am Ende der zwanziger Jahre wirtschaftlich sehr schlecht. Deshalb kündigte sie 1928 auch den Pachtvertrag mit dem Reich. Zum 1. Oktober 1928 übernahm nun Nürnberg den Flughafen in eigener Regie und nannte ihn seitdem *Flughafen* ***Nürnberg-*** *Fürth* (Abb. 67). Dieser Name wurde in großen Buchstaben an der Werft, zum Rollfeld hin, angebracht (Abb. 68).

Ende der Junkers-Zeit in Fürth

Die vielen Veränderungen betrafen auch die Junkers-Werke. Da inzwischen der Fabrikationsbetrieb und die Abwicklung des Luftverkehrs getrennt waren, gab das Dessauer Unternehmen die Flugplatzverwaltung auf, zumal es seit der Gründung der Luft Hansa ja keine eigene Fluglinie mehr hatte. Es behielt nur noch die Werft und eine der beiden Hallen für Reparatur- und Montagearbeiten. Der Schwimmerbau, der in großem Rahmen in Fürth betrieben wurde, lohnte sich seit 1926 nicht mehr. Nach Aufhebung der Beschränkungen des Versailler Vertrages konnten auch in Deutschland Flugzeuge mit starken Motoren gebaut werden. Bei höherer Geschwindigkeit wirkten sich aber die Schwimmer aerodynamisch sehr nachteilig aus, so daß die Wasserflugzeuge und die Idee für Wasserflughäfen aufgegeben wurden. Nur noch in unwegsamen, wasserreichen Gegenden werden seitdem Wasserflugzeuge eingesetzt.

Der Leiter der Junkers-Werke in Fürth, Ing. Conrad Prautzsch, sprach nun von der «bekannt schwierigen Lage der Junkers-Werke» und von der «äußersten Sparsamkeit», mit der gewirtschaftet werden müsse. 1927 mußte Junkers seine Werft in Königsberg aufgeben und einen Teil von deren Aufgaben nach Fürth verlegen. Aber dieses Aufblühen in Atzenhof währte nicht lange. Im Zusammenhang mit einer weiteren Konzentration wurde 1928 auch der Betrieb in Fürth aufgelassen und in das Werk Leipzig integriert.

Damit war die für Fürth so wichtige Junkers-Zeit zu Ende. Allerdings blieb der bisherige Leiter der Fürther Junkers-Werke, Conrad Prautzsch, als neuer Flughafenverwalter, nun in Diensten der Stadt Nürnberg mit einem Monatsgehalt von 700 RM.

Internationaler Verkehrsflughafen

Trotz der baulichen und strukturellen Mängel entwickelte sich der Flughafen weiter. In der schon zitierten Statistik des Jahres 1926 rangierte Atzenhof mit Landungen ausländischer Flugzeuge sogar an vierter Stelle. Die Gesellschaften, die Fürth planmäßig anflogen, wechselten in dieser Zeit. Zwischen 1925 und 1933 hatten Fürth in ihren Routen:

- die schweizerische Gesellschaft Ad Astra Aero, die sich zeitweilig mit anderen Fluggesellschaften zur Trans-Europa-Union zusammengeschlossen hatte (Abb. 69);
- die britische Imperial Airways, deren Großflugzeug Armstrong Whitworth Argosy auf der Strecke London-Delhi

Abb.68: Das Werftgebäude bekam nach der Übernahme des Flugplatzes durch die Stadt Nürnberg 1928 auf der linken Seite die Aufschrift «Flughafen - Nürnberg - Fürth».

unter anderem in Fürth zwischenlandete. Als diese Linie zum ersten Mal 1929 beflogen wurde, überschlugen sich die Fürther Zeitungen in ihrer Berichterstattung. Die Imperial Airways hatten sogar in der Werft ein eigenes Büro;
- die niederländische KLM, die auf ihrer Strecke Amsterdam-Batavia Fürth als Bedarfslandeplatz benutzte,
- die französische CIDNA, die Nachfolgerin der Compagnie Franco-Roumaine und Vorläuferin der Air France, auf der Strecke Paris-Prag-Warschau;
- die österreichische Fluggesellschaft ÖLAG, die nur zeitweise in den Jahren 1925/26 den Fürther Flughafen anflog.

Mehrfach haben Fluggesellschaften mit Werbefotos den Ablauf der Flugabfertigung dokumentiert. Aus heutiger Sicht ging es dabei noch sehr gemütlich zu. Betankt wurden die Maschinen aus einem Faß, das in einer Schubkarre aufs Flugfeld gebracht wurde. Die Wetterberatung zwischen Piloten und Vertretern der Flugwetterwarte fand unter freiem Himmel statt. Zoll, Post, Polizei und Flughafenbehörde nahmen ihre Abfertigungsmaßnahmen ebenfalls auf dem Flugfeld vor. Schließlich gab ein Polizist der Flugüberwachung mit Fahnensignalen den Start frei (Abb. 70-73).

Die letzte Zeit des Zivilflughafens

Wenn man die *planmäßigen, außerplanmäßigen Flüge* und *Platzflüge* zusammennimmt, ergibt sich besonders deutlich eine kontinuierliche Steigerung der Flugbewegungen mit konjunkturbedingten Einbrüchen. Die Zahlen sind in der Tabelle (Abb. 75) wiedergegeben.

Bevor der neue Flughafen in Nürnberg fertig wurde, konnten die Fürther auf ihrem Atzenhofer Flugplatz noch einiges erleben. Von zwei neuen Flugzeugen wurden sie in Begeisterung versetzt. 1932 landete zum ersten Mal eine *Ju 52*, die legendäre *Tante Ju*, in Fürth. Sie war das erfolgreichste deutsche Flugzeug vor dem Zweiten Weltkrieg. Ab 1933 war sie oft in Fürth, weil sie als *Schnellflugzeug* von der Luft Hansa auf der Route München-Berlin mit Zwischenlandung in Atzenhof eingesetzt wurde.

Noch ein weiteres Junkers-Flugzeug lockte die Fürther 1931 auf ihren Flugplatz, die *G 38*. Sie wurde in der Lokalpresse als «ein wahrer Riesenvogel» gefeiert. Tausende kamen dann nach Atzenhof, als die Weiterentwicklung dieses Typs, die *G 38b Hindenburg*, ein Unikat und das bis dahin größte Flugzeug der Junkers-Werke, in Fürth landete. 34 Passagiere hatten in der doppelstöckigen Maschine Platz.

Die Hindenburg war mehrmals in Fürth. Im April 1933 flog sie die Mannschaft der *Spielvereinigung* nach Berlin zu einem Ligaspiel gegen Hertha BSC (Abb. 74). Die Luft Hansa hatte der Kleeblattmannschaft angeboten, sie zu D-Zug-Preisen nach Berlin zu bringen. Dieses Angebot wurde natürlich angenommen. Es soll der erste Flug einer deutschen Fußballmannschaft zu einem Auswärtsspiel gewesen sein. Allerdings war der Flug eine ausgesprochen böige Angelegenheit. Die Maschine geriet in einem Gewitter über Sachsen in solche Turbulenzen, daß einige Spieler mit verdrehtem Magen und grün im Gesicht in Berlin landeten. Trotzdem gewannen die Fürther 3:2 gegen die Hertha.

Flugplan

1925

Trans-Europa-Union

Betriebsgemeinschaft der:

Ad Astra Aero A.-G., Zürich / Oesterr. Luftverkehrs-A.G., Wien Aero-Expreß R.T. Budapest / Südwestdeutsche Luftverkehrs A.-G., Frankfurt a.M. / Sächs. Luftverk.-A.-G., Dresden / Rumpler Luftverkehr A.-G., München / Bayer. Luft-Lloyd G.m.b.H., München / Aero-Lloyd A.G., Berlin / Junkers Luftverkehr A.-G., Berlin-Dessau

Regelmäßiger werktägiger Flugbetrieb auf den Strecken:
Genf-Lausanne-Zürich-München-Wien-Budapest
München-Fürth/Nürnberg-Frankfurt-Dortmund
München-Fürth/Nürnberg-Leipzig-Berlin
Frankfurt a. Main-Stuttgart-Zürich

Flugplan:

1. Strecke: **Genf–Budapest:**

9^{00}	ab Genf	an 18^{15}
9^{30}	an Lausanne	ab 17^{45}
9^{45}	ab Lausanne	an 17^{30}
11^{15}	an Zürich	ab 16^{00}
•11^{45}	ab Zürich	an 15^{45}
13^{45}	an München	ab 13^{30}
14^{15}	ab München	an 13^{00}
17^{00}	an Wien	ab 10^{15}
16^{00}	ab Wien	an 9^{15}
18^{00}	an Budapest	ab 7^{15}
	ab 10. Mai stattdessen:	
18^{00}	ab Wien	
20^{00}	an Budapest	

2. Strecke: **München–Frankfurt (Ruhrgebiet):**

13^{30}	ab München	an 13^{00}
14^{50}	an Fürth	ab 11^{40}
15^{05}	ab Fürth	an 11^{20}
16^{35}	an Frankfurt	ab 9^{50}
(17^{00}	ab Frankfurt	an 9^{30})
(18^{30}	an Dortmund	ab 8^{00})

3. Strecke: **München–Berlin:**

8^{30}	ab München	an 17^{35}
9^{50}	an Fürth	ab 16^{15}
10^{10}	ab Fürth	an 16^{00}
12^{10}	an Leipzig	ab 14^{00}
12^{30}	ab Leipzig	an 13^{40}
13^{50}	an Berlin	ab 12^{20}

4. Strecke: **Zürich–Frankfurt:**

11^{30}	ab Zürich	an 15^{10}
12^{45}	an Stuttgart	ab 13^{55}
13^{00}	ab Stuttgart	an 13^{40}
14^{15}	an Frankfurt	ab 12^{20}

Flugpreise:

Strecke	Passagierpreis	Gepäck oder Fracht pro Kilo	Mindestfrachtpreis
München–Zürich	M. 60.– oder sfr. 75.–	M. 1.– oder sfr. 1.20	M. 5.– oder sfr. 6.–
Zürich–Genf	M. 40.– oder sfr. 50.–	M. 0.50 oder sfr. 0.60	M. 2.50 oder sfr. 3.–
Zürich–Lausanne	M. 32.– oder sfr. 40.–	M. 0.40 oder sfr. 0.50	M. 2.– oder sfr. 2.50
Genf–Lausanne	M. 16.– oder sfr. 20.–	M. 0.20 oder sfr. 0.25	M. 1.– oder sfr. 1.25
München–Wien	M. 60.– oder sh. 100.–	M. 1.– oder sh. 1.50	M. 3.– oder sh. 4.50
Wien–Budapest	M. 30.– oder sh. 50.–	M. 0.50 oder sh. 0.80	M. 1.50 oder sh. 2.40
Zürich–Stuttgart	M. 35.– oder sfr. 43.–	M. 0.60 oder sfr. 0.75	M. 3.– oder sfr. 3.75
Stuttgart–Frankfurt	M. 35.– oder sfr. 43.–	M. 0.50 oder sfr. 0.60	M. 1.50 oder sfr. 1.80
München–Fürth	M. 30.–	M. 0.50	M. 1.50

Strecke	Passagierpreis	Gepäck oder Fracht pro Kilo	Mindestfrachtpreis
Fürth–Frankfurt	M. 40.–	M. 0.50	M. 1.50
Fürth–Leipzig	M. 40.–	„ 0.50	„ 1.50
Leipzig–Berlin	M. 35.–	„ 0.50	„ 1.50
München–Berlin (ganze Strecke)	M. 100.–	„ 1.25	„ 4.–

Freigepäck auf allen Strecken 10 Kilogramm.

*

Auskunft u. Flugscheinverkauf

Bei den Büros der Luftverkehrsgesellschaften und bei sämtlichen namhaften Reisebüros

*

Zubringerdienst

Auf allen Stationen ist ein regelmäßiger Auto-Zubringerdienst vom Stadtzentrum zum Flugplatz bzw. zurück eingerichtet. Auf den Stationen Berlin, Leipzig, Fürth, Frankfurt a. Main und Stuttgart ist die Beförderung von und zum Flugfeld in den Flugpreis mit inbegriffen. / Auskunft über den Auto-Zubringerdienst bei den Flugleitungen und bei den Reisebüros.

Abb. 69: Flugplan und Flugpreise der Trans-Europa-Union von 1925.

Technischer Ablauf eines Starts.

Abb. 70: Eine Focke-Wulf A 32 wird aufgetankt. Der Werkmeister und seine Monteure überprüfen das Flugzeug, bevor es wieder starten darf.

Abb. 71: Flugzeugführer und Funktelegraphist bekommen die Wettermeldung der Flugwetterwarte mitgeteilt. Die Wetterwarte berät die Flugzeugführer vor dem Start in der Routen- und Flughöhenwahl.

Abb. 72: Vor einer G 24 wird zu Werbezwecken die Abfertigung simuliert. Von links ein Mechaniker, der Flugplatzchef C. Prautzsch als Pilot, ein Postbeamter und ein Postkunde, ein Passagier und zwei Flugplatzpolizisten, zwischen zwei weiteren Passagieren kontrolliert ein Zollbeamter das Gepäck. In der Maschine bereits abgefertigte Passagiere, die aus geöffneten(!) Fenstern schauen.

Abb. 73: Zum Schluß gibt ein Beamter der Flugpolizei mit der Startflagge die Erlaubnis zum Abflug.

Abb. 74: Die Mannschaft der Spielvereinigung Fürth und Kleeblattanhänger vor ihrem Abflug mit der «Hindenburg» nach Berlin zu einem Spiel gegen Hertha BSC im April 1933.

Flugwoche 1933

Das letzte Großereignis auf dem Zivilflughafen Atzenhof war die Flugwoche zu Pfingsten 1933 (Abb. 76). Die Nationalsozialisten versuchten diese Veranstaltung mit der Anwesenheit Görings, der in der Hindenburg nach Fürth kam, propagandistisch auszunutzen. Für die vielen Menschen, die nach Atzenhof gekommen waren, war ein reichhaltiges Programm vorgesehen. Gezeigt wurden Formations- und Sternflüge, Vorführung von Sturm-Flugzeugen, Kettenflug von miteinander verbundenen Flugzeugen der Reklamestaffel, Kunstflug, Luftrennen von vier Flugzeugen, Doppelfallschirm-Absprung, Schleppstart mit Segelflugzeug durch Autos, aber auch «Bombenangriff und Vernichtung eines Dorfes unter Erd- und Luftabwehr». Dieser letzte Punkt sowie Vortrags- und Ausstellungsthemen über Luftschutz und Militärfliegerei zeigen bereits den Ungeist der «neuen Zeit».

Die Hauptveranstaltung der Flugwoche nahm ein schlimmes Ende. Vielen Fürthern ist der tödliche Unfall beim *Ballonrammen* in Erinnerung geblieben. Zwei Maschinen, die hochgelassene Riesenballons zum Platzen bringen sollten, stießen zusammen und stürzten ab. Beide Piloten kamen ums Leben (S. 20).

	Flug-zeuge	Passa-giere	Post-fracht in kg	Luft-fracht in kg
1928	6.307	10.899	37.198	267.338
1929	5.769	10.122	33.295	297.365
1930	7.096	12.964	54.217	284.759
1931	7.119	15.668	30.180	373.934
1932	7.091	13.847	40.830	292.812

1928 bis zum letzten «vollen» Fürther Jahr
Quelle: Statist. Jahrbücher der Stadt Nürnberg
Flugzeuge größer. Deutliche Zuname von Fuftfracht und Postfracht.
Konjunkturelle Schwankungen 1929 und 1932

Abb. 75: Verkehrsaufkommen in Atzenhof von 1928 bis 1932.

Abb. 76: Viele Menschen besuchten bei der Flugwoche Pfingsten 1933 zum letzten Mal den Zivilflughafen Atzenhof.

Umzug des Flughafens nach Nürnberg

Am 20. August 1933 zog der Zivilflughafen auf das neue Gelände am *Marienberg* (heute *Volksparkgelände*) in Nürnberg um. Alle Fluggesellschaften, auch die Deutsche Verkehrsflug AG, die so eng mit Fürth verbunden war, verließen Atzenhof.

Die große Zeit des Fürther Flugplatzes, das wichtigste Kapitel seiner Geschichte, war damit zu Ende.

Meine Familie und der Atzenhofer Flugplatz

Meine Großeltern Hermann und Käthe Brand bewirtschafteten das Speiserestaurant Deutsches Haus in der Nürnberger Straße 79 in Fürth, als sie 1923 von dem Leiter der Junkers-Werke in Fürth-Atzenhof, Ing. Conrad Prautzsch, aufgesucht wurden, der sie zur Übernahme des Flugplatzrestaurants, des ehemaligen Offiziers-Casinos, (Abb. 77) bewegen wollte. Für Herrn Prautzsch waren meine Großeltern die Wunschkandidaten für die Neubewirtschaftung des aufstrebenden Flugplatzes mit der angegliederten Junkers-Werft. Wegen Unstimmigkeiten hatten zuvor mehrere Pächter das Handtuch geworfen.

Für meine Großeltern war es keine einfache Entscheidung, den Wechsel aus der Fürther Innenstadt in die «verlassene Gegend» des Flugplatzes vorzunehmen. Es war obendrein eine risikoreiche Sache, weil die einzige Verkehrsverbindung mit der damaligen Linie 21 an der Maxbrücke endete und der Fußweg von dort zum Flugplatz sich endlos hinzog.

Es gelang Herrn Prautzsch trotzdem, in vielen persönlichen Gesprächen meine Großeltern von der immer mehr aufstrebenden Verkehrsfliegerei und der damit verbundenen guten «Geschäftslage» eines Flughafenrestaurants zu überzeugen, um den Wechsel aus der Stadt Fürth vom Deutschen Haus in die «Einöde» Atzenhof zu wagen.

Die heiklen Junkers-Monteure

Wie mir meine Großmutter berichtete, war ein Gespräch von Prof. Hugo Junkers mit ihnen ausschlaggebend. Mit dem genialen Flugzeugkonstrukteur hatte meine Großmutter vom Anfang bis zum Ende auf dem Flughafen ein sehr, sehr herzliches Verhältnis. Herr Prof. Junkers versäumte es nie, jedesmal wenn er von Dessau kommend in Fürth landete und von meinen Großeltern verköstigt wurde, zu betonen, wie gut ihm das vorzügliche Essen im neueröffneten Flughafenrestaurant schmecke. Über gelegentliche Nörgeleien des Junkers-Personals - einmal zuviel Salz, einmal zu wenig Salz! -, war er sehr erbost und ließ seinen Werksleiter die Mechaniker fragen, ob sie denn schon die schlimmen Jahre des Ersten Weltkriegs vergessen hätten, daß sie sich nun unterstehen würden, an dem vorzüglichen Essen der Familie Brand herumzunörgeln.

Einmal fand meine Großmutter einen Zettel vor: «Heute war das Essen ganz gut. - Immer so, dann sind wir einigermaßen zufrieden.» Das hat meine Großmutter schwer getroffen. Als Herr Prautzsch dies Herrn Prof. Junkers berichtete, war dieser außer sich und entschuldigte sich für das ungebührliche Verhalten seiner Leute bei meiner Großmutter.

Tatsächlich lief das Geschäft auf dem Fürther Flugplatz sehr gut an, und meine Großeltern mußten weiteres Personal einstellen.

Mutter und ich

Von ihren vier Töchtern mußte vor allem Anna, meine Mutter, bis spät in die Nacht im Restaurant mithelfen. Auch als meine Eltern geheiratet hatten, ging es so weiter. 1936, nach meiner Geburt, einer sehr schweren Geburt, mußte Mutter wenige Tage nach dem freudigen Ereignis schon wieder Gäste bedienen. Ich war damals in einem Nebenzimmer des Casinos untergebracht, wo mich das Küchenpersonal ständig im Auge hatte. Sicher rührt meine Verbundenheit mit dem Atzenhofer Gelände, die sich mein Leben lang erhalten hat, aus dieser frühkindlichen Prägung: Meine Wiege stand auf dem Flugplatz.

Schnell hatte sich meine Großmutter in ihrer umgänglichen Art auch mit dem Leiter der Nordbayerischen Verkehrsflug GmbH, Herrn Theo Croneiß, anfreunden können. Zu den Vorbereitungen für Flugvorführungen, Rundflüge und Veranstaltungen wie Faschingsbälle in den großen Räumen des Restaurants wurde meine Großmutter stets wegen der Essensdispositionen hinzugezogen.

Wie mir meine Mutter später berichtete, ging das Geschäft immer besser. Zu der damaligen Zeit, als noch Stummfilme über

Abb. 77: Werbe-Postkarte des Flugplatzrestaurants. Blick auf die dem Flugfeld abgewandte Terrasse.

Abb. 78: Kino-Reklamebild mit Werbung für das Flugplatzrestaurant.

die Leinwand der Kinos flimmerten, ließ mein Großvater für die Fürther Filmlichtspiele ein Reklame-Dia anfertigen, welches das Flughafenrestaurant mit allen Vorzügen anpries (Abb. 78). Dieses Farbdia ist heute noch in meinem Besitz. In der Tat war das Kuchengeschäft an den Sonntagnachmittagen der große Renner. (Wenn das Wetter paßte, wie halt heute auch!)

Immer mehr Fürther wurden neugierig auf die immer schnittiger werdenden Flugzeuge, die von Atzenhof aus in aller Herren Länder abschwirrten und im Rahmen eines Sonntagsausfluges auch zu besichtigen waren. Nun war das Deutsche Haus in der Nürnberger Straße schnell vergessen.

Das Gästebuch

Das Gästebuch des Casinos ist heute in meinem Besitz, weil meine Mutter frühzeitig mein Interesse an dem alten Flughafen und der gesamten Fliegerei erkannte. Sie hat es mir vermacht. Ich sollte es immer gut aufheben und nie aus der Hand geben, hat sie zu mir gesagt. Meine Mutter hatte es von 1927 bis 1933 ständig mit sich herumgetragen, wenn sie im Dienst war. Sie mußte im Casino und in einem Erfrischungsraum oben in der Werft kräftig mithelfen. Von Herrn Theo Croneiß wurde sie «Anna Sonnenschein» genannt.

Oft hat sie mir über die Schwierigkeiten erzählt, einen Eintrag in das Gästebuch zu bekommen. Dabei mußte sie auch noch darauf achten, daß die Gäste nicht gerade fettige Hände hatten. Der Leiter der Süddeutschen Luft Hansa in Atzenhof, Hermann Ritter von Lechner, lachte immer heimlich, wenn er meine Mutter mit ihrem Gästebuch unterm Arm einem wichtigen Fluggast nachlaufen sah.

Es ist heute kaum vorstellbar, welche Berühmtheiten der damaligen Zeit Fürther Boden betreten haben, nachdem sie mit einer Flugmaschine in Atzenhof gelandet waren. Allen voran die Flugzeugkonstrukteure Ernst Heinkel, Hugo Junkers, Willy Messerschmitt, Adolf Rohrbach sowie die Automobil- und Motorenhersteller Citroen, Pratt und Nathan F. Vanderbilt haben sich ins Gästebuch eingetragen. So ziemlich alle berühmten Flieger der damaligen Zeit sind auf ihren Durchreisen in Atzenhof gelandet und haben sich gleichfalls verewigt: Liesel Bach, Elly Beinhorn, Clarence D. Chamberlain, Freiherr von Feilitzsch, Gerhard Fieseler, Freiherr von Gablenz, Freiherr von Hünefeld, Hermann Köhl, Erhard Milch, Karl Schnäbele, Liesel Schwab, Hugo Starke, Ernst Udet und die Fallschirmspringerin Lola Schröter-Varéscou. Die Politiker der Dreißiger Jahre fehlten natürlich auch nicht und wurden ebenfalls im Casino verköstigt. Man liest die Namen von Winston Churchill und George Marshall, aber auch vieler Nazigrößen von Hitler bis Streicher. Viele Adelige benutzten damals auch schon das Flugzeug und trugen sich bei ihrem Aufenthalt in Fürth ins Gästebuch ein. Klangvolle Namen kann man auch hier lesen: Sophie Gräfin von Albanien, Kurt Prinz zur Lippe, Graf Pappenheim, Gräfin Pückler, Prinz Paul von Griechenland und von Dänemark (der spätere griechische König), Prinz Ernst Heinrich Herzog und Sophie Herzogin zu Sachsen, Prinz Wilhelm von Preußen. Besonders liebenswerte und interessante Gäste waren die damals bekannten Namen aus Bühne, Kultur und Literatur. So stehen im Gästebuch: Walter Ludwig, Max Pallenberg, Eugen d'Albert, Trude Hesterberg, Paula Iffland, Victor Hugo, Dr. Magnus Hirschfeld. Viele dieser berühmten Leute haben in persönlichen Schreiben an meine Großmutter ausdrücklich die herzliche Gastfreundschaft im Fürther Flugplatzrestaurant betont, und alle äußerten den Wunsch, bald wieder einmal in Fürth landen zu können. Heute würde man sagen: many happy landings in Atzenhof!

Während die prominenten Gäste lieber im Casino oder auf der «staubfreien Terrasse» saßen, war das schaulustige Publikum natürlich daran interessiert, seine Brotzeit mit Blick auf den Flugplatz einzunehmen. Deshalb war neben der Werft ein Zelt aufgestellt (Abb. 79), das meine Großeltern gleichfalls bewirtschafteten.

«Mutti Brand»

Meine Großeltern haben das Casino als Familienbetrieb geführt. Auch die Töchter wurden kräftig eingespannt, sobald sie groß genug waren. Sie alle haben ihren Anteil daran, daß sich die Gäste wohlgefühlt haben.

Die Seele vom Ganzen war aber meine Großmutter (Abb. 80). Sie wurde von Fliegern aus aller Welt Mutti Brand *genannt. Ganz einfach deswegen, weil sie Tag und Nacht bereit war, die gerade gelandeten Flugzeugführer zu verköstigen. Manchmal war es spät in der Nacht nur noch ein Fliegerbrot. Aber davon an anderer Stelle! Ein ehemaliger Postflieger, der seine Laufbahn in Fürth begann und später Berühmtheiten herumflog, ist immer ins Schwärmen geraten, wenn er von der Gastfreundschaft der Mutti Brand berichtete. Ich stand mit ihm in Briefkontakt bis zu seinem Tod 1993. Es war Hansl Baur, der spätere Chefpilot Hitlers.*

Bei den Normalbürgern hieß meine Großmutter die Frau Brand. Vor allem die ärmeren Fürther liebten sie sehr, denn jede Woche durfte sich eine andere bedürftige Familie das Essen aus dem Flugplatzrestaurant holen.

Hamstern für das Casino

Als in den Zwanziger Jahren die Versorgung schlecht war, nutzte meine Großmutter die Beziehungen zur bäuerlichen Verwandtschaft, um im mittelfränkischen Münchaurach für ihre Familie und die Casino-Gäste Nahrungsmittel zu hamstern. Trotz Warnungen machte sie sich oft in der Nacht mit dem Rucksack auf den weiten Weg. Manchmal kam sie erst in den frühen Morgenstunden zurück.

Die Flieger warnten sie immer wieder vor gewalttätigen Landstreichern. Schließlich konnten sie die Mutti Brand ja nicht aus der Luft überwachen. So ließ sie sich überreden, einen Stecken als Schlagwaffe mitzunehmen. Prompt wurde sie eines Tages von so einem Kerl angefallen, der es offenbar nicht nur auf den Inhalt ihres Rucksacks abgesehen hatte. Da hatte er aber nicht mit ihrer Schlagkraft gerechnet. Völlig zerzaust, aber sonst wohlbehalten, kam meine Großmutter im Casino an. Einige Zeit ist sie nicht mehr durch den Wald nach Münchaurach gegangen, aber bald war die Sorge um die Ihren wieder größer als die Angst.

Schwierige Versorgungslage

Meine Mutter berichtete, wie schwierig es damals war, so «mir nix - dir nix» alle möglichen ausgefallenen Gerichte herbeizuzaubern, welche die Gäste in einem Flughafenrestaurant nun einmal haben wollen. Bei einer großen Veranstaltung im Casino wurden einmal 12 verschiedene Essen an einem Abend bestellt. Bei der Familie Brand war es möglich! Ein anderes Mal hat meine Mutter mir erzählt, daß die Leiter einiger Fluggesellschaften, darunter Hermann Ritter von Lechner von der Luft Hansa, den Brands für diesen oder jenen gelungenen Abend allerhöchste Anerkennung ausgesprochen haben.

Man darf nicht vergessen, es gab damals noch keinen elektrischen Kühlschrank oder gar eine Tiefkühltruhe, aus der man ganze Gerichte zum Auftauen nur herauszunehmen braucht. Meine Mutter mußte damals mit dem Fahrrad zum Fürther Schlachthof fahren, um Stangeneis für den Eisschrank zu kaufen und auf dem Gepäckständer zum Casino zu transportieren. Nicht selten kam es vor, daß der Transport auf dem Fahrrad mit der glitschigen Eisstange bis kurz vor dem Flugplatzeingang ganz gut ging, aber dann, o weh, kam eine Unebenheit in der Straße, und die Eisstange fiel von dem Gepäckständer zu Boden und zerbrach in tausend kleine Stücke. Es blieb meiner Mutter nichts anderes übrig, als den ganzen Weg zurückzufahren und eine neue Stange zu holen. Mein Großvater war über so eine Ungeschicklichkeit seiner Tochter erbost und schimpfte sie sehr.

Während mein Großvater immer mehr unter einer Krankheit litt und immer öfter im Restaurationsbetrieb herumgrantelte, blühte meine Großmutter, geboren in München-Nymphenburg, mehr und mehr auf. Sie erreichte bei den Fliegern aus aller Welt einen Beliebtheitsgrad, wie man es sich kaum vorstellen kann. Noch heute werde ich häufig von älteren Leuten angesprochen, die ins Schwärmen geraten, wenn sie von meiner Großmutter erzählen.

Udets Kunststück für Mutti Brand

Ein ganz besonders liebenswerter Gast ließ sich ab und zu auf dem Flugplatz blicken. Es war der Kunstflieger und Pour-le-mérite-Träger Ernst Udet. Mit seinen waghalsigen Kunststücken begeisterte er damals junge und alte Menschen in aller Welt. Meine Mutter erzählte mir, daß er ein sehr angenehmer Gast gewesen sei und immer sehr lustige Geschichten parat gehabt hätte. Er hatte allerdings eine besondere Eigenheit - er bestellte den Cognac in einem sehr großen Gefäß. «Weißt scho, Annerl!», sagte er dann immer zu meiner Mutter, - und sie wußte es, jeweils vom letzten Mal. Seine Fliegerkameraden berichteten auch, je mehr er getrunken habe, desto sicherer sei er geflogen. Eines Abends wollte er in Fürth übernachten. Es dämmerte schon, als eine feuchtfröhliche Runde auf der Veranda des Casinos saß und ins Regnitztal hinabblickte. Es wurden viele lustige Geschichten erzählt, und es wurde viel getrunken. Da kam einer auf die Idee, Udet könnte doch einmal wieder eines seiner Kunststücke vorführen. «Heute nicht mehr», sagte er, «ich bin schon zu müde». Als aber alle auf ihn einredeten, ließ er sich doch darauf ein. «Für die Frau Brand das Kunststück mit dem Taschentuch!»

Udet hatte an seiner Hochleistungsmaschine mehrere Vorrichtungen angebracht, mit denen er allerlei Kunststücke vorführen konnte. Unter anderem spießte er ein auf der Landefläche liegendes Taschentuch auf. Dieses Kunststück führte er an diesem Abend für meine Großmutter vor, allerdings mit einem Schal meines Großvaters.

Rettung durch Großmutters Bettwäsche

Eine andere Geschichte muß noch erzählt werden, die ich oft von meiner Großmutter gehört habe und die mich immer wieder sehr beeindruckt hat. Ein Gründungsmitglied der Deutschen Luft Hansa ließ sich von München nach Fürth fliegen. Schon beim Start beobachtete die Luftaufsicht, daß irgend etwas mit dem Fahrgestell der Maschine nicht stimmte. Das Flugzeug war über die Grasnarbe geholpert, hatte dann aber problemlos abgehoben.

Mit Schrecken sah man dann, daß ein Rad herunterhing. Es war offenbar gebrochen, was der Pilot aber nicht bemerkt hatte. Sofort wurde nach Fürth telefoniert. In Atzenhof galt es nun, keine Zeit zu verlieren. Die Landung der havarierten Maschine mußte vorbereitet werden. In der damaligen Zeit gab es ja noch keinen Sprechfunkverkehr zwischen Kontrollturm und Flugzeug, wie das heute üblich ist. Bei der Flugleitung in Fürth wurde sofort beraten, was zu tun sei. Es mußte unter allen Umständen dem anfliegenden Piloten bei seiner Platzrunde klar gemacht werden, daß seine Maschine defekt war. Plötzlich rief einer: « Da muß uns die Frau Brand helfen!» Sofort liefen zwei Angestellte des Flugplatzes von der Werft zum Casino, wo meine Großmutter und ihr Personal gerade mit dem Speiseplan beschäftigt waren. «Frau Brand, Frau Brand», riefen die Leute, « geben Sie uns sofort Ihre ganzen Bettücher!» Meine Großmutter war mit den Gepflogenheiten und mit dem sonderbaren Verhalten und den Wünschen der Flieger zwar vertraut, aber das war wieder einmal etwas Neues. «Schnell, schnell, es eilt!» Großmutter händigte den beiden Leuten ihre gesamte Bettwäsche aus und schickte noch zwei Küchenhilfen mit zur Werft. Sie selbst rannte hinterher, um zu sehen, was da geschehen sei, weil sie immer wieder das Wort «Radbruch» hörte. Auf dem Vorfeld warteten schon einige Leute, darunter ein Mann von der Fallschirmflickerei, mit Scheren in der Hand. Es wurde sogleich ein Teil der schönen Bettwäsche zerschnitten und in riesigen Buchstaben das Wort Radbruch zusammengefügt und in der Mitte des Flugplatzes ausgelegt. Nun begann das Warten auf die beschädigte Maschine. Bald war das Flugzeug am Horizont zu sehen. Sogleich begann ein wildes Winken und Zeichengeben des Bodenpersonals. Der Flugzeugführer sah offenbar sofort die zusammengefügten Buchstaben, was er mit Wackeln seiner Tragflächen zu verstehen gab. Er flog mehrmals das Flugfeld an, startete durch und zog die Maschine wieder hoch, um dann vor der staunenden Menge sicher auf einem Rad zu landen. Wie durch ein Wunder überschlug sich die Maschine nicht. Unter dem Klatschen der Atzenhofer stiegen der stolze Pilot und sein wichtiger Gast aus. Dieser belobigte aber keineswegs den Piloten, sondern sagte zum Entsetzen der Umstehenden zu ihm: «Sie sind entlassen! Als Flugzeugführer mit Verantwortung hätten Sie wissen

Abb. 79: Werftgebäude. Links das ebenfalls von den Eheleuten Brand betriebene Gastronomiezelt, das dem Publikum das Beobachten des Flugbetriebs ermöglichte.

müssen, daß Sie immer und zu jeder Zeit Ihre Passagiere auf eine entstandene Gefahr aufmerksam zu machen haben!» Das galt erst recht für einen Luft Hansa-Allgewaltigen, der selbst ein guter Pilot war. Meine Großmutter hat die Sache persönlich sehr bewegt. Sie hatte wieder einmal die harte Wirklichkeit der damals noch in den Kinderschuhen steckenden Verkehrsfliegerei kennenlernen müssen. Ob übrigens die Luft Hansa die Bettücher ersetzt hat, weiß ich nicht.

Sturmschaden 1930

Im Jahr 1930 fegte ein heftiger Sturm über den Flugplatz in Atzenhof und richtete erhebliche Schaden an den Gebäuden, vor allem an den nicht so massiv gebauten Unterständen, an. Besonders schwer traf es eine Verkehrsmaschine der Imperial Airways London, die auf der Strecke London-Fürth-Delhi eingesetzt war. Die dreimotorige Armstrong Whitworth Argosy war angeblich zu groß, um in einer der Hallen untergebracht zu werden. Man hatte die Maschine deshalb im Freien stehen lassen, sie aber wohl nicht genügend verankert. Die Wucht des Sturmes war so gewaltig, daß das Flugzeug mit dem Kennzeichen G-EBLF mit voller Wucht gegen ein Hallentor geschleudert wurde. Als die Passagiere am nächsten Morgen zum Weiterflug starten wollten, winkten die Flugzeugführer ab. Nichts ging mehr, das Heck war völlig zertrümmert. Sofort munkelte man hinter vorgehaltener Hand von Sabotage. Zur Reparatur wurden eigens Mechaniker aus England geholt, welche recht unfreundlich dreinschauten, als sie das Unglück sahen. Es soll sogar eine kleine Untersuchungskommission dabei gewesen sein, denn der Verdacht der Sabotage hielt sich hartnäckig.

Passagiere und Mechaniker aus London wurden im Casino von Mutti Brand versorgt. Dort ging es zunächst recht frostig zu. Mehrere Zeitzeugen haben mir aber berichtet, daß die Stimmung von Stunde zu Stunde ausgelassener wurde. Eine Flasche nach der anderen wurde geöffnet, und man verbrüderte sich. Bis in die frühen Morgenstunden drangen die fröhlichen Laute über den bewaldeten Hang des Casinos hinunter. Am nächsten Tag sprach niemand mehr von Sabotage. Die Reparatur der Maschine sollte zwei bis drei Wochen dauern. Es wurde mir erzählt, daß es den Londoner Monteuren ausgesprochen gut in Fürth gefallen hat.- Erst nach sieben Wochen war die Maschine wieder in Ordnung.

Im Gästebuch hat sich das Londoner Mechanikerteam verewigt. Auch die Reservierungskarte ihres Tisches ist heute noch in meinem Besitz.

Fliegerbrot

So lange ich denken kann, gibt es in meiner Familie eine schnelle Mahlzeit, die noch vom Flugplatz Atzenhof stammt, das Fliegerbrot. Es ist ein Stück schwarzes Brot, mit Mettwurst bestrichen, einmotorig oder zweimotorig, je nach der Zahl der Spiegeleier darauf. Viele Piloten haben diese Mahlzeit von meiner Großmutter verlangt und auch ganz schnell bekommen.

Havarierter Kredit

Meine Großmutter hat Fliegern viel privates Geld vorgestreckt, das ihr oft nicht mehr zurückbezahlt werden konnte. Einmal hatte sie einem talentierten jungen Flieger einen Betrag von sageundschreibe 3 000 Mark geliehen, damit er sich eine Flugmaschine kaufen konnte. Er hatte die Absicht, sich eine Existenz als Bannerschleppflieger für Reklamezwecke aufzubauen. Schon nach seinen ersten Einnahmen wollte er das Darlehen zurückzahlen. Leider endete bereits einer der ersten Starts in einer Linkskurve mit Bruch. Nur leicht verletzt entstieg der Bruchpilot dem Wrack, das in einem Baumwipfel in der Mühltalstraße hing. Meine Großmutter hat mir den Baum, an dem ihre dreitausend Mark für immer verlorengegangen waren, oft gezeigt.

Notlandung im «See»

Es muß noch von einem traurigen Ereignis berichtet werden, als ein französischer Pilot mit seinem Flugapparat in der Nähe von Fürth einen Vergaserbrand hatte und ihm immer mehr Qualm ums Gesicht schlug. Er konnte den Atzenhofer Flugplatz nicht mehr erreichen. Auf der Suche nach einem geeigneten Landeplatz entdeckte er zwar die Regnitzwiesen, hielt aber das nur knöcheltiefe Hochwasser für einen riesigen See, der ihm für eine Landung ungeeignet schien. So ging er mit seiner einmotorigen Maschine immer tiefer und tiefer. Das Feuer hatte schon seine Fliegermontur erfaßt, und er mußte schließlich brennend doch noch in dem vermeintlichen See kurz vor dem sicheren Flugplatz Atzenhof notlanden. Der französische Flieger wurde mit schwersten Brandverletzungen in dem tatsächlich nur knöcheltiefen Hochwasser geborgen. Von Schmerzen gepeinigt, stöhnte er immer wieder: «Ein großer See, ein großer See!» Mir ist nicht bekannt, ob er den schweren Luftunfall überlebte.

Gewitterflug

Oft erzählte mir meine Großmutter von einem Erlebnis, das sie nie vergessen hat. An einem herrlichen Sommerabend, nach getaner Arbeit, wollte ein dankbarer Pilot sie zu einem kleinen Rundflug einladen. Es zogen zwar einige Gewitterwolken auf, aber sonst war ideales Flugwetter. Meine Großmutter willigte ein, und schon ging es in die Lüfte. Anfangs genossen beide die herrliche Aussicht auf Nürnberg und Fürth. Doch plötzlich waren sie mitten in einer Gewitterfront. Schon zuckten die Blitze um das Flugzeug, und es wurde kohlschwarz. Der Regen prasselte hernieder. Nichts war mehr zu sehen. Es ging nur noch «rauf und runter und rüber und nüber». Meiner Großmutter wurde immer schlechter. Sie hörte den Flugzeugführer rufen: «Frau Brand, jetzt müssen Sie beten!», was sie auch tat. Der Flieger schrie: «Ich habe die Orientierung verloren!» Plötzlich, mitten in den zuckenden Blitzen, brüllte meine Großmutter: «Ein Kirchturm!» Schon raste die Maschine nur knapp an der Kirchturmspitze vorbei. Auf einmal schrie der Pilot meiner Großmutter zu: «Keine Angst, Frau Brand - jetzt weiß ich, wo wir sind!» Er hatte den Turm der Burgfarrnbacher Kirche erkannt und konnte trotz des Unwetters nach einigen Minuten sicher in Atzenhof landen. Meine Großmutter hat mir diese Geschichte oft erzählt, weil das ihr schlimmstes Flugerlebnis war.

Privatflug nach Bayreuth

Meine Großmutter wußte sich immer wieder von der schweren Arbeit im Casino zu entspannen. Sie war eine sehr gebildete und kunstinteressierte Frau. Von dankbaren Fluggästen, darunter vielen Schauspielern und Opernsängern, bekam sie öfter herrliche Logenplätze geschenkt. In den Theatern wurde sie dann nicht selten von den bereits geschminkten Akteuren begrüßt. Darauf war sie immer sehr stolz. Wenn danach dann wieder in Atzenhof der betreffende Star landete, gab's natürlich für ihn ein besonders gutes Essen. Es ist ja bekannt, daß Schauspieler, bedingt durch ihre schwere Arbeit, Riesenmengen feiner Dinge verschlingen. Vor allem Tenöre!

Meine Großmutter hat mir oft erzählt, daß sie einmal von einem Opernsänger eine ganz wertvolle Karte bekommen hat - eine Karte zu den Bayreuther Festspielen. Jemand muß dem Herrn einen Tip gegeben haben. Auf dem Programm stand nämlich ausgerechnet Omas Lieblingsoper Die Meistersinger von Nürnberg.

Immer wieder schaute meine Großmutter die Karte an, um ja nicht den Termin zu verpassen. Der Tag kam näher, und die bei Frauen so kritische Kleiderfrage war längst geklärt. Meine Großmutter war eine stattliche Frau und konnte sich im Abendkleid durchaus sehen lassen. Ein zuverlässiger Mann wurde ausgesucht, der sie zum Fürther Bahnhof bringen sollte.

Wie immer war aber auch am Aufführungstag eine besondere Hektik im Casino. Dieses und jenes klappte wieder einmal nicht. Dazu sprang das alte Auto nicht an, und die Handkurbel war verschwunden. Als meine Großmutter schließlich doch in Fürth am Bahnhof ankam, mußte sie hören, daß der ausgesuchte Zug hier überhaupt nicht hielt. Großmutter war wie vom Schlag getroffen. So sehr hatte sie sich auf diesen Abend gefreut, und nun sollte alles nicht wahr werden. Gottseidank hatte der Kraftdroschkenbesitzer noch gewartet, um meine Oma auf den Bahnsteig zu begleiten. Also sofort wieder zurück zum Flugplatz! «Ich werde nie vergessen», sagte mir oft meine Großmutter, «wieviele hilfsbereite Menschen sich nun zur Verfügung stellen wollten». Jeder wußte einen anderen Rat. Nur zur Vorstellung würde sie an diesem Tag nicht mehr rechtzeitig kommen, und ihr schöner Platz würde wohl leer bleiben. Eine treue Seele, für die meine Oma schon viel getan hatte, ein alter Flieger-Haudegen, meinte lächelnd zu den umstehenden Menschen: «Wir müssen jetzt schneller sein als die Eisenbahn, wir müssen fliegen! Frau Brand, machen Sie sich bereit!» Schnell wurden die üblichen Formalitäten geregelt. Das Wetter paßte. Und die Maschine, ein einmotoriger Grashüpfer, wurde aufgetankt. Meine Großmutter weinte vor Freude und schaute immer wieder ihre Eintrittskarte an.

Nach glücklichem Flug war sie früh genug in Bayreuth und hat später oft von einer wunderschönen Aufführung und von der aufregenden Anreise erzählt.

Die letzten Jahre und der Abschied

Man wußte es ja schon einige Zeit, daß die Gebäude am Flughafen in Atzenhof nicht mehr den Erfordernissen der Luftfahrt der Dreißiger Jahre entsprachen. Vor allem die Passagierabfertigung war nicht mehr zeitgemäß. Sie fand damals noch im Freien statt. Man merkte halt doch, daß Atzenhof ein ehemaliger Militärflughafen war. Meine Großmutter konnte sich langsam auf ihren Ruhestand vorbereiten. Es war wieder der Herr Prautzsch, der sie, die gerade Witwe geworden war, dazu brachte, über das Jahr 1933 hinaus die neue Luftwaffe zu betreuen. Herr Prautzsch war zwar mittlerweile als Leiter auf den neuen Flughafen in Nürnberg-Marienberg umgezogen, hielt aber engen Kontakt zum Fliegerhorst in Atzenhof. Oft holte sich meine Großmutter bei Herrn Prautzsch Rat, wenn es wieder Ärger mit den «Schnöseln» von der Deutschen Luftwaffe gab. Mit manchen Flugzeugführern und Fluglehrern kam sie allerdings ganz gut zurecht. Einer, der Hans Wolkenstein, heiratete sogar ihre jüngste Tochter, meine Tante Luise. Später war er Verkehrsleiter am Industrieflughafen Nürnberg-Fürth und erster Verkehrsleiter am neuen Flughafen Nürnberg-Kraftshof.

Wie mir eine ehemalige Küchenhilfe berichtete, mußte meine Großmutter auf Anordnung der Luftwaffenkommandantur ihre Wohnung im Casino verlassen, an der für sie so viele Erinnerungen hingen. Danach wohnte sie in einer gemütlichen Wohnung im Werftgebäude, in der ich dann auch die frühen Jahre meiner Kindheit verbrachte. Im ersten Kriegsjahr 1939 waren alle Töchter meiner Großmutter aus dem Haus, so daß sie ans Aufhören dachte. Es verging noch ein Jahr schwerer Arbeit, bis es so weit war. Trotz aller Widrigkeiten war es für Großmutter ein trauriger Abschied. Hauptmann Prautzsch, jetzt wieder in Atzenhof stationiert, schrieb ihr einen sehr herzlichen Brief. «Sie haben der Fliegerei, was Fürth anbelangt, so wertvolle Dienste geleistet, daß Sie den Anspruch darauf haben, zu den tatkräftigsten Förderern der Fliegerei zu zählen.»

Ein Stück Lebensgeschichte, das unsere Familie eng mit dem Atzenhofer Flugplatz verbunden hat, war zu Ende.

Großmutters Geschichten

Viele Geschichten habe ich erzählt, Großmutters Geschichten. Meistens erzählte mir meine Großmutter diese Geschichten abends zum Einschlafen im Bett. Weil ich Angst vor dem Sirenengeheul beim Fliegeralarm hatte und immer von dem riesigen Feuerschein des brennenden Nürnberg nach Bombenangriffen träumte, mußte meine Großmutter sich mit mir zunächst schlafen legen. Wenn sie meinte, daß ich schlief, schlich sie sich wieder aus dem Zimmer. Ich war allerdings damals schon ein findiger Mensch und band mit einer Schnur durch ein Knopfloch meines Schlafanzuges meine Großmutter irgendwo an ihrem Kleid fest. Wenn sie sich nun heimlich davonschleichen wollte, wachte ich dank der «Leine» sofort wieder auf, und meine Großmutter mußte mir eine weitere Geschichte erzählen. Manchmal war nachts kein Fliegeralarm, und wir konnten durchschlafen.

Übrigens erfuhr unsere Familie von der Annäherung feindlicher Flugzeuge ca. 10 Minuten vor Auslösung des eigentlichen Voralarms durch den Gefechtsstand der Flak-Gruppe Nürnberg. Conrad Prautzsch, inzwischen Major am Atzenhofer Fliegerhorst, radelte oft zum Nachmittagskaffee zu uns. Als Dank für die fortdauernde Gastfreundschaft meiner Großmutter hatte er angeordnet, daß der Wachhabende den voraussichtlichen Fliegeralarm sofort an uns telefonisch durchgab. Oft wurden wir allerdings umsonst aus dem Schlaf gerissen, weil die Bomber abgedreht hatten.

So schließt sich ein Kreis, der mit dem Engagement meiner Großeltern durch Conrad Prautzsch begonnen hatte und zu einer dauernden Freundschaft führte, die auch in Zeiten großer Not hielt.

Deutsche Zivilflugzeuge in Atzenhof

Nachdem in den vorangehenden Kapiteln bereits die Beiträge der Firmen Junkers und Messerschmitt zur Verkehrsfliegerei und zur allgemeinen Luftfahrt gewürdigt wurden, muß hier trotzdem nochmals zum Ausgangspunkt der zivilen Luftfahrt zurückgekehrt werden. Die Lage in Deutschland unmittelbar nach dem Ende des Krieges 1918 wird deutlich in den Ausführungen von *Alfred Marquard*, dem Direktor des Deutschen Luftflotten-Vereins, in seinem Buch «„Hans, guck in die Luft!" Das Buch vom Flug für die deutsche Jugend» (Berlin 1918, S.95 f. Hervorhebungen im Original): «Nach allem liegen infolge der überaus großen Fortschritte, besonders während des Krieges, in bezug auf Flugzeuge und Lenkluftschiffe Entwicklungsmöglichkeiten von solchem Umfange vor, daß mit *Wahrscheinlichkeit auf die Entwicklung eines Luftverkehrs* größeren Stils in nicht zu ferner Zeit gerechnet werden kann. ... Auch in Deutschland hat die Idee Fuß gefaßt. ... Damit [tauchte]die Frage [auf]: Was wird mit dem aus dem Feld heimkehrenden Kriegsmaterial? Da ist denn von unberufener und ich sage leider! auch von berufener Seite der Vorschlag gemacht worden, die aus dem Feld zurückkommenden und für das Stammheer überzähligen Flugzeuge als den Grundstock eines künftigen Luftpostenverkehrs (sic!) zu benutzen. Hingegen wird von verschiedenen Leuten, die das Feld und die im Feld stehenden Flugzeuge kennen und sich eingehend mit der Luftverkehrsfrage beschäftigt haben, Verwahrung eingelegt. Denn man vergesse nicht, daß die im Feld gewesenen wie auch die im Heimatdienst verwandten Maschinen halb oder ganz verbraucht sind. Das Material ist müde, wie der Ingenieur sagt, und selbst ein Aufholen, ein Aufbessern, hat keinen Zweck. Der Luftpostverkehr verlangt eigens für seinen Zweck gebaute leistungsfähige, äußerst stabile Strapaziermaschinen, und jene Heeresmaschinen verdienen meist nur noch als Schulmaschinen benutzt zu werden, wo sie mit dem Augenblick ihres endgültigen Bruchs sich bezahlt gemacht haben. Auch unsere Großflugzeuge sind nicht zu verwenden, da sie immer noch Versuchsobjekte für Heereszwecke darstellen und auch ihre Zahl wohl zu gering ist, um mit ihnen einen rentablen Luftpostdienst organisieren zu können. Aber diese Albatros-, AEG-, Gotha-, Rumpler- und Siemens-Schuckert-G-Maschinen sollen und können uns Vorbilder sein für die künftigen Luftomnibusse, denn sie haben eine Geschwindigkeit, die mehr als 150 Kilometer beträgt, sind flugsicher ... und verfügen über eine Tragfähigkeit, die eben erst einen Luftpostenverkehr rentabel gestalten würde.»

Dieses Zitat ist in mehrerlei Hinsicht interessant. Da es vor dem Abschluß des Versailler Vertrags verfaßt wurde, werden zwar eine mögliche Einschränkung der Zahl der Flugzeuge, nicht aber technische Beschränkungen oder gar ein generelles Verbot der Luftfahrt in Deutschland in Erwägung gezogen. Ferner sieht der Verfasser das Flugzeug als ebenso selbstverständliches Verkehrsmittel an wie den Autobus, wenn er von künftigen *Luftomnibussen* spricht. Was den dritten Aspekt betrifft, so mußten die Anfänge des Luftverkehrs in der Realität - in völligem Gegensatz zur oben geäußerten Meinung Marquards - doch durch mehr oder weniger geschickt umgebaute Flugzeuge aus dem Krieg getragen werden - und dies nicht nur in Deutschland. Die von den Siegermächten erzwungene völlige Abrüstung der deutschen Militärluftfahrt machte allerdings nach einer kurzen Übergangszeit einen hoffnungsvollen Neuanfang der kommerziellen Luftfahrt in Deutschland möglich. Gerade wegen der alliierten Verbote konnte sich der deutsche Flugzeugbau auf das zivile Fluggerät konzentrieren und mit Erzeugnissen wie der Junkers F 13 und ihren Nachfolgerinnen eine Spitzenstellung auf dem damaligen Weltmarkt erreichen. Die auferlegten Beschränkungen im Motorenbau zwangen die Konstrukteure, um so fortschrittlichere Flugzeugzellen zu entwickeln, die den Nachteil der zu schwachen Antriebsaggregate wieder wettmachen konnten. Ein zeitweiliges völliges Bauverbot für Flugmotoren führte übrigens zur besonders intensiven Entwicklung des Segelflugs in Deutschland. Die noch heute anhaltende Führungsposition unseres Landes im Segelflugzeugbau geht letztendlich auf diese Zwangslage zurück.

Konstruktive Merkmale der Verkehrsflugzeuge dieser Epoche

Die wichtigsten Neuerungen betrafen bei den Verkehrsflugzeugen den Übergang von der Holz- über die Gemischt- zur Ganzmetall-Bauweise. Damit wurden die Maschinen in ihrer Struktur robuster und auch widerstandsfähiger gegen Witterungseinflüsse. Die Holzbauweise bot zwar in der Frühzeit Vorteile bei der Verarbeitung des Materials, während der Umgang mit Leichtmetallen wie Aluminium noch weniger vertraut war. Doch bei wechselnder Luftfeuchtigkeit konnten sich Holzstruktur und Stoffbespannung verziehen. Sollten die konstruktiv vorgesehenen, möglichst gutmütigen Flugeigenschaften erhalten bleiben, mußte man bei nicht freitragenden Konstruktionen Trag- und Leitwerksflächen immer wieder vermessen und anschließend die Drahtverspannungen nachregulieren. Bei verspannungslosen Typen aus Holz waren noch aufwendigere Arbeiten zur Erhaltung nötig.

Deutsche Konstruktionen

Während z.B. in Großbritannien die Flugzeugbauer bis zum Ende der 20er Jahre bei Verkehrsflugzeugen auf die ein- und mehrmotorige Doppeldecker-Bauweise setzten, wies die Mehrzahl der in Deutschland eingesetzten Flugzeugtypen in den 20er Jahren folgende weitgehend gemeinsame Konstruktionsmerkmale auf: Es waren fast durchweg einmotorige *Hoch-* oder *Schulterdecker*, meist in Metallbauweise, in der Regel noch immer mit offenen Pilotensitzen und einer Kabine für vier bis acht Fluggäste. Diese Flugzeuge der Firmen *Arado*, *Dornier*, *Focke-Wulf* und *Messerschmitt*, aber auch der inzwischen nach Amsterdam übergesiedelten Firma *Fokker* sahen einander oft so ähnlich, daß man sie nur an einigen auf den ersten Blick wenig auffälligen Details unterscheiden kann - eine Situation, die uns übrigens auch heute geläufig ist, wenn wir die modernen Airliner von *Airbus*, *Boeing*, *Tupolew* oder *Iljuschin* betrachten. Dagegen konzipierte die Firma *Junkers* von Anfang an den zuerst ein-, später mehrmotorigen Ganzmetall-*Tiefdecker* mit einer sehr widerstandsfähigen Außenhaut aus *Duraluminium-Wellblech*.

Daß die anderen Firmen lange Zeit den *Hochdecker* bevorzugten, hat mehrere Gründe. Hochdecker haben wegen des unterhalb der Tragflächenebene liegenden Schwerpunkts eine natürliche Stabilität um die Längsachse (Rollstabilität), die man beim Tiefdecker nur durch die positive V-Stellung der Flügel erreichen kann. Das bedeutet aber zusätzlichen konstruktiven und fertigungstechnischen Aufwand, weil der Flügelholm nicht durchgehend in einer Ebene gebaut werden kann. Dabei ist auch ein gewisses Mehrgewicht in Kauf zu nehmen.

Bei vielen Hochdecker-Typen liegt der Flugzeugrumpf im Stand relativ niedrig über dem Boden, weil für die Tragflächen keine besondere Bodenfreiheit berücksichtigt werden muß. Das erleichtert den Passagieren den Ein- und Ausstieg - oft ohne Zuhilfenahme einer Leiter.

Ein weiterer Vorteil war die Tatsache, daß die Ebene des Kabinenbodens im Flugzeug nicht durch einen massiven Flügelkasten gestört wurde. Auf den Einbau von komfortmindernden Stufen konnte dann verzichtet werden. Nicht zuletzt war auch die unbehinderte Sicht für die Fluggäste nach unten ein wichtiges Argument.

Trotzdem setzte sich mit der Zeit der Tiefdecker durch. Die unter dem Rumpf angebrachten Tragflächen mit dicken Profilen boten für den Rumpf mit seiner Nutzlast bei einer verunglückten Landung mehr Sicherheit, denn sie absorbieren im Notfall sehr viel Aufprallenergie, so daß die Fluggastzelle - wie Bilder zeigen - häufig völlig unversehrt blieb. Ferner konnte das Fahrwerk unterhalb der Tragflächen mit breiterer Spurweite relativ einfach befestigt werden.

Standen in Deutschland ganz am Beginn der Verkehrsluftfahrt umgebaute Militärflugzeuge, so kehrte sich die Situation nach 1933 geradezu um: Eine Reihe von damals modernen Verkehrsflugzeugen wurde zu Kampfflugzeugen umkonstruiert, um damit zuerst verdeckt, ab 1935 aber offen, in kurzer Frist eine neue Luftwaffe aufzubauen.

Abb. 81 Dornier Merkur.

das Seitenruder arbeitete mit dem sonst üblichen Horn-Ausgleich (Abb. 81).
Triebwerk: BMW VI U-Reihenmotor mit 441 kW/640 PS
Höchstgeschwindigkeit: 200 km/h
Reisegeschwindigkeit: 180 km/h
Gipfelhöhe: 5.200 m
Reichweite: 750 km

Um die Beschränkungen des Versailler Vertrags zu umgehen, wurde Dornier im Ausland aktiv. So konstruierte er 1925 in Japan die zweimotorige *Do F*, die er ein Jahr später in der Schweiz zum 18-sitzigen Passagierflugzeug umbauen ließ. Schließlich wurde 1932 daraus ein Frachtflugzeug, das allerdings schon die Kennzeichen einer ganz anderen Bestimmung aufwies: Für den Fachmann war an einigen nur wenig sorgfältig mit Blech abgedeckten Rumpföffnungen zu erkennen, daß es sich bei der Do F eigentlich um ein Kampfflugzeug handelte, das dann auch ab 1933 unter der Bezeichnung *Do 11* bei der verdeckten Aufrüstung der Luftwaffe neben anderen Typen wie der *Ju 52* als Behelfsbomber diente.

Dornier

Der Typenname Dornier hat sich unter den einst berühmten deutschen Flugzeugherstellern als einziger bis heute erhalten und war bis vor kurzem auch ein Familienbetrieb geblieben. *Claude Dornier* hat vor allem im Bau von Flugbooten schon in den 20er Jahren Pionierarbeit geleistet; seine *Wal*-Flugboote sind durch Langstrecken-Expeditionsflüge und einen Übersee-Postdienst weltbekannt geworden. Doch der aufstrebende Luftverkehr veranlaßte den Firmengründer, sich auch im Land-Verkehrsflugzeugbau zu engagieren. Wie Messerschmitt und Junkers schuf er diese Flugzeuge von Anfang an in konsequenter Metallbauweise. Die konstruktive Auslegung als einmotorige Hoch- bzw. Schulterdecker entsprach dabei den Focke-Wulf- und Messerschmitt-Maschinen.

Die *Dornier Merkur* entstand 1925 aus den Vorgängertypen *Komet I, II* und *III*. Das Flugzeug konnte bis zu acht Fluggäste befördern. Aufsehen erregte dieses Muster, als um die Jahreswende 1926/27 eine *Merkur* mit zwei Passagieren die Strecke Zürich-Kapstadt in 100 Flugstunden bewältigte. Damals hielt dieses Muster ein Viertel aller Weltrekorde für Landflugzeuge. Technisch interessant sind die allerdings zusätzlichen Widerstand erzeugenden Hilfsruder als Ausgleichs-Vorrichtungen an Höhen- und Querruder zur Reduzierung der Steuerdrücke. Nur

Abb. 82 Dornier Do F.

Die in Atzenhof fotografierte Maschine (Abb. 82) ist eine frühe Ausführung, die noch keine zusätzlichen Seitenstabilisatoren an der Unterseite der Höhenflosse hat wie die Serienversion. Das Fahrwerk war einziehbar konstruiert, wurde jedoch wegen mangelhafter Funktionstüchtigkeit festgesetzt und bei späteren Exemplaren mit einer großen Radverkleidung versehen.
Triebwerke: Zwei Siemens Jupiter-Sternmotoren mit je 404 kW/550 PS
Höchstgeschwindigkeit: 260 km/h
Reisegeschwindigkeit: 225 km/h
Gipfelhöhe: 4.000 m
Reichweite: 1.200 km

Als die Luft Hansa 1930 Bedarf für leistungsfähigere Flugzeuge anmeldete, bot Dornier 1931 das viermotorige Verkehrsflugzeug *Do K 3* an mit je zwei Motoren beiderseits des Rumpfes in Tandem-Anordnung, einer von Dornier bis hin zum modernen Amphibium *Seastar* von 1984 bevorzugt verwendeten Triebwerks-Konfiguration.

Die Do K 3 war als Konkurrenz zur Ju 52 gedacht, wurde jedoch von der Luft Hansa nach einem Vergleichstest wegen der zu geringen Fluggastkapazität von nur zehn Passagieren und veralteter Auslegung (abweichend von der bei Dornier üblichen Ganzmetallbauweise jetzt durchweg stoffbespanntes Stahlrohr/Dural-Gerüst) nicht abgenommen, so daß nur dieses einzige Exemplar *D-2183* gebaut wurde, das sich auch in Fürth sehen ließ (Abb. 83).

Abb. 83: Dornier Do K 3.
Triebwerke: Vier Walter-Castor-Sternmotoren mit je 224 kW/305 PS
An den Frontmotoren saßen Vierblatt-, an den rückwärtigen Triebwerken Zweiblattpropeller mit entgegengesetzter Drehrichtung.
Höchstgeschwindigkeit: 225 km/h
Gipfelhöhe: 5.200 m
Reichweite: -

Focke-Wulf

Focke-Wulf in Bremen gehört zu den Firmen in Deutschland, die auch eine ganze Familie von Verkehrsflugzeugen auf den rasch aufstrebenden Luftverkehrsmarkt gebracht haben, angefangen von der kleinen, einmotorigen *A 16* von 1924 für drei bis vier Fluggäste bis hin zur legendären viermotorigen *FW 200 Condor* von 1938 für 26 Passagiere, die für den regelmäßigen Transatlantikverkehr vorgesehen war, aber wegen des im folgenden Jahr ausbrechenden Krieges nur noch zu einer militärischen Karriere als See-Aufklärungs- und Kampfflugzeug kam.

Im Gegensatz zu seinen Konkurrenten war Henrich Focke dem Werkstoff Duraluminium abgeneigt und blieb noch längere Zeit bei den in seiner Sicht bewährten Materialien Holz, Stahlrohr und Leinen. Seine Devise «Mit Leinöl vorstreichen und dann guter Bootslack drauf...» ist wohl verständlich für einen Techniker, der von der Küste stammte. Gemeinsames Merkmal der bis zum Beginn der dreißiger Jahre gebauten Verkehrsflugzeuge von Focke-Wulf war die Gestaltung der Tragfläche nach dem Vorbild des Zanonia-Samens, eines Kürbisgewächses vom malaiischen Archipel.

Auf dem Fürther Flughafen sind vier verschiedene Verkehrsflugzeugtypen dieser Firma fotografisch dokumentiert. Da ist zunächst einmal die kleine, zweimotorige *GL 18* (Abb. 85, S. 76), von der 1926 nur ganz wenige Exemplare gebaut wurden. Verwendungszweck waren Verkehrsflug auf Kurzstrecken und Pilotenausbildung. Die Leistungen befriedigten wenig, so daß z.B. die Luft Hansa nur ein einziges Exemplar erwarb und mit zwei Mann Besatzung zur Schulung und zu kleineren Frachttransporten einsetzte.
Triebwerke: Zwei Junkers L 1a mit je 63 kW/85 PS
Höchstgeschwindigkeit: 135 km/h
Reisegeschwindigkeit: 125 km/h
Reiseflughöhe: 3.400 m
Reichweite: 500 km

Etwas erfolgreicher, allerdings auch nur in kleiner Serie gebaut, war das fünfte Muster eines Verkehrsflugzeugs der Firma Focke-Wulf, die einmotorige *A 28 Habicht* (Abb. 86) von 1929 für fünf Fluggäste. Die Maschine war eine Weiterentwicklung der von der Luft Hansa auf Inlandstrecken eingesetzten Entwurfreihe A 16, A 17, A 21 und bestand wiederum aus den traditionellen Materialien, lediglich der Bug mit dem Motor war mit Blech verkleidet und windschnittig gestaltet - allerdings um den Preis eines wiederum erheblichen Widerstand erzeugenden seitlichen Lamellenkühlers wie bei den frühen Maschinen des Ersten Weltkriegs.
Triebwerk: Gnôme et Rhône-Titan-Sternmotor mit 162 kW/220 PS
(Die im Bild gezeigte Maschine D-1159 ist noch eine frühe Ausführung mit einem nicht näher identifizierten Reihenmotor)
Höchstgeschwindigkeit: 180 km/h
Reisegeschwindigkeit: 160 km/h
Reiseflughöhe: 4500 m
Reichweite: 700 km

Wesentlich fortschrittlicher und den Messerschmitt-Flugzeugen fast zum Verwechseln ähnlich war dann die *A 32 Bussard* für sechs bis sieben Fluggäste, deren Prototyp im Juli 1930 für die *Nordbayerische Verkehrsflug* als *D-1910* (Abb. 84) zugelassen wurde.

Nach der Umbenennung der Gesellschaft in Deutsche Verkehrsflug lautete das neue Kennzeichen D-OBES. Zusammen mit der Schwestermaschine D-ODUL wurde sie 1934/35 von der Deutschen Verkehrsflug (bereits in Nürnberg-Marienberg ansässig) an die Lufthansa verchartert.

Abb. 84 Focke-Wulf A 32 Bussard.
Triebwerk: Junkers L 5 6-Zylinder-Reihenmotor mit 228 kW/310 PS
Höchstgeschwindigkeit: -
Reisegeschwindigkeit: 162 km/h
Gipfelhöhe: 4500 m
Reichweite: 750 - 900 km

Die *Focke-Wulf A 38 Möwe D-2114* (Abb. 87, S. 77) wurde 1931 zusammen mit drei Schwestermaschinen von der Luft Hansa erworben, aber schon 1934 wieder abgegeben. Dieser Typ konnte drei Mann Besatzung und zehn Fluggäste befördern.

75

Abb. 85: Focke-Wulf GL 18.

Abb. 86: Focke-Wulf A 28 Habicht.

Abb. 87: Focke-Wulf A 38 Möwe.

Triebwerk: Siemens Sh 20u-Sternmotor mit 368 kW/500 PS
Höchstgeschwindigkeit: 204 km/h
Reisegeschwindigkeit: 170 km/h
Gipfelhöhe: 3.500 m
Reichweite: 750 km

Junkers

Über die fortschrittliche Bauweise der Junkers-Flugzeuge *F 13* und *G 23/24* ist in einem der vorangehenden Kapitel (S. 45 ff.) schon ausführlich geschrieben worden. Hervorzuheben sind hier noch sechs bemerkenswerte Maschinen dieser Firma, die in Fürth fotografiert wurden. Sie wurden allerdings erst gebaut, als die Junkers-Zeit in Fürth längst zu Ende war.

Eine direkte Weiterentwicklung der F 13 war die *W 33*. Dieser Typ erlangte vor allem dadurch Berühmtheit, daß mit ihm 1928 erstmals in Ost-West-Richtung der Atlantik überquert wurde (S. 34). Die berühmte «Bremen» kehrte allerdings nach ihrer Präsentation auf der *Internationalen Luftfahrt-Ausstellung* 1928 in Berlin wieder zurück in die USA und gehört bis heute zu den Exponaten des *Henry-Ford-Museums* in Detroit. Statt mit der «Bremen» kamen *Hermann Köhl* und *Freiherr von Hünefeld* auf ihrer Deutschland-Rundreise mit der W 33 «Europa» D-1198 (Abb. 88) nach Fürth. Im Herbst 1928 unternahm von Hünefeld mit dieser «Europa» einen Überführungsflug nach Tokio. Ungewöhnlich und besonders interessant ist bei diesem einen Exemplar die Tatsache, daß die Flügelspitzen nach oben gezogen sind. Prof. Junkers hat offenbar an dieser Maschine etwas untersucht, was im allerjüngsten Flugzeugbau, von den neuesten Hochleistungssegelflugzeugen bis zu den modernsten Versionen des Boeing 747 - Jumbo Jets, mit den *Winglets* in breitem Maß-

Abb. 88: Junkers W 33. Davor im offenen Wagen die Ozeanflieger Köhl und von Hünefeld mit Oberbürgermeister Wild vor ihrer Fahrt durch Fürth.

stab angewandt wird, um den induzierten Widerstand beim Druckausgleich zwischen Flügelunter- und -oberseite an den Tragflächenspitzen zu verringern. Dabei soll z.B. eine spürbare Treibstoffeinsparung möglich sein.

Bei der Luft Hansa fand die W 33 als Frachtflugzeug mit möglichem Passagiertransport Verwendung.

Triebwerk: Junkers L 5-Reihenmotor mit 228 kW/310 PS
Höchstgeschwindigkeit: 198 km/h
Reisegeschwindigkeit: 170 km/h
Gipfelhöhe 4.000 m
Reichweite: 1.000 km (Normalausführung)

Auf einem anderen Bild entdeckt man eine Junkers *G 24* (Abb. 89), die aber statt der üblichen drei nur einen Motor hat. Es handelt sich um die Maschine *D-1069* «Baldur», die 1927, mit drei *Junkers L2*-Motoren ausgerüstet, zur Luft Hansa kam. Ein Jahr später entfernte man die Tragflächenzwischenstücke mit den Außenbord-Motorträgern. Nach dem Einbau eines *BMW VlU* in den Bug wurde dieses Flugzeug zur F 24ko. Der Wechsel von der Bezeichnung G 24 zu F 24 deutet darauf hin, daß dieses Flugzeug in der einmotorigen Version - analog zur

Abb. 89: Ju G 24 «Baldur».

F 13 - vom Hersteller nicht mehr als *Großflugzeug* betrachtet wurde. Von 1931 bis 1932 wurde die Maschine noch viermal ummotorisiert. Zuletzt flog sie als *F 24k2o* wieder mit einem BMW VlU und erhielt 1934 das Kennzeichen D-UQAN. Auf dem vorliegenden Foto besitzt die «Baldur» noch einen schon etwas antiquiert wirkenden Vierblatt-Holzpropeller, während Abbildungen aus anderer Quelle die D–1069 mit einer moderneren Dreiblatt-Luftschraube aus Metall zeigen.

Triebwerk: Junkers Jumo 4 mit 530 kW/720 PS
Reisegeschwindigkeit: 190 km/h
Dienstgipfelhöhe: 5.500 m
Reichweite: - (Daten für F 24 kay)

In diesem Zusammenhang wird man sich fragen, weshalb damals relativ große Flugzeuge, die zudem Passagiere beförderten, auch nur mit einem einzigen Triebwerk ausgerüstet wurden. Es sei hier daran erinnert, daß sogar die legendäre *Ju 52* ursprünglich als einmotoriges Flugzeug konzipiert war. Von dieser Version kamen allerdings nur einige Exemplare als Frachtflugzeuge zum Einsatz, vor allem in Südamerika.

Neben dem Aspekt größerer Wirtschaftlichkeit stellte sich nämlich auch die Frage: Bieten mehrere Triebwerke nicht erheblich mehr Sicherheit? Dieses Problem bewegte auch schon *Charles Lindbergh*, als er sich überlegte, wie sein Flugzeug für den Atlantikflug ausgelegt sein sollte. Er kam zu folgendem Ergebnis: Bei zwei Triebwerken ist das Risiko eines Triebwerkausfalls doppelt, bei drei Motoren dreimal so groß. Sollte im Falle der Zweimotorigkeit beim Start in voll beladenem Zustand ein Motor ausfallen, kann mit dem noch arbeitenden allein ein Unfall nicht verhindert werden. Fällt ein Triebwerk unterwegs aus, verschlechtert der Widerstand eines nicht mehr arbeitenden Motors und des stehenden Propellers die areodynamische Qualität des Flugzeugs so sehr, daß das Ziel ebenfalls nicht mehr erreicht werden kann und eine Notlandung nötig wird.

Bei nur einem Triebwerk hatten die damaligen Flugzeuge im Notfall einfach die besseren Gleitflugeigenschaften, so daß erzwungene Landungen häufig ohne größere Schäden abliefen, weil der Flugzeugführer mehr Zeit hatte, ein geeignetes Landefeld zu suchen und die Landung sorgfältig einzuleiten. Bei mehrmotorigen Maschinen verfügte man zwar noch über einen Teil der Motorkraft, doch kommt hier das Moment der Asymmetrie ins Spiel.

Die im Laufe der 30er Jahre bevorzugte Auslegung mit drei Motoren, deren Einzelleistungen allerdings noch sehr begrenzt waren, milderte dieses Problem etwas; am günstigsten lag der Fall, wenn nur der Mittelmotor streikte, denn dann gab es überhaupt keinen einseitigen Propellerzug. Bei Motorausfall am schwierigsten zu beherrschen waren daher die zweimotorigen Flugzeuge, denn dann stellten sich bei zu wenig rascher und energischer Reaktion des Piloten sehr gefährliche Flugzustände ein.

Dies gilt mit gewissen Einschränkungen selbst noch für die modernen Typen. So hat heute die Diskussion um die Ein- bzw. Mehrmotorigkeit bei einer gewissen Flugzeugkategorie erneut eingesetzt. Mehrere Firmen wie z.B. *Cessna* (USA) oder *Pilatus* (Schweiz) bringen deshalb zur Zeit relativ große einmotorige Flugzeuge für bis zu zehn Fluggäste auf den Markt, also mit einer Transportkapazität, die in etwa den Passagierflugzeugen der Zeit zwischen 1925 und 1935 entspricht. Allerdings sind diese heutigen Maschinen mit einer gegenüber dem Kolbenmotor wesentlich zuverlässigeren und leistungsstärkeren Propellerturbine ausgerüstet.

Die Weiterentwicklung der G 24 und damit unmittelbare Vorläuferin der Ju 52 war die ebenfalls dreimotorige *G 31*, deren Prototyp im September 1926 in die Flugerprobung ging.

Die in Atzenhof aufgenommene Maschine D-1137 (Abb. 90) war das zweite von insgesamt nur 13 gebauten Exemplaren, das der Firma Junkers als Versuchsflugzeug diente und mehrfach modifiziert wurde. Das Bild zeigt diese G 31 in einem Zwischenstadium: Das zweiteilige Seitenleitwerk war ursprünglich freistehend; hier sind die Seitenleitwerksflossen - wie bei den nachfolgenden Ausführungen - bereits durch eine zweite Höhenflosse miteinander verbunden. Noch nicht installiert wurden hier aber die Junkers-Doppelflügel im mittleren Tragflächenbereich, die an diesem Flugzeug erprobt und mit denen später dann alle Ju 52 serienmäßig ausgerüstet wurden. Die D-1137 hat man 1927 zu Hilfsflügen nach Persien eingesetzt, wo eine Cholera-Epidemie bekämpft werden mußte. Beim Schweizer Flugmeeting desselben Jahres wurden mit dieser Maschine der Chavez-Bider-Pokal und eine Barprämie von 30.000 Franken gewonnen. Die G 31 konnte mit drei Mann Besatzung 15 Fluggäste befördern. Zwischen 1928 und 1936 hatte die Luft Hansa fünf G 31 im Einsatz. Beliebt waren sie als «Fliegende Schlafwagen»; fünf in Liegebetten verwandelbare Sessel und fünf Klappbetten boten dann zehn Passagieren Platz für den Nachtflug.

Triebwerke: Drei Bristol Jupiter-Sternmotoren mit je 331 kW/450 PS
Höchstgeschwindigkeit: 210 km/h
Reisegeschwindigkeit: 170 km/h
Reichweite: ca. 1.000 km mit 1 t Nutzlast

Das berühmteste und am weitesten verbreitete Verkehrsflugzeug der dreißiger und vierziger Jahre war die Junkers *Ju 52/3m* (Abb. 91).

Abb. 91: Junkers Ju 52/3m.

Bei diesem Exemplar mit dem Kennzeichen D-2201 und dem Taufnamen «Boelcke» handelt es sich um die erste, 1932 an die Luft Hansa ausgelieferte Maschine dieses Typs.

Die Aufnahme in Atzenhof zeigt das Flugzeug in seiner ursprünglichen Ausführung ohne jegliche Verkleidung der Zylindersterne, die später mit einem *Townend-Ring* am Mittelmotor und *NACA-Hauben* an den seitlichen Triebwerken nachgerüstet wurden. Auffällig ist bei dieser Erstausführung auch der sonst bei diesem Muster unübliche Dreiblatt-Propeller am Mittelmotor.

Diese Ju 52 D-2201 gewann im Juli 1932 das Internationale Flugmeeting in Zürich. Auf dem Rückflug wurde sie allerdings in einen Unfall verwickelt, der für sie selbst noch glimpflich ausging. Über dem Flugplatz Schleißheim rammte sie nämlich einen *U 12-Flamingo*-Doppeldecker nahezu frontal. Die schwere Maschine konnte trotz erheblicher Beschädigungen von der Besatzung sicher zu Boden gebracht werden - ein früher Beweis für die enormen Sicherheitsreserven dieses Typs.

Triebwerke: Drei Pratt & Whitney Hornet-Sternmotoren mit je 386 kW/525 PS
Höchstgeschwindigkeit: 290 km/h
Reisegeschwindigkeit: 245 km/h
Gipfelhöhe: 5.200 m
Reichweite: 915 km

Abb. 90: Junkers G 31.

Der «Jumbo» der 30er Jahre, die *Junkers G 38*, war das größte Landflugzeug seiner Zeit und natürlich in Fürth eine besondere Attraktion. Nur zwei Exemplare dieses Typs wurden gebaut. Die erste G 38 hatte einen etwas kleineren Rumpf; die

Abb. 92: Junkers G 38 b «Generalfeldmarschall von Hindenburg».

1931 an die Luft Hansa ausgelieferte und 1933 auf den Namen «Generalfeldmarschall von Hindenburg» getaufte Maschine (Abb. 92 u. 74) war die Weiterentwicklung *G 38 b* und hatte, anders als das Ausgangsmuster, einen doppelstöckigen Rumpf für 34 Passagiere.

Als Unikum kann die Tatsache angesehen werden, daß die großvolumigen Tragflächen ebenfalls zur Aufnahme von Fluggästen dienten. Diese hatten einen unvergleichlichen Ausblick in Flugrichtung durch die verglaste Flügelnase.

Während des Krieges wurde dieses einmalige Flugzeug als Militärtransporter eingesetzt und ging leider 1941 auf dem Athener Flughafen bei einem britischen Luftangriff verloren.

Triebwerke: Zwei Junkers L 8 mit je 294 kW/400 PS,
Zwei Junkers L 88a mit je 589 kW/800 PS
Höchstgeschwindigkeit: ca.200 km/h (nicht ausgeflogen)
Reisegeschwindigkeit: 170 km/h
Dienstgipfelhöhe: ca. 2.500 m (nicht ausgeflogen)
Reichweite: ca 3.500 km
(Die Daten beziehen sich auf die Motoren-Erstausstattung)

Nicht ganz in die Reihe dieser Verkehrsflugzeuge paßt eigentlich die Junkers *K 39*, denn es handelt sich um ein Militär-

Abb. 93 Junkers K 39.

flugzeug, das im schwedischen Junkers-Zweigwerk Limhamn für die dortige Luftwaffe gebaut wurde. Da jedoch dieser Typ wenig bekannt ist und auch in Atzenhof vorgeführt wurde, soll er hier erwähnt werden. Bevor die K 39 mit der Kennung S-73 in Deutschland, so auch in Fürth (Abb. 93), vorgestellt wurde, hatte man die Bewaffnung auf dem Rumpfrücken und in dem ausfahrbaren Beobachterstand an der Unterseite des Rumpfes ausgebaut, um nicht mit den beschränkenden Bestimmungen der Siegermächte des Ersten Weltkriegs in Konflikt zu geraten.

Der dreisitzige bewaffnete Aufklärer entstand aus dem zivilen Kurierflugzeug *A 32*, bei dem man durch Verwendung von Glattblech am vorderen Rumpf eine Steigerung der Leistung zu erreichen suchte.

Triebwerk: BMW IV-Reihenmotor mit 324 kW/441 PS
Höchstgeschwindigkeit: 220 km/h
Reisegeschwindigkeit: 185 km/h
Gipfelhöhe: 6.000 m

Rohrbach

Ungewöhnlich großen Komfort mit geheizter Kabine für zehn Fluggäste und einer Toilette bot neben den Junkers-Flugzeugen auch die dreimotorige *Rohrbach Ro VIII Roland* (Rohrbach-Landflugzeug), eine Entwicklung des bekannten

Abb. 94: Rohrbach Roland I.

Konstrukteurs *Kurt Tank*, ausgeführt in der modernen Ganzmetallbauweise.

Die *Roland I* «Feldberg» D-1280 der Luft Hansa (Abb. 94) wurde 1927 gebaut und überquerte als erstes deutsches Großflugzeug am 13. April des gleichen Jahres anläßlich der Mailänder Messe von München aus die Alpen. Die Kontroversen mit dem Auftraggeber Luft Hansa um die Frage des offenen oder geschlossenen Führersitzes war wie bei den frühen Dampflokomotiven ein heute kaum mehr nachvollziehbarer Glaubensstreit. Da mit dem Flugzeugtyp dann auch der regelmäßige Flugdienst über die Alpen versehen wurde, schafften sich Luft Hansa-Piloten daraufhin auf eigene Rechnung die von der Firma Rohrbach angebotenen geschlossenen Glaskanzeln an.

Die Fürther Aufnahme der D-1280 zeigt die Maschine (nach einer Bruchlandung seitwärts am Wäldchen bei den Baracken abgestellt und mit einem Behelfszaun gesichert) in diesem nachgerüsteten Zustand. Am Rumpf ist rechts auch die geöffnete große Ladeluke für Fracht und Gepäck zu erkennen.

1934 wurde die «Feldberg» an die Deutsche Verkehrsfliegerschule abgegeben.

Mit Roland-Flugzeugen wurde eine Reihe von Weltrekorden in den Kategorien Dauer, Entfernung, Höhe, Geschwindigkeit, jeweils mit einer Nutzlast von 1 t erflogen.

Triebwerke: Drei BMW IV-Reihenmotoren von je 169 kW/230 PS
Höchstgeschwindigkeit: 220 km/h
Reisegeschwindigkeit: 195 km/h
Gipfelhöhe: 4.000 m
Reichweite: 900-1.500 km (Abhängig von der Zuladung)

Udet

Die *Udet-Flugzeugbau GmbH* in München-Ramersdorf wurde 1922 von dem bekannten Flieger Ernst Udet gegründet und beschäftigte sich neben der Herstellung von Sportflugzeugen auch mit der Konstruktion von Verkehrsmaschinen.

Als größtes Projekt dieser Firma entstand 1924/25 die viermotorige *U 11 Kondor* (Abb. 95) für acht Fluggäste. Ungewöhnlich an dieser Maschine von sonst konventionellem Aufbau war die Triebwerksanordnung: Vier Sternmotoren unter der Flügelvorderkante trieben über Fernwellen die Druckpropeller hinter den Tragflächen an. Offensichtlich versprach man sich davon eine weniger verwirbelte Strömung am Flügel und damit kleinere Widerstandsverluste. Wegen zu geringer Motorleistung setzte sich diese Maschine aber nicht durch; nur ein einziges Exemplar konnte verkauft werden, das mit der Kennung D-828 zwischen 1926 und 1929 zum Bestand der Luft Hansa gehörte und anläßlich der Übergabe an die Deutsche Verkehrsfliegerschule bei der Landung in Berlin-Staaken beschädigt wurde.

Zwei Jahre später hat man dann die einzige gebaute U 11 verschrottet.

Der Mißerfolg dieser Konstruktion trug wesentlich bei zu den wirtschaftlichen Schwierigkeiten des Udet-Flugzeugbaus, die 1926 zur Übernahme durch die Bayerischen Flugzeugwerke AG führten.

Triebwerke: Vier Siemens & Halske Sh 12-Sternmotoren mit je 92 kW/125 PS
Höchstgeschwindigkeit: 165 km/h
Reisegeschwindigkeit: 150 km/h
Gipfelhöhe: 3.500 m
Reichweite: -

LEICHTFLUGZEUGE

Im Klein- oder Leichtflugzeugbau trat neben dem klassischen Doppeldecker mehr und mehr der sportliche Tiefdecker in Erscheinung. Verfeinerung der aerodynamischen Formgebung und verbesserte Triebwerke führten zur Steigerung der Flugleistungen. Einziehfahrwerk und veränderliches Flügelprofil, erstmals 1920 beim amerikanischen *Dayton-Wright Racer* angewandt, setzten sich allerdings erst Mitte der 30er Jahre durch.

Ein Atzenhofer Unikat

1930/31 entstand in der Werft in Atzenhof ein zweisitziges Kleinflugzeug, über das bis jetzt nichts Näheres in Erfahrung zu bringen war. Erhalten sind nur acht Fotos, auf denen die Maschine in verschiedenen Baustadien, in fertigem Zustand vor der Werft (Abb. 96), bei Startvorbereitungen und als kaum reparabler Bruch zu sehen ist. Auf der Rückseite des Fotos vor dem Werfttor ist vermerkt: *Me-PÖ I 1931*. Man kann also lediglich aus dem Bildmaterial gewisse Schlüsse ziehen.

Abb. 96: Me Pö I.

Es dürfte sich bei diesem Einzelexemplar um eine durch Werft-Mitarbeiter auf privater Basis entstandene Ableitung aus der *M 17* gehandelt haben. Darauf könnte auch der erste Teil der Typenbezeichnung *Me* hindeuten, die keine Verwechslung mit echten Messerschmitt-Flugzeugen zuließ, weil diese Firma damals lediglich das Kürzel *M* verwendete. Die Me-Pö I weist die gleiche Grundauslegung auf wie die M 17: sehr niedrige Schulterdeckerbauweise mit großer Flügelstreckung und einem relativ kleinen Triebwerk, zwei Sitze in Tandem-Anordnung ohne unmittelbare Sicht nach vorne.

Die fünf bis sechs Jahre spätere Entstehungszeit der Me-Pö I schlägt sich jedoch nieder in einigen konstruktiven Fortschritten gegenüber der M 17 von 1925. So ist die Me-Pö I eine Metallkonstruktion, der Rumpf beplankt mit vernieteten Blechen; auch die tragende Struktur von Tragfläche und Leitwerk dürfte, soweit das aus den Bildern erkennbar ist, aus Metall bestanden haben. Alle Ruder besitzen einen aerodynamischen Hornausgleich zur Reduzierung der Steuerkräfte im Flug. Der Rumpf ruht nicht mehr direkt auf der Fahrwerksachse, sondern hat ein verstrebtes und wahrscheinlich auch gefedertes Fahrgestell. Die wesentlichste Neuerung stellen aber die Landeklappen an den Tragflächenhinterkanten zwischen Rumpf und Querrudern dar.

Sehr merkwürdig ist der vollständig von einer Kabinentür mit kleinem Fenster verschlossene vordere Sitz, was nicht gerade auf den Verwendungszweck als Sportflugzeug wie bei der M 17 schließen läßt. Vielleicht war die Maschine als eine Art Lufttaxi für einen Fluggast gedacht.

Leider wurde diese Konstruktion bei einem Unfall zerstört, bevor sie überhaupt ein amtliches Kennzeichen erhielt. Das könnte an weniger gutmütigen Flugeigenschaften und/oder auch an den miserablen Sichtverhältnissen für den Flugzeugführer gelegen haben. Nach vorne hatte er keinen direkten Ausblick. Wollte er in Flugrichtung schauen, war er gezwungen, seinen Kopf aus dem Rumpfausschnitt des Führersitzes hinauszuneigen oder in den Schiebeflug überzugehen. Dabei mußte die Flugzeuglängsachse etwas schräg zur Flugrichtung gehalten werden, was allerdings wegen des größeren Luftwiderstands die Flugleistungen verschlechterte. Dieses Verfahren bot sich gewöhnlich nur bei der Landung an. Sollte die Sinkgeschwindigkeit zur Verkürzung des Landeanflugs vergrößert werden, z. B. für eine Ziellandung, so mußte man in den sogenannten Seitengleitflug oder Slip übergehen. Dabei wird das Flugzeug mit gekreuztem Quer- und Seitenruder schräg zur Flugrichtung gestellt, wobei die vorauseilende Tragfläche etwas nach unten hängt. Kurz vor dem Aufsetzen muß das Flugzeug aber wieder sauber ausgerichtet werden, weil sonst unweigerlich das Fahrgestell abgeschert würde. Andererseits ist an der Maschine ja deutlich ein Landeklappensystem zu erkennen, das gerade den Zweck hat, den nicht ganz risikofreien Seitengleitflug zu vermeiden. Zwei Fotos zeigen das zerstörte Flugzeug, das offenbar einem mißglückten Landemanöver zum Opfer gefallen war. Da die Landeklappen an den Flügelwurzeln nicht ausgefahren sind, wurden sie offenbar auch nicht benutzt. Die Verformung des Rumpfes und die Tatsache, daß die linke Tragflächenhälfte abgerissen ist, deuten darauf hin, daß dieses Flugzeug unbeabsichtigt in den Boden «geslipt» wurde.

Heinkel

Das Reiseflugzeug *He 64* (1932) markiert als erste Konstruktion der Zwillingsbrüder *Siegfried* und *Walter Günther* bei *Heinkel* den Beginn eines völlig neuen Flugzeug-Designs dieser Firma. Die He 64 steht am Anfang der Reihe von Heinkels Schnellflugzeugen, die alle auf dieses erfolgreiche Konstruktionsteam zurückgingen.

Berühmt wurde die Rekordmaschine *He 64 B D-2260* «Roter Teufel» (Abb. 97), mit der *Hans Seidemann* beim Europarundflug 1932 für die 7.500 km lange Strecke statt der vorgesehenen sechs nur drei Tage benötigte. Im Gegensatz zu den folgenden Schnellflugzeugen wie der *He 70*, der ersten deutschen Maschine mit Einziehfahrwerk, verfügte die He 64 noch über ein starres Fahrgestell.

Triebwerk: Argus As 8-Reihenmotor mit 110 kW/150 PS
Höchstgeschwindigkeit: 245 km/h
Reisegeschwindigkeit: 225 km/h
Gipfelhöhe: 5.400 m
Reichweite: 900 km

Abb. 97: Heinkel He 64.

Junkers

Das einzige sportliche Kleinflugzeug der Firma Junkers war die 1928 herausgekommene *A 50 Junior* (Abb. 98) mit zwei offenen, hintereinander liegenden Sitzen. Dieser Typ war das erste in Ganzmetallbauweise konstruierte Tiefdecker-Sportflugzeug und konnte auch auf Schwimmer gesetzt werden.

Abb. 98: Junkers A 50 Junior.

Triebwerk: Armstrong Siddeley-Reihenmotor mit 59 kW/80 PS
Höchstgeschwindigkeit: 145 km/h
Reisegeschwindigkeit: 145 km/h
Gipfelhöhe: 4.600 m
Reichweite: 600 km

Klemm

Hans Klemm, der «Vater des Leichtflugzeugs», schuf das mit über 600 gebauten Exemplaren erfolgreichste Sportflugzeug seiner Zeit, den Tiefdecker *L 25* (Abb. 99). Dieser Doppelsitzer wurde zwischen 1927 und 1939 in unterschiedlichen Versionen hergestellt und vor allem mit verschiedenen Triebwerken ausgerüstet. Im Gegensatz zum Vorgängertyp L 20 war der größte Teil der Zelle nicht mehr mit Stoff bespannt, sondern mit Sperrholz beplankt. Neben der zweisitzigen gab es auch noch eine dreisitzige Ausführung, die bevorzugt für Rundflüge eingesetzt wurde. Solch eine Maschine war z.B. auf dem Flughafen Marienberg stationiert, und viele Bürger aus Nürnberg und Fürth hatten damit ihr erstes Flugerlebnis.

Der größte Anteil der Produktion entfiel auf die *L 25 D VII R*, die ab 1931 gefertigt wurde.

Abb. 99: Klemm L 25.

Triebwerk: Hirth HM 60 R mit 59 kW/80 PS
Höchstgeschwindigkeit: 160 km/h
Reisegeschwindigkeit: 140 km/h
Gipfelhöhe: 4.800 m
Reichweite: 650 km

Udet (BFW)

Den 1924/25 herausgekommenen robusten Schul- und Kunstflug-Doppeldecker *Udet U 12 Flamingo* der *Bayerischen Flugzeugwerke* (Abb. 100) mit seinen äußerst gutmütigen Flugeigenschaften setzten fast alle Fliegerschulen ein, auch die in dem berühmten Film *Quax, der Bruchpilot* mit *Heinz Rühmann*. *Ernst Udet* feierte als Luftakrobat mit seinem Flamingo weltweit Triumphe.

Triebwerk: Siemens-Halske Sh 12-Sternmotor mit 90 kW/122 PS
Höchstgeschwindigkeit: 145 km/h
Reisegeschwindigkeit: 120 km/h
Gipfelhöhe: 3.800 m
Reichweite: 480 km
(Die Angaben beziehen sich auf die U 12b mit dem stärkeren Triebwerk)

Abb. 100: Udet U 12 Flamingo.

Ausländische Zivilflugzeuge in Atzenhof

Im Gegensatz zu dem durch den Frieden erzwungenen Neuansatz in Deutschland konnten sich in Frankreich und vor allem in England traditionelle, noch aus dem Krieg stammende Flugzeug-Auslegungen bis in die dreißiger Jahre hinein behaupten, denn hier fehlte ja die entscheidende Zäsur, so daß Kriegsflugzeuge in großer Zahl für den zivilen Lufttransport umgewidmet, umgebaut oder weiterentwickelt werden konnten. Dies gilt insbesondere für Großbritannien, wo die großen, mehrmotorigen Doppeldecker in Gemischtbauweise bis in die dreißiger Jahre hinein den Luftverkehr beherrschten. Besonders wichtig für die Luftverkehrsverbindungen im britischen Kolonialreich waren Flugzeuge mit großer Reichweite, die entsprechend geräumig sein mußten, um auf den langen Strecken den Passagieren auch den nötigen Komfort bieten zu können.

Frankreich

Noch sehr den traditionellen Flugzeugformen der Kriegszeit verhaftet war das französische Verkehrsflugzeug *Blériot-Spad 56/3* (Abb. 101) von 1926. Dies ist nicht verwunderlich, weil

Abb. 101: Blériot-Spad 56/3.

dieser Typ bezeichnenderweise aus einem Spad-Jagdflugzeug entwickelt worden war. Der schon 1923 gebaute Prototyp hat bei 250 kg Nutzlast mit 8.200 m einen Höhenrekord erflogen. Die Besatzung von zwei Mann saß in nebeneinanderliegenden offenen Cockpits hinter der geschlossenen Kabine für vier Passagiere.
Triebwerk: Gnôme et Rhône Jupiter KTW 9 SL mit 275 kW/374 PS
Höchstgeschwindigkeit: 205 km/h
Reisegeschwindigkeit: 170 km/h
Gipfelhöhe: 5.600 m
Reichweite: 600 km

Das etwas kleinere französische Gegenstück zur Ju 52 war die dreimotorige *Wibault 280* von 1933, die zehn Fluggäste an Bord nehmen konnte. Die Abbildung 102 zeigt eine frühe Ausführung dieses Typs; spätere Versionen hatten verkleidete Triebwerke und eine sehr wuchtig wirkende, stromlinienförmige Umhüllung der Fahrwerksbeine und Räder.

Abb. 102: Wibault 280.

Triebwerke: Drei Gnôme et Rhône Titan Major 7 kd-Sternmotoren von je 257 kW/350 PS
Reisegeschwindigkeit: 200 km/h
Gipfelhöhe: 5.200 m
Reichweite: 1.200 km
(Die Angaben beziehen sich auf die spätere Version 283 T)

Niederlande

In der Zwischenkriegszeit am weitesten verbreitet auf allen Kontinenten waren neben den Junkers-Maschinen die Erzeugnisse der nach dem Ersten Weltkrieg in Amsterdam ansässigen Firma Fokker. Deren bekanntestes Produkt war nach den kleineren einmotorigen Typen *F-II* und *F-III,* welche auch von deutschen Gesellschaften geflogen wurden, die 1924 herausgekommene *F-VII* für acht Passagiere, die bei vielen Fluggesellschaften in Dienst stand, und in den USA sowie in mehreren europäischen Ländern in Lizenz gebaut wurde. Ähnlich der *JU 52* war die Fokker *F-VII* zuerst ein einmotoriges Flugzeug (Abb. 103), das im Auftrag der KLM entworfen wurde. Doch bereits 1925 flog auch die besonders erfolgreiche dreimotorige Version F-VII/3m.

1926 überquerte eine *F-VIIa* als erstes Flugzeug den Nordpol. In Polen und der ČSR wurde aus diesem Typ auch eine Bomber-Version entwickelt.

Abb. 103: Fokker F VII.

Triebwerke: Drei Wright 1-4 Whirlwind-Sternmotoren mit je 145 kW/197 PS
Höchstgeschwindigkeit: 208 km/h
Reisegeschwindigkeit: 170 km/h
Gipfelhöhe: 4.750 m
Reichweite: 1.200 km

Großbritannien

Der dreimotorige Doppeldecker *Armstrong Whitworth Argosy II* G-AACH «City of Edinburgh» (Abb. 104), zugelassen 1929, flog zusammen mit zwei Schwestermaschinen für die britische Linie Imperial Airways, deren Strecke nach Indien auch über Fürth führte. Dieser 18-20 Fluggäste fassende Typ zeigt noch sehr deutlich die Traditionsgebundenheit des britischen Zivilflugzeugbaus dieser Zeit. So kann diese Konstruktion ihre Herkunft aus den Bombenflugzeugen des Ersten Weltkriegs kaum verleugnen. Trotzdem wirkte die große Maschine sehr imponierend, so daß die Fürther Presse 1929 beim Erscheinen der Argosy G-EBLF «City of Glasgow» von einem «großen Brummer» sprach und ihr einen eigenen Zeitungsartikel widmete.

Die hier abgebildete, stärker motorisierte *Argosy II* ging 1931 in London-Croydon durch Absturz verloren.
Triebwerke: Drei Armstrong Siddeley Jaguar IV A mit je 404 kW/ 550 PS.
Kraftübertragung auf die Propeller durch Untersetzungsgetriebe
Reisegeschwindigkeit: 145 km/h
Reichweite: 650 km
(Diese Angabe bezieht sich auf die schwächer motorisierte Argosy wie die G-EBLF mit Jaguar III-Motoren von 283 kW/385 PS.)

Besondere Aufmerksamkeit dürften in Fürth auch die beiden britischen Amphibienflugzeuge *Saunders Roe Saro A.17 Cutty Shark* (Abb. 105) und *A.18 Cloud* (Abb. 106) gefunden haben. 1931 wurde die Cloud auf Veranlassung von zivilen Interessenten aus dem kleineren Vorgängermuster Cutty Shark, das nur drei Fluggäste befördern konnte, entwickelt und mit einem beiklappbaren Fahrwerk ausgestattet. Das für den Transport von acht Passagieren ausgelegte, zur Landung auf dem Wasser wie auch auf festen Pisten bestimmte Flugzeug war dann aber im zivilen Bereich weniger erfolgreich und fand vor allem bei der Royal Air Force als Ausbildungsgerät Verwendung.

A.17 Cutty Shark
Triebwerke: Zwei Armstrong-Siddeley Genet Major I-Motoren
mit je 103 kW/140 PS
Höchstgeschwindigkeit: 172 km/h
Gipfelhöhe: 2.745 m
Reichweite: 507 km

A.18 Cloud
Triebwerke: Zwei Armstrong-Siddeley Serval V-Sternmotoren
mit je 253 kW/345 PS
Höchstgeschwindigkeit: 190 km/h
Gipfelhöhe:-
Reichweite: 610 km

Leichtflugzeuge

Der Flugplatz Atzenhof war nicht nur für ausländische Luftverkehrsgesellschaften, sondern auch für Privatflieger aus fremden Ländern ein beliebter Ziel- und Zwischenlandeort. Die erhaltenen Fotografien zeigen Leichtflugzeuge buchstäblich aus der ganzen Welt, von den USA bis Indien. Leider kann aus der Vielfalt des überlieferten Bildmaterials hier nur eine kleine Auswahl Berücksichtigung finden.

Abb. 104: Armstrong Whitworth Argosy II.
Abb. 105: Saunders Roe Saro A 17 Cutty Shark.
Abb. 106: Saunders Roe Saro A 18 Cloud.
Abb. 107: De Havilland D.H. 60 Moth.

Abb. 108: Royal Aircraft Factory S. E. 5a als ziviler «Himmelschreiber».

Großbritannien

Der Doppeldecker *Royal Aircraft Factory S.E. 5* gehört eigentlich in das Kapitel über die Flugzeuge des Ersten Weltkriegs, doch wurden etwa 100 der seit 1917 in über 5.000 Exemplaren gebauten und sehr erfolgreichen britischen Jagdflugzeuge später zivilen Zwecken zugeführt. Besonders bekannt in ganz Europa wurden die S.E. 5a des Majors *Jack Savage*, der eine Firma für Luftwerbung gründete und zu diesem Zweck einige dieser Maschinen mit Rauchrohren ausrüstete. Auf der Abbildung 108 ist in Atzenhof eine dieser S.E. 5a zu sehen, deren Auspuffrohr bis hinter das Seitenleitwerk geführt ist. In dieses Rohr wurde ein Spezialmittel eingespritzt, das bei Vermischung mit den Motorabgasen einen starken weißen Rauch entwickelte. Die Kunst des Piloten bestand nun darin, ausgeklügelte Flugmanöver zu steuern und zum jeweils richtigen Zeitpunkt den Rauchentwickler an- und abzuschalten, um saubere Buchstabenfolgen an den Himmel zu schreiben.

Triebwerk: Hispano-Suiza V-8 oder Wolseley Viper
mit 147-161 kW/205-220 PS
Höchstgeschwindigkeit: 205-210 km/h
Gipfelhöhe: 5.485-6.700 m
Flugdauer: ca. 2,5 h

Ähnliche Verbreitung wie die Klemm- und Udet-Flugzeuge in Deutschland fanden die *Moth*-Doppeldecker der Firma *De Havilland* in Großbritannien und seinen Besitzungen. Durch stetige Weiterentwicklung entstand auch eine ganze Familie von der *D.H.60* bis zur *D.H.87 Hornet Moth*. Bekanntestes Familienmitglied wurde die *D.H.82 Tiger Moth*, von der allein über 8.700 Exemplare produziert wurden, hauptsächlich als Gerät für die Grundausbildung des militärischen Flugpersonals vor und während des Zweiten Weltkriegs.

Die erste Ausführung D.H.60 Moth kam 1924 heraus und erfreute sich rasch großer Beliebtheit wegen ihrer gutmütigen Flugeigenschaften, so daß sie zur klassischen Schulmaschine avancierte und weite Verbreitung fand, wie es die hier abgebildete Maschine mit schwedischer Zulassung demonstriert (Abb. 107).

Triebwerk: A.D.C Cirrus I mit 45 kW/61 PS
Höchstgeschwindigkeit: 164 km/h
Reisegeschwindigkeit: 130 km/h
Gipfelhöhe: 3.960 m
Reichweite: 500 km

Aus der Familie der De Havilland-Doppeldecker wurden auch leistungsfähige Eindecker-Reiseflugzeuge abgeleitet wie die *D.H.80 Puss Moth* von 1929, die wiederum zur sehr ähnlichen *Leopard Moth* weiterentwickelt wurde. Danach kehrte De Havilland mit der *Hornet Moth* aus wirtschaftlichen Gründen wieder zur Doppeldecker-Auslegung zurück, da die modernere Schulterdecker-Tragfläche zu aufwendig in der Fertigung wurde.

Die D.H 80 war vor allem als Langstrecken-Reiseflugzeug konzipiert. So sieht man auf der in Atzenhof gemachten Fotografie (Abb. 109) eine Puss Moth, die schon weit herumgekommen sein mußte, denn sie trägt das Kennzeichen VT- der damaligen Kronkolonie Indien.

Triebwerk: De Havilland Gipsy Major mit 97 kW/132 PS
Höchstgeschwindigkeit: 230 km/h
Reisegeschwindigkeit: 210 km/h
Gipfelhöhe: 4.000 m
Reichweite: 724 km

Abb. 109: De Havilland D.H. 80 Puss Moth.

Abb. 110 Comper Swift.

In die Kategorie der Ultraleicht-Flugzeuge müßte man heute die einsitzige *Comper Swift* aus dem Jahre 1930 einreihen. Doch dieses winzige Flugzeug hatte es in sich. Angetrieben von einem *Pobjoy*-Sternmotor mit Untersetzungsgetriebe erreichte es Geschwindigkeiten, die fast an die der damaligen Jagdflugzeuge der RAF heranreichten. Außerdem bewährte sich die Swift als Langstreckenflugzeug. Mit der G-ABNH startete Lt «Boozy» Byas am 22.8.1931 in Heston/England und bewältigte die Strecke von 13.200 km nach Johannesburg/Südafrika in 10 Tagen. Dort wurde die Maschine verkauft und kehrte nicht mehr nach Europa zurück. Das in Fürth aufgenommene Foto (Abb. 110) zeigt dieses Flugzeug wahrscheinlich bei einem Zwischenstop auf diesem Flug. Eine andere Comper Swift G-ABRE flog vom 28. 10. bis 9. 11. 1931 ebenfalls von England aus in nur 9 Tagen, 2 Stunden und 20 Minuten reiner Flugzeit nach Darwin/Australien und unterbot einen vorher aufgestellten Rekord um 42 Minuten. Die Presse hob damals eigens hervor, daß der Pilot C. A. Butler den ganzen Flug in Filzpantoffeln zurückgelegt habe.

Triebwerk: Sieben Zylinder Pobjoy R-Sternmotor mit 56 kW/76 PS mit Untersetzungsgetriebe
Höchstgeschwindigkeit: 260 km/h
Reisegeschwindigkeit: 220 km/h

USA

Ein sehr komfortables Reiseflugzeug am Anfang der dreißiger Jahre war die vier- bis fünfsitzige *Stinson Reliant*, die ebenfalls ständig verbessert und aerodynamisch weiterentwickelt wurde. Bei der Besucherin aus den USA in Fürth handelt es sich schon um eine fortgeschrittene Version mit *NACA*-Haube um den großen Sternmotor und vollständiger Verkleidung des Fahrwerks zur Verringerung des Luftwiderstands (Abb. 111).
(Technische Angaben waren nicht verfügbar.)

Abb. 111 Stinson Reliant.

Ausbau zum Fliegerhorst

Mit dem Umzug des Zivilflughafens nach Nürnberg-Marienberg im August 1933 begann in der Geschichte des Atzenhofer Flugplatzes ein neues Kapitel. Er wurde sofort wieder militärisch genutzt.

Paramilitärische Aktivitäten

Diese Entwicklung zeichnete sich schon in den zwanziger Jahren ab. Um das Verbot jeglicher Militärfliegerei durch den Versailler Vertrag zu umgehen, förderte das Deutsche Reich gezielt die Sportfliegerei. Diese bildete viele Flugzeugführer aus, was in der Reichswehr nicht möglich war, und schuf so eine Reserve von Fliegern, die nach dem erwarteten Ende der Restriktionen sofort in eine neue Luftwaffe eingegliedert werden sollte. Auch die *Sportflug GmbH* in Fürth gehörte in diesen Zusammenhang. Eine wirkliche militärische Ausbildung fand beim Flugsport nicht statt. Allerdings konnte Deutschland nach der Annäherung an die Sowjetunion und nach dem Abschluß des Vertrages von Rapallo 1924 in der sowjetischen Stadt Lipezk ein militärisches Flugzentrum einrichten, das Jagdflieger ausbildete.

Die militärisch geschulten Flieger aus Lipezk leiteten dann in Deutschland Fliegerstaffeln, die als *Reklamestaffeln* zivil getarnt waren. Die Aufgabe von Reklamestaffeln war, beschriftete Stofffahnen über den Himmel zu ziehen, auf denen Werbung gemacht wurde. Oft flogen mehrere Flugzeuge im Formationsflug mit solchen *Schleppbannern*.

Wie sehr diese nach außen völlig unverdächtig erscheinenden Institutionen tatsächlich doch militärisch waren, ergibt sich schon daraus, daß sie den Wehrkommandos unterstanden. Ende 1930 wurden drei Reklamestaffeln aufgestellt, eine davon in Fürth, die beim Flugtag 1933 ihre Kunststücke zeigte (S. 65). Sie wurde unter dem Namen *Reklamestaffel Süddeutschland* im Dritten Reich weitergeführt.

Schon aus dem Jahr 1927 stammte die *Deutsche Verkehrsfliegerschule*, die nach dem Abzug des Zivilflughafens in Fürth stationiert wurde. Sie hatte wie der Sportflug die Aufgabe, Piloten auszubilden und die Flieger des Ersten Weltkrieges in Übung zu halten. Während in der Weimarer Zeit nur militärische Fliegerausbildung betrieben wurde, ging es im Dritten Reich um den planmäßigen Aufbau einer neuen *Luftwaffe*, allerdings zuerst nicht offiziell, sondern zivil getarnt.

Am 1. Mai 1933 wurde das Reichsluftfahrtministerium gegründet, das die geheime Luftrüstung mit den verschiedenen Tarnorganisationen vorantrieb. Beide Organisationen, Reklamestaffel Süddeutschland und Deutsche Verkehrsfliegerschule, betrieben nun intensive Vorbereitungen für militärische Aufgaben.

Die Umbenennung der Flughafenstraße, heutige Vacher Straße, in Göringstraße «zur Ehrung des Luftfahrtministers» am 1. Juni 1933 durch den nun nationalsozialistischen Fürther Stadtrat zeigt diese Entwicklung an.

Abb. 112: Flugplatzanlage mit den Neubauten von 1934 bis 1939 (Nr. 1-7).

Abb. 113: Nördliche Flugzeughalle von 1935, aufgenommen 1994. Das Hallentor wurde von den Amerikanern geändert.

Abb. 114: Neue Werft von 1935, aufgenommen 1994.

Der Ausbau

Wie sehr die Deutsche Verkehrsfliegerschule für die Aufrüstung arbeitete, macht der intensive Ausbau des Flugplatzes deutlich. 1934/35 wurde die Infrastruktur für die Nutzung als Fliegerhorst geschaffen (Abb. 112). Zwei Flugzeughallen (1,2), eine Werft (3), ein Feuerwehrgebäude (4) und ein Befehlsgebäude (6) wurden in dieser kurzen Zeit errichtet. Zugleich begann man mit dem Bau vieler Kasernen (5), die bis Kriegsbeginn fertiggestellt waren. Die neuen Flugplatzgebäude schließen sich, mit Ausnahme der Neuen Werft, nördlich an den alten Baubestand an, der natürlich weiterbenutzt wurde. Übernommen wurde auch das Flugfeld mit der Grasnarbe. Eine betonierte Start- und Landebahn wurde nicht angelegt.

Die Gebäude aus der Phase der zweiten militärischen Nutzung, die auch heute noch am meisten auffallen, sind die **neuen Flugzeughallen**. Am 1. August 1934 stellte die Deutsche Verkehrsfliegerschule einen Bauantrag bei der Baubehörde der Stadt Fürth mit Plänen für eine *Sporthalle*. Bei dieser Sporthalle handelte es sich um eine getarnte Flugzeughalle mit den Ausmaßen von 74 m x 41 m. Sie wurde baugleich zweimal errichtet (Abb. 113). Diese beiden großen Hallen besitzen ein halbrundes Dach aus einer Eisenkonstruktion, die aber aus Feuerschutzgründen nicht mehr offen liegt wie bei den Normalflugzeughallen aus dem Ersten Weltkrieg. Vorne besteht der Giebel aus einer Oberlichtanlage mit Drahtglasscheiben. Rechts und links stehen massive Seitenteile, in denen Schiebetore verankert waren. Die Amerikaner haben später diese Toranlagen verändert.

Abb. 115: Feuerwehrgebäude von 1935, aufgenommen 1994.

Abb. 116: Kasernenbauten von 1934-39, aufgenommen 1994.

Die Hallen wie die **Neue Werft** (Abb. 114), die am südlichen Rand des Flugfeldes liegt, sind technische Bauwerke, die dem Flugzeughallenbau der Zeit entsprechen. Sie waren für die weitere Nutzung des Flugplatzes notwendig, da die größer gewordenen Flugzeuge auch größere Hallen brauchten.

Die Pläne für die weiteren Neubauten wurden der Stadt Fürth nicht mehr vorgelegt. Im September 1934 schrieb die Deutsche Verkehrsfliegerschule: «Laut Weisung unserer vorgesetzten Dienststelle dürfen wir die übrigen Bauten der Kosten wegen nicht der Kontrolle der Baupolizei unterstellen». Der Weiterbau fand nun unter Ausschluß der Öffentlichkeit statt und unterlag militärischer Geheimhaltung.

Neben den neuen Flugzeughallen wurde ein eigenes **Feuerwehrgebäude** (Abb. 115) errichtet. Bis dahin standen die Feuerwehrautos in der Kraftwagenhalle des Ersten Weltkrieges, die nun zu weit entfernt lag. Das Feuerwehrgebäude ist ein einfacher Bau mit drei großen Einfahrtstoren. Zur Belebung der Mauerfläche springen einzelne Steine aus dem Verbund vor. Im ersten Stock liegen die Aufenthaltsräume der Feuerwehrleute. Bis heute haben sich die Stangen erhalten, an denen sich die Männer bei Alarm schnell von ihrem Aufenthaltsraum im ersten Stock zu den Löschautos herunterlassen konnten. Auch der hohe Raum zum Trocknen der Schläuche ist noch vorhanden.

Ausgedehnte **Kasernenbauten** (Abb. 116) ersetzten die Holzbaracken von 1918. Allein das ehemalige Offizierscasino blieb erhalten. In ihm befand sich das Flughafenrestaurant, das im Sommer 1934 der Bevölkerung noch als Ausflugsziel offenstand, bevor es dann auch zum militärischen Sperrbereich

Abb. 117: Befehlsgebäude mit Glaskanzel von 1935, aufgenommen 1994.

gehörte. Die Kasernen sind aufwendig gebaut. Ihr teilweise geschwungener Verlauf, Satteldächer, Übergänge mit Holzelementen, Durchfahrten und Natursteinverzierungen vermitteln einen eher «zivilen» Eindruck. Der Anweisung aus Berlin, die Gebäude «dem heimatlichen Gelände anzupassen und störende Flughindernisse am Rollfeld zu vermeiden», wurde entsprochen. Die Kasernen wurden nur zweigeschossig und in der Bauweise des *Heimatschutzbundes* errichtet, der sich gegen den sachlichen Stil des *Bauhauses* richtete und im Dritten Reich die verbindliche Architektur war. Auch im Inneren wurden die Kasernen gut ausgestattet (Abb. 118). Da bei der Luftwaffe eine längere Dienstzeit als bei den anderen Waffengattungen üblich war und da die Flugplätze von den Städten entfernt lagen, sollte den Fliegern auf dem Horst eine wohnliche und erholsame Umgebung geschaffen werden.

Erstaunlich ist die Bauweise des **Befehlsgebäudes** (Abb. 117). Sie orientiert sich am funktionalen, schnörkellosen Stil des *Bauhauses*, der im Dritten Reich verfemt war. Zwei sich durchdringende Kuben und regelmäßig gereihte Fenster charakterisieren diesen Bau. Konzessionen an die damals genehme Bauweise stellen am Befehlsgebäude das Satteldach des Längsteiles, der kleine Erker an der Ecke und der Eingangsvorbau dar.

Bis heute ist unverändert die gläserne Flugüberwachungskanzel erhalten geblieben. Das Befehlsgebäude ist ein außergewöhnlicher Bau, neben dem 1931 errichteten Krankenhaus das einzige Fürther Gebäude im Bauhausstil.

Es wurde errichtet, um die Flugplatzverwaltungsstellen in einem eigenen Haus unterzubringen. In ihm befanden sich: Kommandantur des Fliegerhorstes, Flugleitung mit Kartenstelle, Flugbetriebsstelle, Fernschreiberstelle, Wetterdienst, Bildstelle, Luftaufsicht und ein Raum für den Sanitätsoffizier. Da auf dem Fürther Flugplatz Fliegerausbildung stattfand, bekam auch die Schule im Befehlsgebäude eigene Räume für den Stab, die Lehrgangsleitung, die Fluglehrer, den Nachrichtenoffizier der Schule und den Wartungsingenieur der technischen Kompanie.

Die **Flugplatzeisenbahn** von 1917 wurde auf erneuerten Gleisen natürlich weitergenutzt. Erhalten geblieben sind Krupp-Gleise und -Weichen von 1936 an der Verladerampe.

Mit dem Ausbau des Flugplatzes und der Verlagerung der Hauptgebäude nach Norden mußte die ursprüngliche Einfahrt

Abb. 118: Aufenthaltsraum in der Kaserne, zeitgenössische Postkarte.

Abb. 119: Der neue Eingang zum Fliegerhorst, zeitgenössische Postkarte.

hinter der Werft aufgegeben und ein **neuer Eingang** (Nr. 7 auf Abb. 112) näher an den inzwischen gebauten Anlagen errichtet werden (Abb. 119). Hier befindet er sich noch heute. Während die Flugzeughallen in Technikarchitektur, das Befehlsgebäude im Bauhausstil und die Kasernen im Heimatschutzstil errichtet wurden, gibt sich der Eingang eher martialisch. Der Adler mit dem Hakenkreuz in den Fängen war das Zeichen für den Fliegerhorst.

Enttarnung

In der Zeit der getarnten Luftwaffe vom Sommer 1933 bis Anfang 1935 wurde mit großer Intensität und hohem finanziellen Aufwand der militärische Aufbau so weit vorangetrieben, daß auch die Tarnung als Sportfliegerei nicht mehr darüber hinwegtäuschen konnte. Deshalb erging am 26.2.1935 die «Weisung des Reichsverteidigungsministers zur Einleitung der Enttarnung der Luftwaffe», die am 1.3.1935 vollzogen wurde. Nach der Enttarnung ging der Aufbau der Luftwaffe offen und forciert weiter. Der Fürther Flugplatz fungierte nun als Fliegerhorst.

Fliegerhorst

Nach Größe, Personalstärke und Ausstattung wurden die Fliegerhorste in verschiedene Kategorien eingeteilt. Der Fliegerhorst Atzenhof gehörte zur obersten Kategorie A. Die Normstärke eines A-Horstes bestand aus:

7 Offizieren
73 Unteroffizieren
190 Mannschaftsdienstgraden
24 Beamten
38 Angestellten
350 Lohnempfängern.

Der Anteil ziviler Beschäftigter war sehr hoch, weil gerade bei der Luftwaffe viele technische Berufe gebraucht wurden. Die zivilen Angestellten arbeiteten auch in der Verwaltung und Verpflegung. Für sie wurde ab 1939 am Fliegerhorstweg und in der Junkersstraße, also ganz in der Nähe des Flugplatzes, eine *Werftarbeitersiedlung* gebaut.

So weit wie möglich wurden nach und nach die zivilen Beschäftigten durch spezialisierte Soldaten ersetzt. Deshalb kamen 1937 eine Fliegerhorst-, eine Werft- und eine technische Kompanie nach Atzenhof. Auch jetzt konnten die ursprünglichen Einrichtungen aus der Entstehungszeit weiter genutzt werden.

Der Fürther Fliegerhorst gehörte bis Anfang 1938 zum *Luftkreis V München*. Als 1936 die Luftgaukommandos geschaffen wurden, kam Fürth zuerst zum *Luftgaukommando (LGK) VII München*, dann seit 1937 zum *LGK XIII Nürnberg*, das später mit dem *LGK XII Wiesbaden* zum *LGK XII/XIII* zusammengelegt wurde.

1939 gab es im Deutschen Reich 133 Fliegerhorste, 19 weitere militärische Flughäfen und 64 Leithorste. Der Fürther Fliegerhorst war neben Ansbach und Kitzingen einer der drei Leithorste im Luftgau XIII.

Zu den Aufgaben eines Leithorstes gehörte zusätzlich der Aufbau und die Durchführung des Luftnachrichtenwesens und die Erstellung von Scheinflughäfen.

Bereits seit November 1933 war in Atzenhof die *Flak-Abteilung 7* stationiert, getarnt als Fahrabteilung, die aus den Kraftwagen-Kanonenbatterien ausgegliedert und artilleristisch geschult wurde. Nach der Enttarnung trug sie die Bezeichnung *I/Flak. Regt. 8 Fürth*.

Die Zeit der Tarnung hatte ausgereicht, um Fliegerhorste aufzubauen, Verbände aufzustellen und Flugzeuge zu bauen. Auf dem Reichsparteitag 1935 in Nürnberg ließ Hitler dann zum ersten Mal die Luftwaffe in Erscheinung treten. Aufklärungs-, Jagd- und Kampfflugzeuge tauchten in großer Zahl am Himmel auf. Einige von ihnen waren in Atzenhof gestartet (Abb. 120).

Ohne daß es das Ausland bemerkt oder wirksam unterbunden hätte, war in wenigen Jahren von den nationalsozialistischen Machthabern eine wesentliche Bestimmung des Versailler Vertrages unterlaufen worden, das Verbot einer neuen Luftwaffe. Zwar zeigt später der Verlauf des Krieges, daß ihre Effizienz überschätzt wurde. Gleichwohl ist der Aufwand, mit dem vom getarnten Aufbau bis zum forcierten offenen Weiterbau überall, auch in Atzenhof, investiert wurde, enorm. Es ist heute schwer zu beurteilen, wieviel die Bevölkerung von dieser Wiederaufrüstung und unmittelbaren Kriegsvorbereitung mitbekommen hat.

Abb. 120: Formationsflug von 27 Ju 52-Maschinen.

Flugzeugführerschule und Jagdfliegerschule

Flugzeugführerschule A/B

Zwei Monate nach der Enttarnung, im Mai 1935, kam eine *Flugzeugführerschule (FFS) A/B* nach Fürth. Wie 1916/18 wurde der Flugplatz jetzt offen zur militärischen Fliegerausbildung genutzt. Die FFS A/B hatte als Ausbildungsziel die Grundausbildung in Motorenkunde, Meteorologie, Navigation, Funkwesen und die Fliegerausbildung auf Flugzeugen der Klassen A1 bis B2, das heißt auf kleineren einmotorigen Flugzeugen mit einer maximalen Landestrecke von 450 m und einem maximalen Fluggewicht von 2.500 kg.

Im Herbst 1935 gab es in Deutschland insgesamt acht Flugzeugführerschulen. Außer in Fürth noch in Celle, Kitzingen, Ludwigslust, Magdeburg, Neuruppin, Perleberg und Salzwedel.

Viele der jungen Piloten, die hier geschult wurden, waren zuvor arbeitslos gewesen. Die Weltwirtschaftskrise hatte ihnen jede Perspektive genommen. Für sie war das Militär, zuerst die Reichswehr, dann die Wehrmacht, oft die einzige Möglichkeit, aus der Arbeitslosigkeit herauszukommen. Gerade das Fliegen zog wieder, wie im Ersten Weltkrieg, die jungen Männer an.

Flugzeugführerschule C

Im April 1937 wurde die FFS A/B zu einer *FFS C* ausgebaut. Eine C-Schule bildete für das Fliegen auf großen und mehrmotorigen Maschinen aus. Auch Nacht- und Blindflug wurden gelehrt. 1938 gab es 6 FFS C-, 1939 insgesamt 18 A/B- und C-Schulen. Das beliebteste Schulungsflugzeug war die Ju 52, die nun militärisch genutzt wurde. Junkers hatte in der Fliegerei vor allem etwas Völkerverbindendes gesehen. Mehr und mehr wurde aber nun sein Name mit der Militärfliegerei eines von ihm abgelehnten Regimes verbunden.

Die Flugzeuge der Atzenhofer FFS trugen als Kennzeichen das Fürther Kleeblatt (Abb. 121).

Das Personal einer FFS C, das neben der Fliegerhorstbesatzung auf dem Flugplatz stationiert war, bestand aus:
- dem Stab, das heißt dem Kommandeur, Adjutanten und allgemeinem Truppendienstpersonal, insgesamt 21 Personen;
- dem Lehrgang, das heißt dem Lehrgangsleiter, 36 Fluglehrern für Lufttaktik und Luftkampf (davon 6 als Gruppenleiter), 1 Lehrer für Nachrichtenwesen, 3 für Navigation, 2 für Technik und Wetterkunde. Zum Lehrgang gehörten auch eine Nachrichtentruppe, das Personal der Kartenstelle, allgemeines Truppendienstpersonal und vor allem auch das flugtechnische Personal, insgesamt 457 Personen;
- der Stabs- und Wirtschaftskompanie, insgesamt 122 Personen;
- der Sanitätsgruppe, insgesamt 5 Personen;
- den Schülern, insgesamt 120 Personen.

Die FFS umfaßte also 725 Personen.

Die Schüler waren in Gruppen von je 20 unter einem Gruppenlehrer eingeteilt. Ein Fluglehrer hatte drei Schüler, mit denen er, zusammen mit einem Mechaniker und einem Funker, die Schulungsflüge unternahm. Begonnen wurde mit einfachen *Platzflügen*. Oft fanden sie, wie auch andere Schulungsflüge, in *Unterschlauersbach* bei Großhabersdorf und in *Illesheim* bei Bad Windsheim statt, um die Fluglärmbelastung der Fürther Bevölkerung in Grenzen zu halten. Unterschlauersbach und Illesheim waren provisorische Flugplätze mit einfachsten Flugzeughallen, die *Arbeitsplätze* genannt wurden.

Die Lust am Fliegen und die Freiheit, Flugziele und Flugdauer selbst bestimmen zu können, läßt heute die damaligen Flieger diese Zeit als die «schönste ihres Lebens» erscheinen. Ab und

Abb. 121: Die Flugzeuge der FFS C in Fürth und später in Wiener Neustadt führten, wie hier eine Ju 52, als Emblem das Fürther Kleeblatt.

Abb. 122: In einer der beiden neuen Flugzeughallen sind Flieger aufgebahrt, die im Rahmen der Schulausbildung abgestürzt waren. Dahinter Ju 52 und Ju 86.

zu wurde aber auch der Härtefall des Krieges trainiert. Dann mußte bis an die äußerste Grenze der Leistungsfähigkeit geflogen werden, von 8 Uhr morgens bis Mitternacht, nur von einer kurzen abendlichen Pause unterbrochen.

Auch von Unglücksfällen blieb die Fürther FFS nicht verschont. Bei den Schulungsflügen kam es mehrmals zu Abstürzen, die tödlich endeten (Abb. 122).

Der spektakulärste Flugunfall dieser Zeit hatte aber nichts mit dem Schulungsbetrieb zu tun. Am 28. Februar 1938 mußte bei einem Weltrekordversuch über 1.000 km Flugstrecke eine *Ju 88* auf dem Flug von Dessau zur Zugspitze und zurück mit einem Motorausfall in Fürth notlanden, raste bei dem Versuch, einem anderen Flugzeug auszuweichen, in eine der beiden neuen Flugzeughallen und brannte aus. Beide Flugzeugführer kamen ums Leben.

Mit Beginn des Zweiten Weltkrieges wurde die FFS (C) Fürth am 1. September 1939 nach Wiener Neustadt verlegt und führte dort unter nicht mehr standortbezogenem Namen *FFS (C) 8* die Fliegerausbildung bis Juni 1944 fort. Als Reminiszenz an die Fürther Entstehungszeit behielt sie als Emblem das Fürther Kleeblatt bei.

Segelfliegerei in Atzenhof

Auf dem Atzenhofer Fliegerhorst gab es seit Ende der Zwanziger Jahre, wie damals auf jedem Flugplatz, auch Segelflieger (Abb. 123). Im Dritten Reich wurde die Segelfliegerei als Sport, vor allem aber als Vorübung für die Flugzeugführerausbildung

Abb. 123: Segelflugzeuge und eine Schleppmaschine auf dem Flugfeld. Als Anfängerflugzeuge dienten die Schulgleiter Grunau Gr 9 und Schneider SG 38 (rechts hinten), Fortgeschrittene flogen auf den Übungseinsitzern Grunau-Baby (rechts vorne). Die neuen Machthaber betreiben intensiv die Fliegerausbildung.

sehr gefördert, denn ein Segelflieger konnte schon nach vier Starts auf einem Motorflugzeug selbständig fliegen, ein nicht vorgeschulter Flieger erst nach fünfzig Starts. So sparte das Segelfliegen viel Zeit und Kosten in der Ausbildung der Flugzeugführer.

Deshalb spielte schon in der HJ die Segelfliegerei eine wichtige Rolle. Sie übte das Segelfliegen auf dem Hainberg bei Altenberg. Jagdfliegerschüler von Atzenhof, die etwas angestellt hatten, wurden mit ihren Maschinen strafweise zum Schleppdienst dorthin abgeordnet.

Jagdfliegerschule 4 und Jagdgeschwader 104

Nach dem Abzug der FFS kam Anfang 1940 eine Jagdfliegerschule auf den Atzenhofer Flugplatz. Aus dieser *Jagdfliegerschule 4* wurde im Juni 1943 das *Jagdgeschwader 104* aufgestellt, das ebenfalls Jagdflieger ausbildete. Es unterstand der *4. Flieger-Schul-Division* und war in zwei Gruppen und verschiedene Staffeln aufgeteilt. Die I. Gruppe und der Stab befanden

Eine große Sensation war die Landung einer *Me 262,* des ersten deutschen Strahlflugzeugs, Ende 1944 in Atzenhof. Übrigens kam auch das britische Gegenstück zur Me 262 nach Fürth, allerdings erst 1946 (S. 103).

Auf dem Fürther Flugplatz fand lediglich Schulbetrieb statt. Auch Offiziere verbündeter Staaten, vor allem kroatische Flieger, erhielten in Atzenhof eine Ausbildung.

Zur Fliegerschule gehörte ein umfangreicher technischer Betrieb: die Wartung und Reparatur der Flugzeuge in der alten und neuen Werft, eine sehr gut ausgestattete Musterlehrwerkstatt für Motoren und ein umfangreiches Luftnachrichtenwesen, zu dem auch eine Luftnachrichten-Ausbildungskompanie gehörte. Immer noch arbeiteten viele Zivilangestellte im technischen und im Versorgungs-Bereich. Sie wurden von dem ehemaligen Leiter der Junkers-Werke in Fürth und dem Leiter des Nürnberger Flughafens *C. Prautzsch* (S. 50) verwaltet, der mit Kriegsbeginn wieder nach Atzenhof versetzt worden war.

Die Bedeutung des Flugplatzes nahm in den letzten Kriegsjahren ab. Die auf der nahen Hard ansässige Flugzeugfirma *Bachmann, v. Blumenthal & Co.* benutzte einige Werkstätten und

Abb. 124: Luftwaffenhelferinnen ersetzten seit Ende 1944 das Bodenpersonal, das inzwischen an die Front abkommandiert war.

sich in Fürth, ebenso die 2. Staffel. Die 1. und 3. Staffel waren in Herzogenaurach und Buchschwabach stationiert. Die II. Gruppe kam mit zwei weiteren Staffeln im Juli 1943 auf den Fliegerhorst Roth, auf dem sich schon andere Flugzeugführerschulen befanden.

Während die 1. Staffel in Herzogenaurach auf leichteren Flugzeugen wie der *Arado 96* schulte, benutzten die 2. und 3. Staffeln die *Me 109,* das Jagdflugzeug von Messerschmitt.

den Schießstand in Atzenhof.

In den letzten Kriegsjahren fanden auf diesem Schießstand auch die standrechtlichen Erschießungen statt, mit denen das nationalsozialistische Regime jeden Widerstand und Defätismus unterdrücken wollte. Der Flugzeuglärm sollte die Schüsse übertönen. In Fürth wurde nur hinter vorgehaltener Hand darüber gesprochen.

Das Ende zeichnet sich ab

Über das Jagdgeschwader 104 und die Zeit vor Kriegsende auf dem Atzenhofer Flugplatz gibt es den Bericht des Hauptmanns und Adjutanten *Georg Resch*, 1955 niedergeschrieben. Er erzählt von dem zunehmenden Treibstoffmangel seit 1943. Ab März 1945 gab es in Atzenhof überhaupt kein Benzin mehr, so daß auch nicht mehr gegen die Flugzeuge der Alliierten gestartet werden konnte. Ende 1944 mußte die Hälfte des technischen Personals an die Front abgegeben werden. Als Ersatz kamen *Luftwaffenhelferinnen*, die als ausgebildete Technikerinnen die Wartung der Flugzeuge übernahmen (Abb. 124). Im Winter 1944/45 durften die Flugzeuge nachts nicht in den Hallen untergebracht werden. Um hohe Verluste bei einer möglichen Bombardierung zu vermeiden, wurden sie zum Teil nach Unterschlauersbach gebracht und der Rest weit über den Flugplatz verstreut bis zum Dorf Atzenhof abgestellt. Bevor die Maschinen aber wieder startbereit waren, mußte das technische Personal sie erst langwierig von Eis und Schnee befreien.

In den letzten Kriegswochen wurden die Soldaten zur Verteidigung von Nürnberg und Fürth eingesetzt. Für die 1.000 Mann gab es aber keine Maschinengewehre mehr, sondern nur noch 500 Karabiner und erbeutete Gewehre aus Frankreich und Italien. Der verbliebene Rest wurde am 2. April 1945 noch in *Luftwaffenregiment 104* umbenannt, als ob man damit die Auflösungserscheinungen und das Kriegsende hätte aufhalten können. Als die Amerikaner Mitte April von Norden und vor allem von Westen gegen Fürth anrückten, flüchteten die Soldaten und die Luftwaffenhelferinnen nach Süden zum Flugplatz Roth (Abb. 125).

Keine Zerstörung

Der Atzenhofer Flugplatz wurde von den Alliierten kaum bombardiert. In einem gezielten Angriff wurde dagegen der *Industrieflughafen*, also der Werksflughafen der Firma Bachmann, v.Blumenthal & Co. 1944 stark zerstört. Er war wegen der Produktion von Teilen der kriegswichtigen Me 110 für die Alliierten von großer Bedeutung, während sich in Atzenhof nichts Wichtiges mehr abspielte. Vielleicht hat aber auch die Nähe dieser Fabrik, die auf ihrem Flugplatz eine betonierte Rollbahn besaß, das Atzenhofer Gelände, immer noch ohne Landepiste, vor einer Zerstörung geschützt: Über den beiden Atzenhofer Ausweichflugplätzen Unterschlauersbach und Illesheim (S. 93) haben die Amerikaner Flugblätter abgeworfen, die sowohl ihre absolute Luftüberlegenheit als auch ihre präzisen Detailkenntnisse deutlich machen:

Ansbach, U'bach, Illesheim
nehmen wir bei Sonnenschein!

Daß sich bis heute in Atzenhof so viele alte Flugplatzgebäude erhalten haben, lag auch an dem mutigen Ungehorsam des letzten Fliegerhorstkommandanten. In dem schon erwähnten Bericht des Hauptmanns Resch heißt es: «Kommandant des Fliegerhorstes Fürth war Oberst Pollak. ... Laut Führerbefehl sollten sämtliche Flugzeughallen und Tankanlagen beim Anrücken des Feindes gesprengt werden. Anfangs April 1945 wurden zrk. 20 Blindgänger (500 kg schwer) zur Sprengung der versch. Objekte angeliefert und verteilt. Oberst Pollak haftete mit seinem Kopf für die Durchführung. Er hat es auf sich genommen und die Sprengung *nicht* durchgeführt. Millionenwerte sind dank seiner Initiative erhalten geblieben. Oberst Pollak blieb am Leben, es hätte für ihn aber auch anders ausgehen können!!!»

Insgesamt sind solche schriftlichen Informationen über den Fliegerhorst Atzenhof spärlich. Unser Bild setzt sich aus Mosaiksteinchen mündlicher Erzählungen zusammen und ist deshalb subjektiv und emotional gefärbt. Fast keine Akten dieser Zeit haben den Krieg überdauert. Die Quellen im Freiburger Bundesarchiv dokumentieren das Geschehen in Atzenhof zwischen 1933 und 1945 nur sehr wenig.

Abb. 125: Abzug der letzten Besatzung Mitte April 1945 von Atzenhof zum Fliegerhorst Roth.

Lehrer auf der Tante Ju

Immer, wenn sie das Abendessen machte, ließ die junge Frau das Küchenfenster einen Spalt offen. Sie horchte nach draußen. Den ganzen Tag über hatte sie sowieso den singenden Ton der vielen Ju 52 im Ohr, jener Maschinen, auf denen ihr Mann und seine 12 Kameraden in Atzenhof die jungen Flieger ausbildeten. Sie kannte ihn ganz genau, diesen unverwechselbaren und für sie beruhigenden Klang.

Die junge Frau auf der Hard wartete auf etwas Besonderes, auf die Ju 52 ihres Mannes. Im Anflug auf ihr kleines Haus nahm er die Motorleistung zurück. Und dann drehte er voll auf. «Da hat das Geschirr im Küchenschrank geklirrt.» Das war das verabredete Zeichen. Jeden Abend. Es hieß: Der letzte Unterrichtsflug für diesen Tag geht zu Ende. In wenigen Minuten werden wir landen, und in einer halben Stunde bin ich daheim. - Eine Liebeserklärung mit dem Flugzeug, eine dröhnende Versicherung, daß alles in Ordnung ist. So haben sie es jeden Abend getan, die Fluglehrer der Flugzeugführerschule C in Atzenhof.

Jäger, Angler, Flieger! Muß man wirklich die Hälfte von dem abstreichen, was sie erzählen? Ihr Latein ist sprichwörtlich. Wenn sie in der Erinnerung von heute die Zeit in Atzenhof als «die schönsten Jahre ihres Lebens» einstufen, ist Vorsicht geboten. Aber wenn man es dann öfter hört, von verschiedenen, und wenn dieselben alten Männer dann auch von den schrecklichen Ereignissen in Stalingrad sprechen, also nicht in Bausch und Bogen ihre Fliegerzeit verherrlichen, ist man eher geneigt, ihrem Enthusiasmus zu glauben. Freilich ist es ein Enthusiasmus, der die Jugend verklärt, der die Fliegerkameradschaft von damals in ungetrübtem Licht sieht, der konzediert, daß man damals nicht gewußt hat oder auch gar nicht wissen wollte, wohin das mit Hitlers Plänen führen würde. Und natürlich, wie das Ende aussah.

Allerdings, auch die Atzenhofer Jahre mit dem, was wir heute Streß nennen, sind nicht spurlos an diesen Männern vorbeigegangen. Sie geben es nach und nach zu, daß es manchmal aufregend war, sich als erfahrene Flugzeugführer den Schülern auszuliefern, sich das Eingreifen zu verkneifen, bis es wirklich nicht mehr anders ging. Wenn sie ehrlich sind, hat das schon an den Nerven gezerrt. Einer von ihnen schläft noch heute keine Nacht länger als bis 1 Uhr. Atzenhofer Spätfolgen nennt er das. Und trotzdem war es schön.

Sie, die Fluglehrer, die das gehätschelte Kind Luftwaffe *auf die Beine stellen sollten, hatten fast grenzenlose Freiheiten. Ausgang bis zum Dienstbeginn und völlige Freizügigkeit im fliegerischen Unterricht. «Wenn wir an der Ostsee Kaffee trinken wollten, sind wir halt an die Ostsee geflogen». Und verschmitzt wird kommentiert, daß die Höhe der Spesen von der Flugdauer abhängig war. Vier Mark für acht Stunden war ein willkommenes Aufgeld auf den Sold.*

Einer, den wir besucht haben, mußte im Jahr 1938 Flugblätter in Österreich abwerfen, Propagandamaterial für die bevorstehende «Heimkehr ins Reich». In Wien haben sie dann übernachtet. Weil es da drei so hübsche Mädels gab, ist die Besatzung eben eine Nacht länger geblieben. Motorschaden war immer plausibler Grund. Ihnen ist schon was eingefallen. Vielleicht hat man ihnen auch gar nicht geglaubt, vielleicht wurden sie nur an sehr langer Leine gehalten.

Noch einmal zurück zur Ju 52, der legendären Tante Ju. Sie haben sie geliebt, die Flieger und vor allem die Fluglehrer. Sie war gutmütig, sah fast alles nach, was man mit ihr anstellte, sie war halt eine liebe Tante. Einer der alten Atzenhofer Fluglehrer, Josef W., den wir besucht haben, erzählt von 2.500.000 Flugkilo-

Abb. 126: Seite aus dem Flugbuch eines Fluglehrers vom Mai 1937.

1937 78

D

Lfd. Nr. des Fluges	Lfd. Nr. des Startbuches	Führer	Fluggast	Flugzeug: Zweck des Fluges	Abflug: Ort	Abflug: Tag	Abflug: Tageszeit	Landung: Ort	Landung: Tag	Landung: Tageszeit	gefl. Zeit 389 03'	geflogene Kilometer (nur auszufüllen bei Ueberlandflügen)	Besondere Wahrnehmungen am Flugzeug Wichtige technische Angaben Allgemeine Bemerkungen
1	2	3	4	5	6	7	8	9	10	11	12	13	14
981		Wiedemann	1 G.	Werftflug	Fürth	18./5.	9 25	Fürth	18./5.	9 30	10		W 34
982		"	"	"	"	"	9 35	"	"	10 05	30	100	"
983		"	5. G.	"	"	"	15 20	"	"	15 50	30	105	Ju 52
984		"	1 G.	"	"	"	16 00	"	"	16 05	5		W 34
985		"	"	"	"	"	10	"	"	30	20	66	"
986		"	"	"	"	"	40	"	"	17 05	25	83	"
987		"	Katzmann	Platzflug	"	19./5.	8 06	"	19./5.	8 14	8		Ju 52
988		"	Schulmann	"	"	"	10 24	"	"	10 45	21	73	"
989		"	Linde	"	"	"	10 20	"	"	10 33	12		"
990		"	Wagner	"	"	"	11 36	"	"	11 48	12		"
991		"	Lüttner	Überlandflug	"	20./5.	7 55	Köln	20./5.	9 27	392	1410	" über Frankfurt
992		"	"	"	Köln	"	10 03	Stade	"	11 18			"
993		"	"	"	Stade	"	12 34	Neuruppin	"	14 27			" über Greifswald
994		"	"	"	Neuruppin	"	14 50	Fürth	"	16 42			"
995		"	6 Mann	Platzflug	Fürth	19./5.	7 53	"	19./5.	8 07	8		"
996		"	Hugge	"	"	"	17 21	"	"	17 31	10		"
997		"	Pfleger	"	"	21./5.	7 21	"	21./5.	7 30	9		"
998		"	"	"	"	"	35	"	"	45	10		"
999		"	"	"	"	"	45	"	"	55	10		"

616' 1837 Km

metern auf der Tante Ju, eine Zahl, die wir nicht glauben wollen. Schwarz auf weiß kann er sie uns belegen. Er hat seine Flugbücher durch den Krieg gerettet. Fein säuberlich ist jeder Flug aufgeführt, den er gemacht hat (Abb. 126). Tausende waren es schon in Atzenhof. Ganz kurze Platzflüge waren dabei, aber auch lange Streckenflüge. Blindflüge, Nachtflüge, Schlechtwetterflüge, Wettflüge, Flüge im Geschwader. Die meisten auf der Ju 52. Etwa 50 davon standen zu Schulungszwecken in Atzenhof. Notiert im Flugbuch sind Datum und Schüler, aber auch die Kennung der geflogenen Maschinen. Darunter die D-AQUI. Mit dieser Maschine hat es seine Besonderheit. Die D-AQUI gibt es noch. Oder soll man sagen: sie gibt es wieder? Restauriert, ergänzt und wieder flugfähig gemacht mit anderen Teilen, fliegt sie heute wieder, jetzt als Traditionsflugzeug der Lufthansa. Auch sie kommt in den Flugbüchern von Josef W. vor. 1993 und 1994 flog sie wieder ihre Runden am Fürther und Nürnberger Himmel. Ganz selbstverständlich war für Josef W., auf den Nürnberger Flughafen zu fahren, um sie wiederzusehen, eine seiner Ju 52. Er hat es so lange hinausgezögert, bis es nicht mehr geklappt hat. Er erzählt es ohne Traurigkeit. Vielleicht hätte die alte Liebe unter dem Wiedersehen gelitten, vielleicht wäre es nicht mehr so gewesen wie früher. Keine Enttäuschung soll ihren Schatten auf die Erinnerung werfen.

So ist es ihm schon nach dem Krieg ergangen, in den Fünfzigern, als die neu gegründete Bundesluftwaffe erfahrene Flieger suchte. Fliegen, das war ja für Josef W. die Leidenschaft seines Lebens gewesen. Fliegen hat seine Biographie so intensiv geprägt wie die vieler anderer, von denen in diesem Buch die Rede ist. Zwei- oder dreimal ist er in einer der neuen Bundeswehrmaschinen mitgeflogen. Dann hat er nein gesagt. Er ist bei der Post geblieben. Und hat als allerletzten Eintrag in sein Flugbuch geschrieben: «Zu Ende ist der Traum. Es war zu schön gewesen.» Er träumt nicht mehr, aber wenn er von Atzenhof erzählt oder wenn er die D-AQUI hört, dann kribbelt es immer noch. Hoffentlich noch lange!

Militärflugzeuge in Atzenhof ab 1933

Mit der Eröffnung des Flughafens Nürnberg-Marienberg war die Ära des zivilen Luftverkehrs in Atzenhof unwiderruflich zu Ende gegangen. Seitdem verkehrten dort nur noch Militärflugzeuge. Die Umwidmung dieses Flugplatzes fiel in eine Zeit, in der das NS-Regime zuerst heimlich, ab 1935 aber offen militärische Aufrüstung betrieb. Eine besondere Rolle kam dabei nach dem Willen der Machthaber den Luftstreitkräften zu. Deshalb betonte die Propaganda, daß die Deutschen ein «Volk von Fliegern» werden müßten. Die frühzeitige Begegnung junger Menschen mit der Luftfahrt beim Flugmodellbau in den HJ-Heimen und in zahlreichen HJ-Segelflugschulen, ferner Filme wie *Quax, der Bruchpilot* sollten diese Bemühungen auf breiter Basis vorantreiben.

Die Flugzeuge des Schulbetriebs auf dem Fliegerhorst

Nach dem Umzug des Zivilbetriebs diente der Atzenhofer Flugplatz wieder, wie zu seinem Beginn im Ersten Weltkrieg, der Ausbildung des militärischen Fliegernachwuchses.

Das aus dieser Zeit überlieferte spärliche Bildmaterial des nun als Fliegerhorst bezeichneten Geländes Atzenhof zeigt zunächst eine größere Anzahl von *Heinkel He 45*-Doppeldeckern (Abb. 127). Da das neue Regime quasi aus dem Stand heraus für die geplante Luftwaffe eine größere Anzahl von Flugzeugen benötigte, mußte man auf bereits vorhandene Typen zurückgreifen, die kurzfristig in größeren Stückzahlen gebaut werden konnten. Dazu gehörte auch das zweisitzige Schulflugzeug He 45, dessen Prototyp bereits 1932 geflogen war. Um die Serienfertigung zu forcieren, wurden die Firmen *Focke-Wulf*, *Bayerische Flugzeugwerke* (*Messerschmitt*) und die Flugzeugbauabteilung der *Gothaer Waggonfabrik* mit dem Lizenzbau des Heinkel-Flugzeugs beauftragt. Mit diesen Maschinen, die man behelfsmäßig mit je einem starren und einem beweglichen 7.9 mm Maschinengewehr ausgerüstet hatte, stellte man dann rasch sog. *Risikostaffeln* auf. Erst ab 1935 wurden diese Verbände mit der aus der He 45 entwickelten *He 51* ausgerüstet, einem echten Jagdflugzeug, das von der deutschen *Legion Condor* in größerer Zahl im Spanischen Bürgerkrieg geflogen wurde, aber bereits damals in seiner Doppeldecker-Bauweise technisch eigentlich überholt war.

Das Serienmuster des Behelfs-Jägers war die *He 45c*. Mit der Einführung der *He 51* beschränkte sich die Funktion der He 45 wieder auf die ursprüngliche als Ausbildungsflugzeug für die B-Schulung.

Abb. 127: Parade von Heinkel He 45 vor den neuen Flugzeughallen, aufgenommen 1935.

Triebwerk: BMW VI Z Zwölfzylinder-V-Motor mit 441 kW/600 PS
Höchstgeschwindigkeit: 250 km/h
Marschgeschwindigkeit: 220 km/h
Dienstgipfelhöhe: 5.000 m
Reichweite: 940 km

In einer späteren Phase wurde der Flugplatz für die C-Schulung, d.h. für die Ausbildung auf großen, mehrmotorigen Flugzeugen genutzt. Dazu dienten in Atzenhof die beiden Junkers-Typen *Ju 52* und *Ju 86* (Abb. 122).

Die dreimotorige Ju 52 flog seit 1933 bei vielen Fluggesellschaften im Passagierverkehr und als Frachtflugzeug. Als bei der raschen Aufstellung der neuen Luftwaffe zunächst geeignete Maschinen fehlten, wurde dieser speziell für die Zivilluftfahrt konstruierte Typ zum Behelfsbomber Ju 52-3m g3e umgerüstet, verblieb aber nur bis 1938 in dieser Rolle. Von größter Bedeutung für das Militär war jedoch im Krieg die Ju 52 als zuverlässige, beinahe unverwüstliche Transportmaschine für den Nachschub und als Sanitätsflugzeug für den Verwundetentransport aus schwierigsten Situationen wie etwa aus dem Kessel von Stalingrad. Zahllose Soldaten verdanken deshalb der «alten Tante Ju» ihr Leben. Die Transporter gab es in zahlreichen Varianten von g4e bis g14e, ausgerüstet mit normalem Fahrwerk, Schneekufen oder Schwimmern, eingesetzt zum Transport von Nachschubgütern, Fallschirmjägern, zum Schleppen von Lastenseglern oder, ausgestattet mit einem riesigen Magnetring unter dem Flugzeug, als Minensucher - sie war einfach das «Mädchen für alles».

Die während des Krieges erfolgten Weiterentwicklungen zur *Ju 252* und *352* kamen über den Bau von einigen wenigen Vorserienmaschinen nicht mehr hinaus, so daß die Ju 52 bis Kriegsende das Haupttransportflugzeug der Luftwaffe und übrigens auch der alten Lufthansa blieb, deren letzter Passagierflug mit einer Ju 52 am 22. April 1945 von Berlin nach Warnemünde erfolgte.

Vor wenigen Jahren wurden auf dem Grund eines norwegischen Fjords einige Ju 52 der ehemaligen deutschen Luftwaffe entdeckt, die bei der Invasion Norwegens durch die Wehrmacht 1940 auf dem zugefrorenen Meeresarm landen mußten, ins Eis einbrachen und schließlich versanken. Diese Maschinen wurden inzwischen geborgen, da sie in dem relativ kalten Gewässer überraschend gut erhalten geblieben waren.

Triebwerke: Drei BMW 132 mit je 485 kW/660 PS (Version A)
Höchstgeschwindigkeit: 290 km/h
Marschgeschwindigkeit: 264 km/h
Dienstgipfelhöhe: 6.000 m
Reichweite: 1.000 km
Nutzlast: 5.000 kg

Einer Ausschreibung der Lufthansa aus dem Jahr 1934 entstammt das zweimotorige Verkehrsflugzeug *Ju 86*. Inzwischen war man bei Junkers von der Wellblech- zur Glattblechbauweise übergegangen, denn die Flugzeugentwicklung war schon in Geschwindigkeitsbereiche vorgestoßen, bei denen das Wellblech zuviel induzierten Widerstand verursacht hätte. Das geteilte Seitenleitwerk der Ju 86 bewog das Reichsluftfahrtministerium (RLM) jedoch bald, wegen des erweiterten Schußfeldes für eine Abwehrbewaffnung nach hinten diesen Flugzeugtyp zum Bomber umbauen zu lassen. So nahmen mit Ju 86 ausgerüstete Kampfgeschwader erstmals 1937 an Manövern der Luftwaffe teil. Doch bereits 1939 entsprach dieser Typ mit seinen Leistungen nicht mehr den aktuellen Anforderungen, die nun vom Konkurrenzmuster *Heinkel He 111* erfüllt wurden, einem Flugzeug, das nach der gleichen Ausschreibung von 1934 auch zuerst für den zivilen Verkehr entwickelt worden war.

Die aus der ersten Linie zurückgezogenen Ju 86 wurden dann meist zur Pilotenschulung und zur Ausbildung der übrigen Besatzungsmitglieder von Kampfflugzeugen benutzt. Die Hauptversion *Ju 86 D-1* hatte wie die ursprüngliche Passagierausführung Dieselmotoren der gleichen Herstellerfirma als Antrieb. Man versprach sich von der Verwendung des Schwerölkraftstoffs die Reduzierung des Verbrauchs und eine Verringerung der Brandgefahr. Das technisch besonders Interessante an diesen Junkers-Motoren war die Tatsache, daß sich in jedem Zylinderraum zwei Kolben bei der Kompression gegeneinander bewegten.

Ju 86-Bomber wurden auch nach Portugal und Schweden exportiert und blieben dort sogar über 1945 hinaus im Einsatz. Für die Verfilmung von *Carl Zuckmayers* Drama *Des Teufels General* mit *Curd Jürgens* in der Hauptrolle wurden noch 1954 einige Ju 86 der schwedischen Luftwaffe herangezogen.

Triebwerke: Junkers Jumo 205 C-4-Zweitakt-Einreihen-Doppelkolben-Dieselmotoren mit 2 x 441 kW/600 PS
Höchstgeschwindigkeit: 300 km/h
Marschgeschwindigkeit: 275 km/h
Dienstgipfelhöhe: 5.900 m
Reichweite: 570 km

Jagdfliegerschulung in Fürth

Als der Luftkrieg sich - entgegen den Parolen des für die Luftwaffe zuständigen Reichsmarschalls Hermann Göring - in immer stärkerem Maße auf das Kerngebiet des Deutschen Reiches verlagert hatte, wurden vor allem Jagdflieger benötigt, um den alliierten Bomberströmen eine wirksame Abwehr entgegenzusetzen. Es hatte sich mit zunehmender Dauer des Krieges auch herausgestellt, daß es weniger einen Mangel an Flugzeugen als an Piloten gab, deren Ausbildung erheblich mehr Zeit in Anspruch nahm als die Serienherstellung des Fluggeräts; auch das beste Flugzeug nützte wenig, wenn es an qualifiziertem fliegenden Personal mangelte, und da waren auf allen Seiten die Verluste sehr hoch.

Das für Fürth überlieferte (ebenfalls ausschließlich private) Fotomaterial weist eine ähnliche Charakteristik auf wie die der Bilder von 1918: Man sieht überwiegend mehr oder weniger stark beschädigte Flugzeuge. Es handelt sich dabei um die beiden am weitesten verbreiteten Jagdflugzeuge der Luftwaffe, die *Messerschmitt Me 109* (Abb. 128) und die *Focke-Wulf FW 190* (Abb. 129).

Der Standardjäger der Luftwaffe, die *Messerschmitt Bf (später Me) 109* gehört zu den Typen der Luftfahrtgeschichte mit der höchsten Produktionszahl; insgesamt entstanden (einschließlich der Lizenzbauten in der Tschechoslowakei bis 1948, in Spanien sogar bis 1958) über 33.000 Exemplare dieses Musters.

Schon 1934 begannen die Konstruktionsarbeiten für diesen fortschrittlichen Jagdeinsitzer, wobei das Messerschmitt-Team auf den Erfahrungen mit dem damals geradezu revolutionär wirkenden Reiseflugzeug *Bf 108 Taifun* aufbauen konnte. Beim Vergleichsfliegen im Oktober 1935 mit den Prototypen der Konkurrenzfirmen *Arado*, *Focke-Wulf* und *Heinkel* fiel die Entscheidung zugunsten des *Messerschmitt*-Entwurfs, weil das Flugzeug rationeller zu produzieren war als die *Heinkel He 112*, die vom Stand der Technik her einzige wirkliche Konkurrentin der *Bf 109*. Beide Maschinen waren übrigens mit einem britischen *Rolls Royce Kestrel V*-Motor mit 511 kW/695 PS ausgestattet, da zu diesem Zeitpunkt noch kein deutsches Triebwerk dieser Leistungsklasse zur Verfügung stand.

Die ersten Kriegseinsätze erlebte die Bf 109 in den Versionen *B* und *C* im Spanischen Bürgerkrieg. Zu Beginn des Zweiten Weltkriegs stand die *Me 109 E* zur Verfügung, die mit einem

Abb. 128: Messerschmitt Me 109 G 6 im Winter 1944/45 in Atzenhof.

Abb. 129: Focke-Wulf FW 190. Die Maschine wird nach einer Bauchlandung auf dem Flugfeld wieder aufgerichtet.

809 kW/1100 PS leistenden *Daimler Benz DB 601 A*-Motor ausgestattet war. 1940 folgte die *F*-, 1942 die *G*-Reihe. Die Spezial-Höhenausführung *Me 109 H* erschien 1944, während von der letzten Ausführung der *K*-Serie (*K-14*) gegen Kriegsende nur noch wenige Maschinen zum Einsatz kamen. Die Baureihen unterschieden sich hauptsächlich in Motorisierung und Bewaffnung, aber auch die Struktur und Formgebung selbst erfuhren Verfeinerungen. Bei den letzten Varianten war aber die in den Grundzügen unveränderte Flugzeugzelle geradezu überladen. Diese Maschinen bekamen deshalb den Spitznamen *Beule*, weil die Bewaffnung nicht mehr vollständig in der übernommenen Rumpf- und Tragflächenkontur untergebracht werden konnte.

Triebwerk: DB 605 D-Reihenmotor mit 1058 kW/1435 PS
Höchstgeschwindigkeit: 710 km/h
Marschgeschwindigkeit: 645 km/h
Gipfelhöhe: 12.000 m
Reichweite: 640 km
(Angaben für die Version K-4)
Bewaffnung: 1x MK 108, 2x MG 131

Ursprünglich war für die Luftwaffe die Me 109 als einziger Jagdflugzeugtyp vorgesehen. Gewisse Erfahrungen mit der Maschine, z.B. auch die vielen Start- und Landeunfälle wegen der geringen Spurweite des Fahrwerks, führten aber dazu, daß das Reichsluftfahrtministerium (RLM) bei Focke-Wulf einen zweiten modernen Jäger in Auftrag gab als «zweites Eisen im Feuer.» Dieser Typ, dem vom RLM die Bezeichnung *FW 190* zugewiesen worden war, wurde im Gegensatz zur Me 109 mit einem luftgekühlten Sternmotor ausgerüstet, der wegen des fehlenden Flüssigkeitskühlers weniger empfindlich gegen Beschuß sein sollte. Anders als bei der Me 109 wurde das Fahrwerk zum Rumpf hin eingefahren, so daß eine große Spurbreite entstand. 1939 konnte der Prototyp erstmals vom Boden abheben, und 1942 wurde die erste Luftwaffeneinheit mit der *FW 190 A-1* ausgerüstet. Doch es erwies sich, daß diese Flugzeuge noch nicht ganz fronttauglich waren; vor allem Kühlungsprobleme beim hinteren Zylinderstern führten zu fatalen Motorausfällen. Nach etwa 50 Änderungen wurde aus der FW 190 doch noch ein von den Gegnern gefürchtetes Flugzeug. Eine intakte FW 190, die den Engländern 1942 in die Hände gefallen war, diente sogar als Vorbild für deren Hochleistungsjäger *Hawker Fury*. Von allen Versionen *A* bis *G* der FW 190 wurden bis Kriegsende 19.999 Maschinen gebaut.

Triebwerk: BMW 801 D-Doppelsternmotor mit 1301 kW/1770 PS
Höchstgeschwindigkeit: 656 km/h
Marschgeschwindigkeit: -
Gipfelhöhe: 10.500 m
Reichweite: -
Bewaffnung: Zwei x MG 17, 2 MG 151, 2 MG/FF (Angaben für die Jägerausführung A-5)

Nachkriegszeit

Am 19. April 1945 fand die Übergabe der Stadt Fürth an die Amerikaner statt. Für Fürth hatte damit der Krieg ein Ende. Die U.S. Army übernahm auch alle militärischen Einrichtungen, die Südstadtkasernen ebenso wie den Fliegerhorst Atzenhof. Damit beginnt in der Geschichte des Flughafens ein neues Kapitel. Es umfaßt zwar den längsten Zeitabschnitt, die Jahre 1945 bis 1993, gleichwohl nimmt es in diesem Buch nur wenig Raum ein, weil die Amerikaner Atzenhof weniger als Flugplatz und mehr als Panzerkaserne genutzt haben.

Monteith Barracks

Die Amerikaner konnten die unzerstörten Flugplatzgebäude (S. 96), Hallen und Kasernen, nahtlos weiterbenutzen. Allerdings vernichteten sie die deutschen Flugzeuge, die seit März 1945 wegen des Benzinmangels unbenutzt herumstanden. Es waren vor allem *Ju 87-*, *FW 190-* und *Me 109-*Maschinen.

Der alte Flugplatz bekam nun seinen fünften und später weitere Namen. Nach Fliegerstation Fürth, Flughafen Fürth-Nürnberg, Flughafen Nürnberg-Fürth und Fliegerhorst Fürth hieß er 1945 *Army Air Force Station Fürth*, ab November 1946 dann *Fürth Air Base, Germany*. 1949 wurde er dann *Monteith Barracks* benannt, nach *Jimmie W. Monteith*, einem Leutnant, der im Zweiten Weltkrieg die *Medal of Honor* erhalten hatte und 1944 gefallen war. Schon 1946 wurde für die Truppenbetreuung die Wochenzeitung *The Jet Gazette* herausgegeben, die Unterhaltung und Information brachte. Am 27. Juni 1946 brachte sie als Aufmacher neben dem Titel die Parole «Let's Make Furth Better!».

Als wichtigste Veränderung auf dem Flugplatz wurde eine Start- und Landepiste aus vorgefertigten Locheisenplatten angelegt, die später durch eine 850 m lange betonierte Rollbahn ersetzt wurde. Zum ersten Mal starteten und landeten die Flugzeuge jetzt nicht mehr auf der Grasnarbe des alten Heide- und Weidegebietes. Kurzfristig wurde die Rollbahn von einer Fliegereinheit genutzt. Hauptsächlich diente sie aber nur für Transportflugzeuge, da Atzenhof ein Materialstützpunkt war, und für kleine Passagierflugzeuge, die hier gelegentlich landeten. Bedeutung als Flugplatz erlangte das Atzenhofer Gelände wieder während der *Nürnberger Prozesse*. Viele Politiker, Prozeßbeobachter und Berichterstatter aus den USA und Kanada landeten hier.

Wie in der Frühphase (S. 33) betrieben auch die Amerikaner in Atzenhof ein eigenes Flugpostamt, das die Nummer *696* trug.

Die Gloster G.41 Meteor in Fürth

Eines der herausragenden Ereignisse für die Fürther Army Air Force Station war am 14. September 1946 der Besuch des einzigen Strahlflugzeugs, das die Alliierten noch in der letzten Kriegsphase zum Einsatz gebracht hatten, allerdings nur zur Abwehr der fliegenden V1-Bomben über England. Die Jet-Gazette berichtet enthusiastisch über den Flugzeugbesuch und druckte eine Zeichnung ab, die ein amerikanischer Offizier von dem vielbestaunten Flugzeug gemacht hatte.

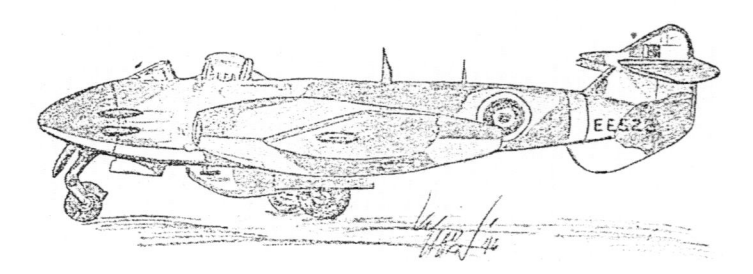

Es handelte sich um das britische Pendant zur Me 262, um die ebenfalls mit zwei Turbinen an den Tragflächen ausgerüstete Gloster G.41 Meteor. Das Kennzeichen EE 528 weist das mit einem großen Zusatztank unter dem Rumpf versehene Düsenflugzeug als eine Serienmaschine der Version *G.41 F Meteor IV* aus. Gesteuert wurde es von *Neville Duke*, der wenige Jahre später bei der Firma Hawker einer der berühmtesten englischen Testpiloten wurde. Begleitet wurde es von einem *Avro Lincoln-Bomber*, einer Weiterentwicklung des berühmt-berüchtigten *Lancaster*. Beide Flugzeuge machten in Fürth eine Zwischenlandung auf dem Weg nach Prag, wo sie an einer Luftfahrtschau teilnahmen.

Amerikanischer Militärbetrieb

Nicht angewiesen auf die neue Rollbahn war die *Hubschrauberstaffel*, zuletzt mit Maschinen des Typs *Bell OH-58 Kiowa* (militärische Version des bekannten *Bell 206 Jet Ranger*). Diese Maschinen sind Beobachtungs- und Verbindungshubschrauber, die vor allem für die Koordination der in Mittelfranken eingesetzten amerikanischen Truppen bestimmt waren. Die Hubschrauberstaffel gehörte zu den beiden Panzerdivisionen, die im Wechsel auf dem Flugplatz stationiert waren. Der Lärm der Hubschrauber am Himmel und der Lärm der Panzer auf den Straßen belasteten in den Sechziger Jahren die Beziehungen zwischen der U.S. Army und der Fürther Bevölkerung.

Größere Zustimmung in der Öffentlichkeit fand die Umnutzung eines großen Teils der Freifläche zum Golfplatz. Er war für Deutsche nicht zugänglich, stellte aber im Vergleich zu den militärischen Betätigungen keine Lärm- und Schmutzquelle dar.

Bereits im August 1946 hatten die Amerikaner unter der Leitung von zwei Eisenbahnspezialisten aus den USA unter Einsatz von 700 Kriegsgefangenen und Zivilarbeitern die Flugplatzbahn wieder hergestellt. Sie diente nach wie vor zur Versorgung und zum Gerätetransport.

Flugtag der Nationen 1956

Normalerweise waren die Tore der Monteith Barracks für die Öffentlichkeit verschlossen. Zugang hatte die deutsche Bevölkerung nur an wenigen Tagen. Das herausragende Ereignis, das über 100.000 Menschen nach Atzenhof lockte, war der *Flugtag der Nationen*. Das *Organisationsbüro des Nordrhein-Westfälischen Luftsportverbandes e.V.* im *Deutschen Aero-Club* veranstaltete in verschiedenen deutschen Städten einen solchen Flugtag. Am 8. Juli 1956 fand er in Atzenhof statt, organisiert vom *Aero Club Fürth*. Segel-, Kunst- und Düsenjägerflug standen auf dem Programm. Berühmte Flieger waren beteiligt, darunter auch *Liesel Bach*, die sich schon vor dem Krieg ins Gästebuch des Flughafenrestaurants (S. 68) eingetragen hatte.

Fünf Nationen stellten ihre Flugzeuge vor und demonstrierten ihre Flugkünste (S. 107f.). Insgesamt 80 Flugzeuge aus England, Frankreich, Italien, Deutschland und den USA waren beteiligt. Wegen der befürchteten Probleme mit der Anfahrt und Versorgung so vieler Menschen war die Stadt Fürth zunächst von der Ausrichtung dieses Flugtages in ihrer Stadt nicht begeistert. Doch dann funktionierte wider Erwarten alles reibungslos. Zum ersten Mal hatten die Fürther Grundig-Werke in Zusammenarbeit mit der Polizei für die Überwachung des Verkehrs eine drahtlos sendende Kamera installiert. Das 8-Uhr-Blatt berichtete noch am selben Tag: «Mit einem mächtigen radarähnlichen Schirm wurden die von einem Fernauge vom neunten Stockwerk des Hochhauses an der Billinganlage aufgenommenen Bilder zum 1,5 Kilometer entfernten Städtischen Krankenhaus drahtlos gesendet. Dort saß Polizeidirektor Kaltenhäuser und dirigierte seine Polizisten, die in vorbildlicher Arbeit mit der Bereitschaftspolizei die Massen lenkten.»

Allerdings hatte diese gelungene Veranstaltung ein unschönes Nachspiel. Nach Beendigung der Vorführungen, aber als noch viele Menschen auf dem Flugplatz waren, erschien im Auftrag der Bundesvermögensverwaltung, der Eigentümerin des Platzes, ein Gerichtsvollzieher und pfändete die Tageseinnahmen, weil die Veranstalter die Flugplatzmiete nicht bezahlt hatten. Helle Aufregung war die Folge, als «eine Schande für das Land Bayern»

Am Himmel über Fürth die schnellsten Maschinen der Welt
Während auf den Tribünen der fliegenden Noblesse Beifall geklatscht wurde, begann dahinter der Skandal

wurde diese Aktion bezeichnet. Sehr befremdet waren auch die Vertreter der Diplomatischen Corps der beteiligten Länder. Sie blieben dem «Ball der Nationen» im Geismannsaal, der diesen Tag feierlich abschloß, fern. Erst ein Brief des Fürther Oberbürgermeisters Dr. Bornkessel an den Bayerischen Ministerpräsidenten Dr. Hoegner als dem Schirmherrn der Veranstaltung brachte die Sache wieder in Ordnung und glättete die Wogen der Empörung in der Presse.

Dieser Flugtag stellt das letzte große Flugereignis in der Geschichte des Atzenhofer Geländes dar.

Durch den Kanalbau ging so viel Platz verloren, daß die beiden Panzerbataillone verlegt und durch ein Nachschub-, Instandsetzungs-, Sanitäts- und Transportbataillon ersetzt wurden, die die Flugzeughallen als Lagerräume nutzten. Auch Freizeiteinrichtungen für Sport, Bowling und Theater fanden in den Hallen Platz. Es verblieben nur sechs bis acht Hubschrauber für die Beförderung hoher Offiziere und für Kurierdienste. Noch Anfang der neunziger Jahre gehörten die bei Dämmerung zurückkehrenden Hubschrauber zur allabendlichen Geräuschkulisse im Fürther Westen.

Abb. 130: Deutsch-amerikanische Freundschaftswoche 1974 in den Monteith-Barracks.

Main-Donau-Kanal

Der Bau des Main-Donau-Kanals, der in seinem Fürther Streckenabschnitt 1972 vollendet wurde, hat den Westen des Stadtgebiets stark verändert. Auch der Atzenhofer Flugplatz war betroffen. Ein großer Teil des alten Flugfeldes, auf dem sich inzwischen Bunker und Munitionslager befanden, mußte für Kanal und Hafenanlagen abgetreten werden. Dabei gingen einige Bahnen des Golfplatzes verloren. Langwierige Verhandlungen führten zu einer Kompensation. Die Freifläche zwischen Mülldeponie und Flugplatz wurde zur Beibehaltung einer 18-Loch-Anlage den Amerikanern überlassen.

Benutzung und Veränderung der Flugplatzgebäude

Die Weiterbenutzung der alten Gebäude durch die U.S. Army und ihre regelmäßige Instandhaltung hat viel dazu beigetragen, daß sie sich heute noch in einem guten Zustand befinden. Leider haben aber die Amerikaner die zweite Normalflugzeughalle aus dem Ersten Weltkrieg, die 1921 nicht demontiert werden mußte und die über die Zeiten des Zivilflughafens und des Fliegerhorstes erhalten blieb, abgerissen. Das Betonfundament ist bis heute zu sehen und läßt ihre Lage und Größe erkennen. Der zweite Verlust ist das ehemalige Offizierscasino, in dem sich das Flughafenrestaurant befand. Der Holzbau brannte 1971 ab.

Das historisch wichtigste Gebäude auf dem Flugplatz, die alte Werft von 1918, hat sich über die vielen Jahrzehnte sehr gut erhalten, viel besser als die Schwesterwerft in Oberschleißheim, die inzwischen mit hohem Aufwand restauriert wurde. Die Fürther Werft erfuhr allerdings einige nachteilige Veränderungen. Vor allem die Glasdachkonstruktion mit den dreieckigen Lichtbändern wurde entfernt. Die seitlichen Giebelfronten zum Rollfeld haben viel von jener charakteristischen Gestaltung verloren, die auf so vielen Bildern dieses Buches zu sehen ist. Fenster und Türen wurden ausgetauscht. Aber alle diese optisch störenden Umbauten sind relativ leicht zu revidieren.

Genauso verhält es sich mit den beiden Flugzeughallen von 1935, deren Schiebetore entfernt wurden, und der Neuen Werft.

Zwar hat die Haltestelle des städtischen Linienbusses an der Kaserneneinfahrt nach wie vor den Namen «Flugplatz Atzenhof», doch ist im Bewußtsein der Fürther Bevölkerung mehr und mehr verlorengegangen, daß sich auf dem weitläufigen Gelände einer der großen Zivilflughäfen Deutschlands befand. Bei den *deutsch-amerikanischen Freundschaftswochen* (Abb. 130) die vor allem in den siebziger Jahren veranstaltet wurden, waren Panzer, Flugabwehrraketen, Fallschirmabsprünge, Autoslalom, Crashrennen und Kilopackungen von Icecream größere Attraktionen als die alten Bauten, deren Geschichte im Bewußtsein verdämmerte.

In den langen Phasen zwischen diesen Offenen Tagen war das Kasernengelände hermetisch abgeriegelt, eine kleine Stadt für sich. Zu den intensiv genutzten Gebäuden aus früherer Zeit kamen an wichtigen Neubauten eine Kapelle mit kleinem Turm, eine Kantine, ein Unterkunftsgebäude und eine große Schule dazu.

Abzug der U.S. Army

Seit dem Ende der Sowjetunion hat ein kontinuierlicher Abbau von amerikanischen Militäreinrichtungen begonnen, der sich durch den Golfkrieg 1991 noch einmal verzögert hat. Seit 1992 wurden die Monteith Barracks geräumt. Mehrfach konnte die deutsche Bevölkerung Mobiliar und elektrische Haushaltsgeräte kaufen, die nicht mehr benötigt wurden.

Am 15. September 1993 war es dann soweit: Das Sternenbanner wurde eingeholt (Abb. 131). Das Gelände des alten Flugplatzes und seine Gebäude gingen an die Bundesvermögensverwaltung zurück. Die Entscheidung über die weitere Nutzung liegt allerdings auch bei der Stadt Fürth.

Abb. 131: Einholung des Sternenbanners am 15. 9.1993. Das Gelände übernimmt die Bundesvermögensverwaltung.

Erinnerungen an den Flugtag der Nationen 1956

Ein winziger dunkler Punkt steigt unmittelbar rechts neben der Silhouette des Kongreßhallentorsos am Horizont im Zeitlupentempo scheinbar senkrecht in die Höhe, zittert dabei nervös im kleinen, kreisrunden Gesichtsfeld hin und her, weil ich das Fernglas nicht ruhig genug halten kann. Bald wird dieser Punkt größer, bekommt Konturen und Flügel, bewegt sich folglich direkt auf mich zu und zieht wenige Minuten später genau senkrecht über mich hinweg. So erlebe ich als Bub die Flüge der kleinen einmotorigen Cessna L 19a, *die als Verbindungsflugzeuge der U. S. Army vom behelfsmäßigen Flugplatz auf der Breiten Straße des ehemaligen Reichsparteitagsgeländes zur Armee-Basis Atzenhof unterwegs waren. Der Kurs dieser Maschinen führte genau über die Nürnberger Burg, auf der unsere Familie neben dem Tiefen Brunnen seit 1949 wohnte. Die nun als Startbahn dienende Aufmarschstraße am Dutzendteich war ja von den Planern des Tausendjährigen Reiches auch genau auf die Burg ausgerichtet worden.*

In der Freizeit lag ich deshalb bei guter Sicht stundenlang mit dem Feldstecher am Fenster meines Zimmers hoch über den Dächern der Stadt auf der Lauer, um die zumeist zwischen dem Dutzendteich und Atzenhof hin- und herpendelnden Maschinen zu beobachten, denn sehr viel mehr tat sich nicht am Nürnberger Himmel Anfang der 50er Jahre. Und als 1955 der neue Flughafen bei Kraftshof den Betrieb aufnahm, konnte man geraume Zeit von Glück reden, wenn man bei einem sonntäglichen Ausflug dorthin zufällig einmal eine Maschine zu Gesicht bekam. Regelrecht elektrisierend wirkten deshalb auf mich, den Zwölfjährigen, wie auf viele andere Menschen aus dem nordbayerischen Raum die Plakate, die 1956 einen Flugtag der Nationen *in Fürth-Atzenhof ankündigten (Abb. 132). Ich brauchte meinen ebenfalls technisch interessierten Vater nicht lange zu bitten. Am Sonntag, den 8. Juli 1956, machten wir uns mit der Straßenbahn auf den Weg nach Fürth - Endhaltestelle Billinganlage. Die Straßenbahnen, reguläre und Sonderwagen, waren brechend voll, und von der Billinganlage aus bewegte sich bei wahrem «Kaiserwetter» ein Strom von Menschen die Vacher Straße entlang in Richtung der Monteith Barracks. Mir kam der Weg schier endlos vor, doch die Erwartung wog die Mühsal auf. Auf dem Zuschauerareal drängten sich schon Tausende (Abb. 133), und man suchte sich einen günstigen Standort, um auch einen Blick auf einige neben der Betonpiste abgestellte moderne Militärflugzeuge der Amerikaner, Engländer und Franzosen werfen zu können.*

Eine freundliche Stimme führte über eine gewaltige Lautsprecheranlage durch das Programm, das eine Mischung von zivilen und militärischen Flugvorführungen bot. Um 12.30 Uhr starteten die kleinen, auffällig lackierten Piper J 3 *der Burda-Staffel zum zwar nicht sehr aufregenden, doch durchaus gekonnten Formationsflug. Die Burda-Flugzeuge und ein* Tiger Moth*-Doppeldecker nahmen dann auch in einem viel Fingerspitzengefühl erfordernden Manöver Reklame-Schleppbanner vom Boden auf. Anschließend wurde der damals noch wenig verbreitete Start von Segelflugzeugen im Schlepptau von Motormaschinen vorgeführt. Während die Schleppflugzeuge kurz nach dem Ausklinken wieder landeten, nutzten die Segler die Thermik, die sich über den Zuschauermassen gebildet hatte, um kreisend an Höhe zu gewinnen und etwas länger in der Luft zu bleiben. Erste Höhepunkte waren*

Abb. 132: Plakatwand mit Werbung für den Flugtag der Nationen 1956.

dann die Vorführungen der Motorkunstflieger: Liesel Bach *mit einer* Klemm Kl 35 *und* Albert Falderbaum *auf der stark motorisierten* Bücker 133 Jungmeister. *Besonders beindruckten Falderbaums gerissene Rollen mit dem bullig wirkenden Doppeldecker. Daß dieser Pilot auch ein Meister des motorlosen Kunstflugs war, bewies er später mit kühnen Figuren auf dem speziell für diese Disziplin konstruierten* Lo 100-Segler. *Falderbaums Spezialität war dabei zum Abschluß immer ein langgestreckter Vorbeiflug mit hoher Geschwindigkeit in Rückenlage - und das in etwa fünf Metern Höhe -, aus dem heraus dann die Landeschleife folgte. Leider ist Falderbaum Jahre später während eines Flugtags bei diesem Rückentiefflug auf unerklärliche Weise aus dem Flugzeug gefallen und tödlich verunglückt.*

Nach mehreren eindrucksvollen Fallschirmabsprüngen warteten wir Zuschauer alle auf das Röhren und Jaulen der Strahlflugzeuge, die damals für die meisten Menschen noch eine besondere Attraktivität besaßen, und je lauter sie dröhnten, um so interessanter erschienen sie - damals noch! Besondere Erwartungen richteten sich naturgemäß auf den Kunstflug der Französin Auriol *mit dem Düsenjäger* Dassault Mystère IV A. *der* Armée de l'Air. *Leider mußte sie wegen einer Erkrankung durch einen französischen Feldwebel vertreten werden. Zum Abschluß seiner Vor-*

Abb. 133: Über 100.000 Menschen besuchten den Flugtag der Nationen 1956.

Abb. 134: Fairchild C-123 Provider.

führung gab es einen wirklichen Donnerschlag, als er mit seiner Maschine im Bahnneigungsflug die Schallmauer durchbrach. Echte Überschallflugzeuge befanden sich damals allerdings noch im Erprobungsstadium, und die Luftstreitkräfte waren damit noch nicht ausgerüstet. Den Schönheitswettbewerb für Düsenjäger hätte wohl der britische Hawker Hunter gewonnen, der sowohl im Solo- wie im Formationskunstflug gezeigt wurde. Die mit Abstand lauteste Maschine war eine einzelne North American F-86 D der US-Air Force, die von Fürstenfeldbruck aus auch eine Viererformation mit Lockheed T-33 schickte. Eine gewisse Irritation ergab sich, als die italienische Kunstflugstaffel ihr Programm etwas weit abseits begann. Es stellte sich später heraus, daß der Staffelführer anfangs den stillgelegten Industrieflughafen auf der Hardhöhe für das Ziel gehalten hatte. Doch machten die Italiener diesen kleinen Irrtum mit der bei weitem exaktesten und waghal-

sigsten Vorführung auf ihren Republik F-84 G Thunderjets *wieder wett; die Amerikaner schienen dagegen noch einen gewissen Trainingsbedarf zu haben, denn ihnen gelangen nicht alle Flugfiguren mit der gleichen Präzision.*

Neben diesen besonders spektakulären Veranstaltungsteilen gab es clowneske Hubschrauberflüge zu sehen oder den Kurzstart des großen, zweimotorigen Amphibienflugzeugs Grumman HU 16 Albatros *mit Unterstützung von Raketentreibsätzen, die für geraume Zeit das Flugfeld einnebelten.*

In der Schau am Boden zogen vor allem das französische Transportflugzeug Nord-2501 Noratlas *mit seiner ungewöhnlichen Doppelrumpf-Konfiguration und die amerikanische* Fairchild C-123 Provider *die Blicke auf sich, nach damaligen Begriffen beeindruckend große Maschinen, die auch im Flug gezeigt wurden (Abb. 134). Neben den heutigen Riesen der Luft würden sie sich allerdings eher unscheinbar ausnehmen.*

Bei all diesen aufregenden Vorführungen gab es natürlich noch Attraktionen anderer Art, an die man normalerweise auch nur schwer herankam, nämlich z.B. die sehr begehrte amerikanische Icecream, die in der glühenden Hitze dieses Julitages natürlich reißenden Absatz fand.

Ohne jeden Zwischenfall ging schließlich am späten Nachmittag ein unvergeßliches Erlebnis zu Ende, und wir Zuschauer traten hochgestimmt den weiten Rückweg zur Billinganlage an. Dieser Flugtag der Nationen 1956 war die letzte große Flugveranstaltung auf dem Atzenhofer Gelände, das seine Pforten für die Öffentlichkeit fortan wieder wie zuvor verschlossen hielt, mit Ausnahme von deutsch-amerikanischen Freundschaftstagen, aber das waren dann keine Flugveranstaltungen mehr. Ich selbst bin zwölf Jahre später noch zweimal in den Monteith Barracks gewesen - als Aushilfsorganist beim Sonntagsgottesdienst in der dortigen Chapel der US-Soldaten.

Dornröschens Hüter

Zweidrittel seiner Zeit war der Flugplatz in Atzenhof den Blicken und dem Zugang der Öffentlichkeit versperrt. So verwundert es nicht, daß im allgemeinen Bewußtsein nach und nach das Wissen darüber verloren ging, was hinter den hohen Stacheldrahtzäunen und hinter den vielen Bäumen verborgen war. Und weil man die großen Hallen und vor allem das aufwendige Werftgebäude von 1917/18 nicht mehr sehen konnte, geriet auch in Vergessenheit, welche Bedeutung diese Bauten einst hatten.

Als Anfang der neunziger Jahre in Oberschleißheim bei München das fast baugleiche Schwestergebäude des Atzenhofer Werftbaus mit großem finanziellen Aufwand vor dem Verfall gerettet und saniert worden war, rühmte das Bayerische Landesamt für Denkmalpflege die Sicherung und den Erhalt «dieses einzigen noch erhaltenen Beispiels eines Flugplatzes aus der Pionierzeit der Fliegerei». Kein Wort darüber, daß, unzerstört und fast unverändert, der gleiche Bau in Fürth steht. Noch schlief, zumindest was Denkmalschutz und geschichtliche Aufarbeitung betrifft, das Atzenhofer Gelände seinen Dornröschenschlaf. Sein Hüter war über viele Jahre der Amerikaner Knut A. Ogaard (Abb. 135).

Seit Jahren war er Hausherr in Atzenhof, den Monteith Barracks, gewesen, oder besser die Hausfrau, das Mädchen für alles, einer, der jeden Winkel des großen Areals kannte und dem, ganz nach und nach, das Gelände mit seinen alten Bauten ans Herz gewachsen war. So gab es wenigstens einen auf dem Gelände, der ein Gespür dafür entwickelte, daß man behutsam mit den Gebäuden umgehen sollte, daß die Bauten Substanz haben, geschichtlich und architektonisch. Jede Veränderung, die vorgenommen wurde, tat Knut Ogaard weh. Als eine Scheibe aus einem der spitzwinkligen Glasdächer der Werft ausbrach und auf den Hubschrauber eines Generals fiel, wurde entschieden, die charakteristische Dachkonstruktion durch Plexiglasoberlichter zu ersetzen. Diese gravierende, wenn auch leicht korrigierbare Veränderung hat Knut Ogaard nur widerwillig durchgeführt, durchführen müssen.

1991 begann Dornröschen aufzuwachen: die Tore in Atzenhof wurden durchlässiger. Wir durften die alten Gebäude anschauen, wir durften der Münchner Denkmalschutzbehörde die Fürther Kostbarkeiten zeigen und wir durften fotografieren. Mit jedem Interesse, das von außen kam, fühlte Knut Ogaard sich bestätigt. Er freute sich. Freilich ist das eine Einstellung, die ihm leicht fällt. Freuen, freundlich sein, hilfsbereit sein sind Merkmale des ehemaligen Soldaten Ogaard, die ihn mehr charakterisieren als die gestanzte Blechmarke mit Blutgruppe und Rhesus-Faktor, die er uns ebenso wie Rangabzeichen, Orden und Ehrenzeichen ganz selbstverständlich für zwei Ausstellungen ausgeliehen hat.

Mit Einheiten der 1. Panzerdivision war der junge amerikanische Soldat, Sohn einer norwegischen Einwandererfamilie, nach Atzenhof gekommen und dort bis zum Spieß, das heißt zum First Sergeant, avanciert. 1987 endete seine Militärzeit. Aber er war so sehr mit dem Gelände in Atzenhof vertraut, daß ihn die Armee als Zivilbediensteten weiterbeschäftigte und mit der Verwaltung des Geländes betraute. So kam es, daß Knut Ogaard im Lauf der folgenden sechs Jahre für den Bestand des Areals, dann für den geordneten Abzug der Amerikaner aus Atzenhof und schließlich für

Abb. 135: Knut A. Ogaard.

die Übergabe des weitläufigen Geländes am 15. September 1993 an die Bundesvermögensverwaltung verantwortlich wurde. Er hat 1993 die Türen in Atzenhof zugesperrt und das Licht abgedreht.

Dann gab es noch ein kurioses Nachspiel. Einige Monate nach dem Abzug der Amerikaner wollte ein gerade nach Franken versetzter amerikanischer General die ehemaligen US-Militäreinrichtungen besichtigen. Knut Ogaard sollte ihn begleiten. Inwischen hatte der neue Hausherr, die Bundesvermögensverwaltung, einen Wach- und Schließdienst zum Schutz des weitläufigen Areals eingerichtet. Soweit Ogaard wußte, waren mit dieser Aufgabe hauptsächlich ehemalige DDR-Soldaten, Mitglieder der NVA, betraut. Er wollte beiden Teilen die paradoxe Situation ersparen, daß beim Betreten einer früheren amerikanischen Militäranlage der US-General sich nun vor dem früheren Feind, einem Volksarmee-Soldaten, ausweisen sollte. Ogaard regelte die Angelegenheit im Vorfeld, von «ehemaligem Soldaten zu ehemaligem Soldaten». Wenn er die Geschichte erzählt, muß er lachen.

Knut Ogaard lacht. Er lacht gerne. Damit ist nicht das Klischee eines undifferenzierten, immer grinsenden Ami gemeint. Knut Ogaard ist einfach eine Frohnatur, die selbst den Mißgeschicken und Ärgernissen immer noch eine positive Seite abgewinnt. Ob er beim Zusperren der 1000 Türen in Atzenhof nicht heimlich doch die eine oder andere Träne verdrückt hat, über die Werft, die er so sehr mochte, über die schöne Schule, deren Bau er mitbetreut hat, über die alten Hangars, deren knarrende Torangeln er kannte? Ganz heimlich doch die eine oder andere Träne? Vielleicht!

Aber dann kam unsere Ausstellung über die Geschichte des Atzenhofer Flughafens in der Flugwerft in Oberschleißheim, in dem (wunderschön) renovierten Schwesterbau unserer Fürther Werft. Knut Ogaard war eingeladen. Von weitem sah er über das alte Rollfeld auf das Gebäude, sonnenbestrahlt und in bestem Zustand. Seine Fürther Werft als oberbayerische Fata Morgana. Es ist das einzige Mal gewesen, daß wir Knut Ogaard verwirrt erlebt haben. Aber er war sicher, daß es bald auch in Atzenhof so aussehen wird. Man sollte ihm glauben!

109

Ausblick

Eine lange Geschichte hat der Flugplatz in Fürth-Atzenhof mit allen Höhen und Tiefen erlebt: vom Beginn als militärische Fliegerstation über die Blütezeit als Zivilflughafen bis zur erneuten militärischen Nutzung im Dritten Reich und durch die Amerikaner.

Das Faszinierende ist, daß es nicht nur diese Geschichte gegeben hat, sondern daß viele der Gebäude, mit denen diese Geschichte verbunden ist, erhalten geblieben sind. Die Spuren eines wichtigen Stücks der Fürther Stadtgeschichte ebenso wie der deutschen Fliegereigeschichte lassen sich nach wie vor auf dem Atzenhofer Gelände ablesen.

Viele Umstände haben bei der Erhaltung zusammengewirkt:
- Die Aufnahme Fürths in die Liste der internationalen Flughäfen im Jahr 1920 verhinderte die völlige Demontage des Flugplatzes.
- Der Neubau eines größeren Zivilflughafens in Nürnberg-Marienberg im Jahr 1933 machte eingreifende Veränderungen und Abrisse in Atzenhof überflüssig.
- Der Ungehorsam des letzten Fliegerhorstkommandanten im Jahr 1945 bewahrte die Bauten vor der angeordneten Sprengung.
- Die weitere Nutzung der meisten Gebäude durch die Amerikaner bewahrte die alte Bausubstanz.

Auf diese Weise hat sich das einmalige Ensemble des Flugplatzes erhalten. 1993 wurde es unter Denkmalschutz gestellt.

Die Seiten des nächsten Kapitels der Flugplatzgeschichte sind noch ungeschrieben. Ganz sicher wird das Gelände nicht wieder als Flugplatz genutzt werden. Die Zeit der Fliegerei in Fürth ist für Atzenhof genauso vorbei wie für den zweiten Fürther Zivilflughafen auf der Hard, der auf dem Gelände des vorherigen Industrieflughafens zwischen 1950 und 1955 den zerstörten Nürnberger Flugplatz ersetzte. Er war von Anfang an nur als Provisorium gedacht und wurde mit der Fertigstellung des Flughafens im Knoblauchsland aufgegeben. Sein Gelände ist heute bebaut. Die Spuren des früheren Flugbetriebs sind fast völlig verwischt.

In Atzenhof sind die Bedingungen anders. Seit 1993 warten Bauten und Gelände auf eine neue Nutzung. Neuer Wohnraum, Gewerbeansiedlungen und Freizeitangebote können auf dem weitläufigen Areal geschaffen werden. Bei allen Planungen sollte unabdingbar sein, die flughistorisch so wichtigen Bauten zu integrieren. Sie stehen den Planern nicht im Weg, sondern sind Gestaltungselemente, die der Anlage auf Dauer ihre Eigenart belassen. Gerade die Werft und die großen Hallen sind vielseitig für Industrie, Sport oder Supermärkte nutzbar.

Inzwischen ist auch bei der Bevölkerung Interesse an diesem Stück der Fürther Geschichte wach geworden. Die Medien haben ausführlich über Ausstellungen und eine Flugplatzführung berichtet, die von fast 1.000 Menschen besucht wurde. Eine Stadt wird sich bewußt, daß sie nicht nur mit der ersten deutschen Eisenbahn von Nürnberg nach Fürth Verkehrsgeschichte geschrieben hat, sondern auch mit einem Flugplatz, der über eine kurze Phase der Pionierzeit zu Deutschlands wichtigsten Knotenpunkten gehörte.

Die Spuren dieser Epoche müssen erhalten bleiben (Abb. 153).

Abb. 136: Werftgebäude, aufgenommnen 1994.

Quellen- und Literaturverzeichnis

Quellen

Für freundliche Unterstützung bei der Quellensuche danken wir
dem Stadtarchiv Fürth,
der Bauverwaltung Fürth,
dem Hauptstaatsarchiv München, Abt. Kriegsarchiv,
dem Militärarchiv Freiburg.

Literatur

Anhaltischer Heimatbund e.V. u.a., Denkschrift zur Erhaltung des Junkers-Flugplatzes in Dessau, Dessau-Berlin-München 1993

Blunck, Richard, Hugo Junkers. Der Mensch und das Werk, Berlin 1943

Braunburg, Rudolf, Die Geschichte der Lufthansa. Vom Doppeldecker zum Airbus, München 1991

Cohausz, Peter W., Deutsche Oldtimer-Flugzeuge, Planegg 1991

D'Addario, Ray u. Kastner, Klaus, Der Nürnberger Prozeß. Das Verfahren gegen die Hauptkriegsverbrecher 1945-1946, Nürnberg 1994

Dierich, Wolfgang, Die Verbände der Luftwaffe 1935-1945. Gliederungen und Kurzchroniken - Eine Dokumentation, Stuttgart 1976

Erfurth Helmut, Hugo Junkers. Leben und Werk 1859-1935. Beiträge zur Stadtgeschichte 1, Dessau o.J.

Giesecke, Donald und Gramsch, Heinz, Die Geschichte des zivilen Flughafens Goslar und des Fliegerhorsts Goslar von 1927-1992, Goslar 1993

Großer Luftverkehrs-Atlas von Europa, Berlin-Leipzig 1927

Habel, Heinrich, Stadt Fürth. Ensembles, Baudenkmäler, Archäologische Denkmäler. (Denkmäler In Bayern, Band V.61), München 1994

Heimann, Erich H., Die Flugzeuge der Deutschen Lufthansa 1926 bis heute, 4. Aufl., Stuttgart 1988

Ishoven, Armand van, Messerschmitt. Sein Leben und seine Flugzeuge, München 1978

Junkers Flugzeug- und Motorenwerke A.-G. Dessau, Die Junkers-Lehrschau, 2. Aufl., Dessau 1939

Kellermann, Bernhard, Der neunte November, Berlin 1921

Kens, Karlheinz und Müller, Hanns, Die Flugzeuge des Ersten Weltkriegs 1914-1918, München 1966

Kleinlogel, A., Eisenbetonbau, in: A. Miethe (Hrsg.), Die Technik im Zwanzigsten Jahrhundert, Braunschweig 1920

Köhler Karl und Hummel, Karl-Heinz, Die Organisation der Luftwaffe 1933-1939, in: Handbuch zur deutschen Militärgeschichte 1648-1939, Bd. IV, Abschnitt VII, München 1979

Kopenhagen, Wilfried, Das große Flugzeugtypenbuch, 6. aktualisierte und bearbeitete Aufl., Berlin 1990

Kozmiensky, Reinhard, Als die Flieger fliegen lernten. In: airport nürnberg report Nr. 6, Nürnberg 1991, S. 8

Kredel, Ernst, Die Deutsche Verkehrsflug Aktiengesellschaft Nürnberg-Fürth, Berlin 1931

Kroschel, Günter und Stützer, Helmut, Die deutschen Militärflugzeuge 1910-1918, Augsburg 1994

Kürbs, Dr., Die deutsche Luftwaffe, Berlin 1936

Lang, Dieter (Museum für Verkehr und Technik Berlin), Hundert Jahre Deutsche Luftfahrt. Lilienthal und seine Erben, Gütersloh 1991

Lange, Bruno, Die deutsche Luftfahrt. Typenhandbuch der deutschen Luftfahrttechnik, Koblenz 1986

Ledermann, R., Der Fliegerhorst Fürth, Artikelfolge im Fürther Tagblatt, August 1928

Luppe, Hermann, Mein Leben, Nürnberg 1977

Marquard, Alfred, «Hans, guck in die Luft!». Das Buch vom Flug für die deutsche Jugend, Berlin 1918

Miertsch, Wolfgang, Vom Lilienthalgleiter zur fliegenden Annelise, Dessau 1991

Nowarra, Heinz J., 60 Jahre Deutsche Verkehrsflughäfen, Mainz 1969

Nowarra, Heinz J., Die deutsche Luftrüstung 1933-1945, 4 Bände, Koblenz 1993

Ohm, Barbara, Der erste Fürther Flugplatz in Atzenhof und sein Werftgebäude, Fürther Heimatblätter 1992, S. 81ff

Ohm, Barbara, Der Flugplatz Fürth-Atzenhof. Geschichte und Gebäude, in: Deutsche Gesellschaft für Luft- und Raumfahrt - Lilienthal-Oberth e.V., Jahrbuch 1994 II, Bonn 1994, S. 1003ff.

Pletschacher, Peter, Die Königlich Bayerischen Fliegertruppen 1912-1919, Stuttgart 1978

Ries, Karl u. Dierich, Wolfgang, Fliegerhorste und Einsatzhäfen der Luftwaffe. Planskizzen 1935-1945, Stuttgart 1993

Ries, Karl, Deutsche Flugzeugführerschulen und ihre Maschinen 1919-1945, Stuttgart 1988

Schätzl, Lothar, Flugplatz Oberschleißheim, in: Bayerisches Landesamt für Denkmalpflege und Bayerischer Landesverband für Heimatpflege e.V. (Hrsg.), Verkehrswege. Kalender 1992, Bild und Text zum Monat September

Schliephake, Hanfried, Wie die Luftwaffe wirklich entstand, Stuttgart 1972

Schmitt, Günter, Hugo Junkers and his Aircraft, Berlin 1986

Schmitt, Günter (Hrsg.), Junkers. Bildatlas aller Flugzeugtypen, Berlin 1990

Schwammberger, Adolf, Fürth von A bis Z. Ein Geschichtslexikon, Fürth, o.J.

Schwipps, Werner, Kleine Geschichte der deutschen Luftfahrt, Berlin 1968

Starke, Heinz H., Der Nürnberger Luftverkehr, in: Verkehrsentwicklung Nürnbergs im 19. und 20. Jhr., Nürnberg 1972

Statistisches Jahrbuch der Stadt Nürnberg 1929 bis 1933

Stützer, Helmut, Die deutschen Militärflugzeuge 1919-1934, Augsburg 1994

Tessin, Georg, Deutsche Verbände und Truppen 1918-1939, Osnabrück 1984

Tessin, Georg, Verbände und Truppen der deutschen Wehrmacht und Waffen-SS im Zweiten Weltkrieg 1939-1945, Osnabrück 1977

Treibel, Werner, Geschichte der deutschen Verkehrsflughäfen, Bonn 1992

Verein zur Bewahrung von Stätten deutscher Luftfahrtgeschichte e.V., Schütz, Andreas (Hrsg.), Luftfahrt in Berlin-Brandenburg, Berlin 1992

Verein zur Erhaltung der historischen Flugwerft Oberschleißheim (Hrsg), Geflogene Vergangenheit. 75 Jahre Luftfahrt in Schleißheim, München 1988

Völker, Karl-Heinz, Dokumente und Dokumentarfotos zur Geschichte der deutschen Luftwaffe, Stuttgart 1969

Völker, Karl-Heinz, Die deutsche Luftwaffe 1933-1939, Stuttgart 1967

Wachtel, Joachim, Bittner, Werner, Preuschoff, Franz (Deutsche Lufthansa AG Köln), Die Geschichte der Deutschen Lufthansa 1926-1984, 3. Aufl. Köln 1984

Wagner, Wolfgang, Aus den Anfängen deutscher Verkehrsfliegerei. Junkers G 24: einmotorig geplant, dreimotorig durch die Netze der Garantie-Kommission, Teil XIV. In: aerokurier 12, 1981, S. 1649

Wagner, Wolfgang, Der deutsche Luftverkehr. Die Pionierjahre 1919-1925, Koblenz 1987

Windmann, Theodor, See- & Schiffsposten. Archiv für deutsche Postgeschichte 1974, Heft 2, S. 66ff

Wölfer, Joachim, Von der Junkers F 13 zum Airbus. 75 Jahre deutsche Verkehrsflugzeuge, Berlin 1994

Bildnachweis

Archiv Fliegerhorst Roth: Abb. 124, 125, 128, 129
Archiv der ev. Christuskirche Fürth-Stadeln: Abb. 10
Deutsche Lufthansa Archiv: Abb. 20, 28
Bauverwaltungsamt der Stadt Fürth: Vorderer Vorsatz
Zeitschrift Bayerland, 1926: Abb. 24
Sammlung Fritz Beyer: Abb. 33, 68, 88, 90, 93, 101, 110, 123
Großer Luftverkehrs-Atlas von Europa, Berlin-Leipzig 1927: Abb. 1, 29
Sammlung Wilhelm Fischer: Abb. 16, 26, 32; S. 34 und 104
Sammlung Gertrud Rüdiger und Elisabeth Gemählich: Abb. 63
Sammlung Günther Hirt: Abb. 22, 95
Sammlung Dr.Franz Kimberger: Abb. 2, 5a, 6, 7, 8, 9, 11, 12, 13a, 15
Sammlung Alexander Kindler: Abb. 14
Ernst Kredel, Die Deutsche Verkehrsflug Aktiengesellschaft Nürnberg-Fürth, Berlin 1931: Abb. 17, 61, 64, 70, 71, 73
Sammlung Georg Metschl: Abb. 65, 85, 86, 94, 96, 103, 108
Sammlung Barbara Ohm: Titelbild, Abb. 57, 60, 62, 100, 118, S. 7, 22
Sammlung Knut A. Ogaard: S. 103
Sammlung Hans-Jochem Prautzsch: Abb. 25, 31, 34, 35, 36, 37, 38, 39, 40, 41, 42, 43, 44, 45, 46, 48, 50, 51, 52, 53, 54, 55, 56, 72, 104,
Sammlung Irmgard Popp: Abb. 82, 83, 84, 87, 89, 91, 92, 97, 98, 99, 102, 105, 106, 107, 109, 111
Sammlung Winfried Roschmann: Abb. 30, 66, 76, 77, 78, 79, 80, 119, 130, 132, 133, 134; S. 69
Stadtarchiv Fürth: Abb. 3, 4, 18, 19, 21, 23, 27, 58, 59, 67, 69, S. 28, 105
Sammlung Friedrich Stahlmann: Abb. 74
Sammlung Hermann Stierhof: Abb. 81
Sammlung Josef Wiedemann: Abb. 122, 126, S. 98
Sammlung Johann Ziegelmayer: Abb 120, 127,
Privat, anonym: Abb. 121
Heinz-Joachim Neubauer: Zeichnung Abb. 13b
Hans-Jochem Prautzsch: Zeichnungen: Abb. 5b, 47, 49, 112, Rücksatz
Susanne Kramer, Amt für Öffentlichkeitsarbeit der Stadt Fürth: Foto Abb. 131
Hans-Georg Ohm: Fotos Abb. 113, 114, 115, 116, 117, 135, 136

Flugzeuge in Fürth-Atzenhof

Nach Fotos dokumentierter Kennungsspiegel 1922 – ca. 1933

Typ	Kennung
Albatros L 58	D-297
Arado L II	D-1771
Dornier Do F	D-2270
Dornier Do K 3	D-2183
Dornier Komet III (Merkur)	D-529
Dornier Merkur	D-562
Fokker F II	D-717
Fokker F III	D-503, H-MABD, H-MABF, H-MABC
Fokker F VII/3m	F-AJCJ, F-ALGR, H-NADF (?)
Focke-Wulf A 20	D-1159
Focke-Wulf A 29	D-2114
Focke-Wulf A 32	F 1910
Heinkel He 45	D-1795
Heinkel He 64	D-2260
Junkers F 13	D-72, D-176 (?), D-188 (Sonderfarbe), D-192, D-207, D-215, D-219, D-230, D-232, D-332, D-358, D-372, D-409, D-426, D-436, D-454 Dz 38, Dz 41, Dz 192 CH 91, CH 92, CH 93, CH 94, H-MACF
Junkers G 24	CH 135, S-AAAK
Junkers F 24	D-1051, D-1069
Junkers A 20	D-392
Junkers A 50	D-2011
Junkers W 33	D-1198
Junkers K 16	D-1452
Junkers K 39	S-73
Junkers G 31	D-1137
Junkers G 38b	D-2500
Junkers Ju 52/3m	D-2201, D-AJAF, D-AKEH
Klemm L 25	D-2264
Messerschmitt M 17	D-779
Messerschmitt M 18a	D-947
Messerschmitt M 18b	D-1118, D-1133, D-1266, D-1326, D-1333, D-1347, D-1365, D-1367, D-1405, D-1456 (?), D-1496, D-1567, D-1581, D-1643
Messerschmitt M 18d	D-1812
Messerschmitt M 19	D-94
Messerschmitt M 23	D-1720, D-1910, D-1942
Messerschmitt M 24a	D-1767
Rohrbach-Roland I	D-1280
Rohrbach-Roland II	D-1756
Udet U 4	D-203
Udet U 11	D-828
Udet U 12	D-822, D-953, D-1320, D-1521
Armstrong Whitworth Argosy II	G-AACH
Comper Swift	G-ABNH
De Havilland D.H. 60	G-EBQB (?), G-EBRX, SE-ACD
De Havilland D.H. 62	G-ABXM
De Havilland D.H. 80	VT-AGH (?)
Desoutter II	G-AAPY, G-ABFO
RAF SE 5	G-BOB
Saunders Roe A 17	G-AAIP
Bernard 190 T	F-AIRV
Blériot-Spad 56/3	F-AEBA, F-AEAY, F-FREA, F-AEBJ
Caudron	F-AHH, F-AIIH
Dewoitine D.21	CH 139
Farman F.190	F-AIZS
Stinson Reliant	NC 12157

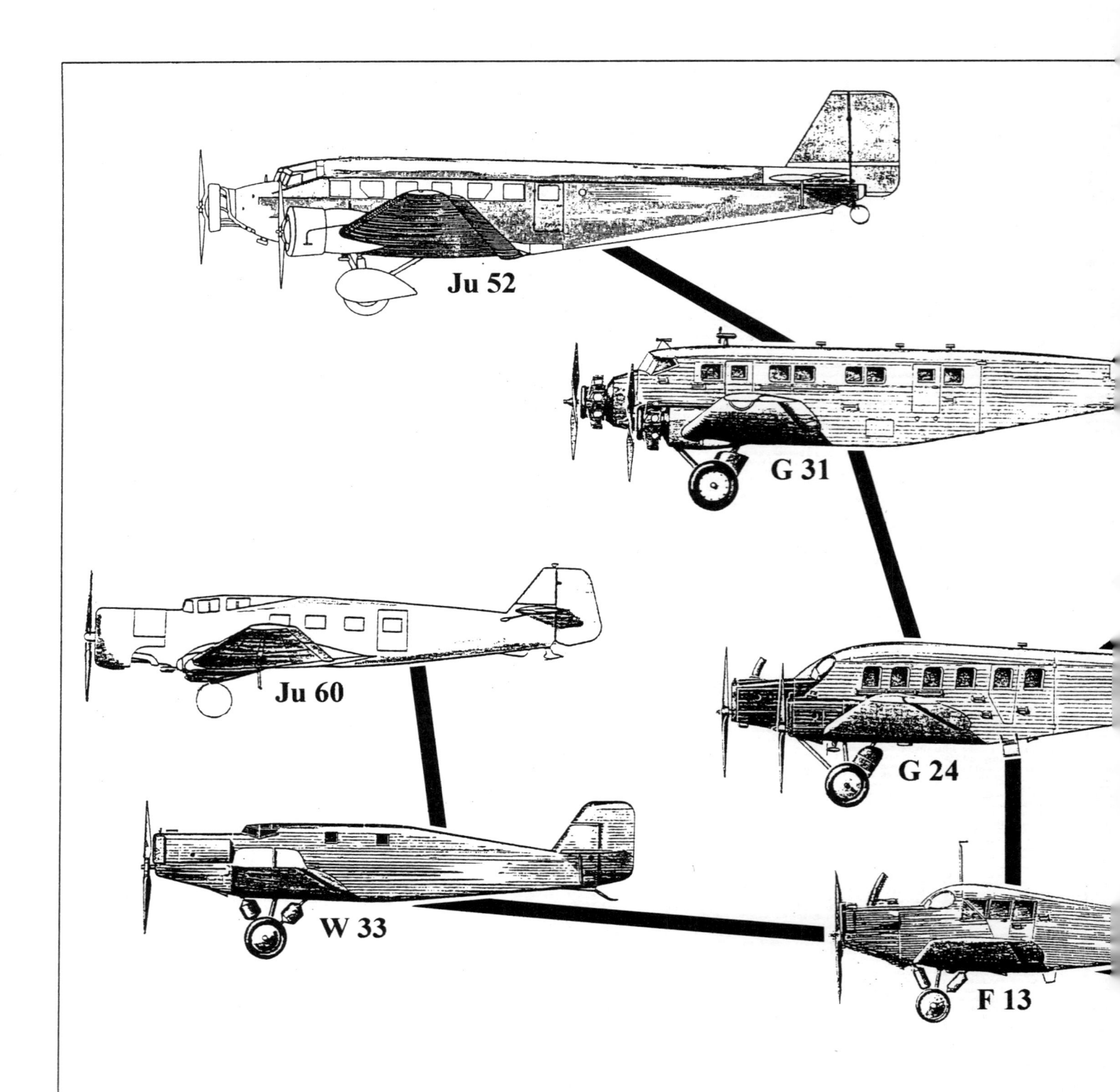

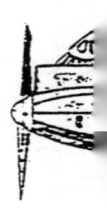

Ju 52

G 31

Ju 60

G 24

W 33

F 13

Hauptentwicklungslinie im Flugzeugbau von Professor Junkers